Reihe Film 35 · Roman Polanski

Die Reihe Film stellt das Werk von Regisseuren, bestimmte Genres oder andere übergreifende Themen des internationalen Films in Monografien vor. Dabei werden die einzelnen Bände unter wechselnden Perspektiven und verschiedenen Aspekten erarbeitet. Eine umfangreiche Filmobibliografie gehört zu jedem Band.

Roman Polanski wurde 1933 als Kind polnisch/russisch-jüdischer Eltern in Paris geboren, ist aber in Polen aufgewachsen. Während der Besetzung Polens durch die Deutschen – die seine Eltern ins Konzentrationslager brachten, wo die Mutter ums Leben kam – bei wechselnden Familien auf dem Land versteckt und nach dem Krieg fast ganz auf sich allein gestellt, hat Polanski schon in sehr jungen Jahren für sich selbst leben und entscheiden müssen. Nach einem Kunststudium in Krakau besuchte er die Filmschule in Łódź, die damals zur Wiege des neuen polnischen Films wurde. Schon seine Abschlußarbeit, der Kurzfilm DWAJ LUDZIE Z SZAFA (Zwei Männer und ein Schrank. 1958) brachte ihm internationale Aufmerksamkeit. Nach weiteren Kurzfilmen, von denen er einen auch in Frankreich machte (LE GROS ET LE MAIGRE. Der Dicke und der Dünne. 1961), realisierte Polanski 1961/62 seinen ersten und einzigen polnischen Spielfilm NÓŻ W WODZIE (Das Messer im Wasser), bei dem es auf der Oberfläche um sexuelle Rivalität, im Grunde genommen aber um die Kritik der jungen Generation an den Etablierten der polnischen Nachkriegsgesellschaft geht. Danach konnte Polanski nur noch im Westen arbeiten. In England, in den USA, in Frankreich und Italien entstanden von REPULSION (Ekel. 1965) bis PIRATES (1984/85) Filme, die den Regisseur, der sich überaus wechselnden Themen zuwandte, als einen der tatsächlich international zu nennenden Filmemacher auswiesen. Ob er eine Gangstersatire wie CUL-DE-SAC (Wenn Katelbach kommt. 1966), eine Vampirkomödie wie DANCE OF THE VAMPIRES (1967), einen Horrorfilm wie ROSEMARY'S BABY (1968) oder einen Film in der Nachfolge der Schwarzen Serie (CHINATOWN. 1974) drehte: im Vordergrund stand für Polanski immer die erzählerische Energie, die er dem Kino nutzbar machte und der auch seine reiche formale Begabung zu dienen hatte. Dennoch untertreibt Polanski, wenn er seine Filme ausschließlich als Unterhaltung klassifiziert.

Die Autoren

Wolfgang Jacobsen (1953, Lübeck). Studium Germanistik, Theaterwissenschaft, Kunstgeschichte. Magisterarbeit über Alexander Kluge und Rainer Werner Fassbinder. Seit 1981 freier Mitarbeiter der

Stiftung Deutsche Kinemathek, Berlin. Journalistische Arbeiten für Rundfunk und Presse. Lebt in Berlin.

Peter W. Jansen (1930, Elsdorf). Verlagsbuchhändler, Studium Germanistik, Geschichte, Soziologie. Dr. phil. (über Joseph Roth). Redakteur bei »Der Mittag« (Düsseldorf), WDR (Köln), »Frankfurter Allgemeine«. Seit 1966 beim Südwestfunk (Baden-Baden), seit 1977 ständige Kolumne Kino-Notiz in »Aspekte« (ZDF). Fernsehfilme u.a. über Mae West, Claude Chabrol. Lebt in Gernsbach/Baden.

Christa Maerker (1941, Berlin). Kulturredaktion »Spandauer Volksblatt«. Seit 1966 Mitarbeiterin für Zeitungen, Hörfunk, Fernsehen. Fernsehfilme u.a. über John Wayne, James Cagney, Irmgard Keun, Stadtporträt Warschau. Drehbuchautorin (»Die Schweizermacher«). Lebt in Berlin.

Karsten Visarius (1952, Offenbach). Studium der Germanistik und Slawistik in Marburg. Freier Journalist. Lebt in Frankfurt am Main.

Roman Polanski

Reihe Film 35

Mit Beiträgen von
Wolfgang Jacobsen
Peter W. Jansen
Christa Maerker
Karsten Visarius

Carl Hanser Verlag

Die Reihe Film wird herausgegeben
in Zusammenarbeit mit der
Stiftung Deutsche Kinemathek
von Peter W. Jansen und Wolfram Schütte

Redaktionsschluß: 30. Juni 1986

Reihe Film 35
ISSN 0172-8267
ISBN 3-446-14409-9
© 1986 Carl Hanser Verlag München Wien
Jeder Nachdruck dieses Buches, besonders auch auszugsweise Nachdrucke, bedürfen der schriftlichen Zustimmung des Verlages.
Reproduktionen: Repro Knopp, Inning
Gesamtherstellung: Appl, Wemding
Printed in Germany

Inhalt

Kino des Augenscheins
Von Peter W. Jansen   7

Interview
Von Christa Maerker   19

Kommentierte Filmografie
Von Karsten Visarius   51

Rollen eines Regisseurs   51
Vorübungen   54
Dwaj ludzie z szafa. *Zwei Männer und ein Schrank*   57
Gdy spadaja anioly. *(Wenn Engel fallen)*   59
Le gros et le maigre. *Der Dicke und der Dünne*   61
Ssaki. *Säugetiere*   64
Nóż w wodzie. *Das Messer im Wasser*   65
La rivière des diamants. *Das Diamantenhalsband*   76
Repulsion. *Ekel*   78
Cul-de-sac. *Wenn Katelbach kommt*   90
Dance of the Vampires. *Tanz der Vampire*   101
Rosemary's Baby. *Rosemaries Baby*   110
Macbeth. *Macbeth*   122
Che? *Was?*   130
Chinatown. *Chinatown*   136
Le locataire. *Der Mieter*   147
Tess. *Tess*   159
Pirates. *Piraten* (PWJ)   168

Daten
Von Wolfgang Jacobsen   181

Biografie   181
Filmografie   185
Bibliografie   200

Kino des Augenscheins

Von Peter W. Jansen

Im Hafen von Cannes liegt es seit Mai 86, das Beweisstück des Kinomenschen Roman Polanski, daß er nicht nur das Kino träumt, sondern daß aus dem Traum auch ein beinhartes Stück Wirklichkeit außerhalb des Kinos werden kann – auch wenn es ein Wirkliches ist, das allein aus dem Kino kommt; auch wenn es seine feste Existenz dem Umweg über die flüchtige Abbildung verdankt, derzuliebe soviel hölzerne Realität zusammenkam. Der Dreimastsegler »Neptun«, einer spanischen Galeone des 17. Jahrhunderts nachgebildet, Schaustück und Set für Polanskis Film PIRATES, ist 68 Meter lang, 16,4 Meter breit, wiegt 500 Tonnen, hat zwei Meter Tiefgang und 8,2 Millionen Dollar gekostet; das Schiff wurde zwischen April 84 und März 85 in Tunesien aus bestem Iroko-Holz gezimmert, dem eine natürliche Resistenz gegen Pilze und Insekten und damit eine lange Lebensdauer zugeschrieben wird, und beschäftigte 2000 Arbeiter. Auch so wirkt das Kino als Industrie auf soziale Wirklichkeit ein wie einst die Frömmigkeit mit Sakralbauten, die sich der Glaube errichtete, um sich daran aufzurichten, wie der Kinotraum sich das Schiff baut, um mit ihm davonzusegeln und sich seiner selbst inne zu werden. Doch es ist ein Traum, der des Festkörpers als Beweis bedarf, als sei dem Traum sonst nicht mehr zu trauen. Für die Abbildung auf der Leinwand hergestellt wie einst Dodge City oder Abilene oder Wichita, wo sie Rücken an Rücken drehten, Ford, Hawks, Curtiz, Wellman, King, Daves, Sturges, Hathaway, bleibt die »Neptun«, im Hafen von Cannes, genauso wie die Western-Kulissen der kinotouristischen Evidenz erhalten, Kinomuseum schon, während das Kino selbst noch zu existieren scheint, Nachweis für das nicht Nachweisbare, die Fantasie. Disneyland ist ein Abhub des Kinos und Kino-Ersatz nicht von ungefähr.

Unweit von Leningrad liegt es seit 1917, das Beweisstück für die Revolution. Man kann die »Aurora«, den Kreuzer der in Kronstadt stationierten Baltischen Flotte des russischen Rei-

ohne, auf dem im Juli 17 die Meuterei ausbrach und der im Oktober das Winterpalais unter Geschützfeuer nahm, man kann die »Aurora« mit Inturist besichtigen. Das Schiff, gebaut um die Jahrhundertwende, ist etwa 100 Meter lang und etwa 16 Meter breit, und niemand, der es sieht, muß den *Bronenosez Potjomkin* gesehen haben und in der »Aurora« wiederfinden, niemand muß etwas von Eisenstein wissen – und jeder andere darf vergessen, daß der Panzerkreuzer »Potemkin« kein Schiff der Baltischen, sondern der Schwarzmeerflotte war, und daß mit Eisensteins Meuterei die von 1905 gemeint ist. Es ist, auf der »Aurora«, die historische Fantasie, die Geschichtliches in einem Atemzug denkt und nicht auf den Augenschein angewiesen ist.

Auf der »Potemkin« entdecken die Matrosen, daß man ihnen fauliges Fleisch vorsetzt, es wimmelt von Maden; der Schiffsarzt untersucht das Fleisch, erklärt, daß es in Ordnung sei, und läßt es kochen. Auf der »Neptun« legt Red eine tote Ratte ins Essen; der Schiffsarzt untersucht die Ratte, erklärt, daß sie in Ordnung sei, und läßt sie zubereiten. Auf der »Potemkin« revoltieren die Matrosen, während auf der »Neptun« die

Cannes, Mai 1986

Koniec nocy (1957)

Rebellion schon niedergeschlagen ist und beim Essen einer Rattenhälfte allenfalls der Magen von Frosch zu revoltieren droht. Auf der »Potemkin« verweigern die Matrosen die Nahrung, während auf der »Neptun« der hartgesottene Red das Rattenfleisch mit demonstrativem Behagen kaut – was wunder: er wollte ja schon Frosch essen; und nicht die Reaktion Froschs, sondern die genüßliche Darstellung Reds läßt den Magen des Zuschauers revoltieren, als dessen Repräsentantin auf der Szene Dolores eingeschnitten ist, vor deren Augen die Widerwertigkeit des Essens zur Evidenz wird.
Gewiß hat Polanski Eisenstein zitieren wollen; aber auch parodieren? Wie anders die ikonografische Latenz der Bilder und ihrer Figurationen (madiges Fleisch/tote Ratte) hier und da eingesetzt ist, macht den ganzen Unterschied deutlich. Bei Eisenstein setzt das Vorgefundene Imagination in Gang und läßt die Matrosen meutern, bei Polanski sorgt erst die Imagination Reds von einer Meuterei und wie man sie auslöst für das Vorfinden. Nicht anders verhält es sich mit den Schiffen. Während Eisenstein das (historisch) Vorgefundene in (historische) Fantasie verwandelt, ist Polanskis »Neptun« die Verwandlung von Fantasie ins Vorzufindende: in PIRATES und im Hafen von Cannes.

Anverwandlungen, Verkleidungen

Schon immer hat sich die Fantasie Polanskis an Gegenständen erregt und festgemacht. Das reicht vom Kleinkalibergewehr, mit dem der junge Darsteller Roman Polański in dem Hochschulfilm *Koniec nocy* (1957) sichtlich fasziniert agiert, bis zur »Neptun«, vor der er bereitwillig und stolz den Fotografen von Cannes posiert. Nur die Größe des Spielzeugs hat sich geändert. Doch der Gegenstand mag ein Schlitten sein (SSAKI) oder ein Messer (NÓŻ W WODZIE), Michaels Zahnbürste (REPULSION) oder Teresas Eimer (CUL-DE-SAC), das Brevier »A Hundred Goodlie Ways of Avowing One's Sweet Love to a Comlie Damozel« (DANCE OF THE VAMPIRES) oder Minnie Castevets Talisman mit Tanniswurzeln (ROSEMARY'S BABY), sie mögen die Kunstgegenstände in CHE? oder Simone Choules Kleider in LE LOCATAIRE sein –: die Dinge bleiben identisch mit ihrer Evidenz. Selbst noch der Schrank, mit dem die beiden Männer in DWAJ LUDZIE Z SZAFĄ aus dem Meer steigen und mit dem sie ins Meer zurückkehren werden, ist nie etwas anderes als ein Schrank mit einem Spiegel, in dem sich mal eine Wolke, mal ein eitler Mensch spiegelt oder ein Mädchen einige Burschen wahrnimmt, die sie angreifen wollen. Auch und gerade dem Absurden, Fantastischen ist stets das Realistische, lies: Verwendungszweck, Gebrauchswert, einbeschlossen, wodurch die Dinge der realen Welt allererst ihre Fantastik erhalten. In der polanskischen Dingwelt sind die Gegenstände das, als was sie erscheinen, und legen nur durch den Kontext eine andere (absurde, satirische, parodierende) Lesart nahe. Es ist das Kino selbst, das sie verwandelt.

Wie einfach er sich den Gegenständen nähert und wie verdoppelt oder richtiger: im Blickwinkel verschoben er sie der Rezeption überläßt, so ist Polanski auch immer mit dem Ort ihrer Erscheinung und Präsentation verfahren. Im Kino hat er fast alle Genres berührt und sich anverwandelt, mit Ausnahme (bisher?) des Western und des Musicals, die Gesellschaftsparabel (NÓŻ W WODZIE) genauso wie den Horrorfilm (REPULSION; ROSEMARY'S BABY), das Gangsterstück (CUL-DE-SAC; CHINATOWN) ebenso wie den Vampir- und Abenteuerfilm, die klassische Tragödie (MACBETH) ebenso wie die Komödie (CHE?), das Epos (TESS) wie den Psychothriller (LE LOCATAIRE). Ubiquitär und polyglott wie kein anderer Kinolegionär neben ihm (Skolimowski oder Tarkowskij, Forman oder Szabó oder Zanussi; allenfalls an Dušan Makavejev ließe sich vergleichend, und im Maßstab verändert, denken) hat er, Kosmopolit, überall gedreht und überall, wo er drehte, das jeweilige nationale Ambiente mit eingebracht: das polnische zuerst in NÓŻ W WODZIE, das britische von REPULSION bis TESS, das italienische in CHE?, das amerikanische in ROSEMARY'S BABY und CHINATOWN, das französische in LE LOCATAIRE, mit welchem Film auch die Problematik vielfältiger Anverwandlung und Ubiquität zum Thema wird. Roman Polanski könnte auch einen lateinamerikanischen, er könnte einen japanischen Film drehen.

Ebenso offen für alle Eindrücke und Einflüsse wie medial begabt, hat dieser Kinomensch Polanski keine andere Heimstatt als das Kino selbst. Dem Kino macht er sich und alles, was ihm begegnet, untertan. Er hat keine andere Identität, durchaus ähnlich wie Kubrick, aber als Medienfigur öffentlicher, als Erfinder ärmer und weniger obsessiv, verwandt auch der Wandlungsfähigkeit von Louis Malle, aber mit weniger Mimikry und weitaus ironischer. In allen Genres gerecht, in vielen Kulturen gut gesattelt und immer darauf aus, handwerklich perfekte, technisch makellose Filme zu machen, weit höhnend davon entfernt, experimentelle oder gar essayistische Erfahrungen zu suchen oder zu vermitteln, ein Kinokonservativer durch und durch, hat er gleichwohl stets »persönliche« Filme gemacht und selbst einer Studioproduktion wie CHINATOWN den eigenen Stempel aufgedrückt. So unterschiedlich seine Filme sein mögen im Wechsel der Genres und Geschichten; der erzählerischen Perspektive zwischen dem Blick von innen und dem Blick von außen, zwischen Nähe und ironischer Distanz; der Bedeutung von Dekor und Kamera, Licht und Farbton, Wärme und Kälte –: sie sind immer Beiträge zum Kino der reinen Evidenz. Ihre »Bedeutung« sind sie selbst und kein metaphorisch Drittes.

Daher, so scheint es aus ihnen hervor, rührt das sich ständig, geradezu autistisch wiederholende stereotype Ritual, die Bewegung dort enden zu lassen, wo sie ihren Anfang nahm: auf dem Wasser (DWAJ LUDZIE Z SZAFA; CUL-DE-SAC; PIRATES), im Schnee (SSAKI; DANCE OF THE VAMPIRES), auf Straßen, die aus dem Unbenannten ins Unbekannte führen (NÓŻ W WODZIE; CHE?), in der Unbestimmtheit einer riesigen Stadt, über die der Blick schweift (ROSEMARY'S BABY), in der Welte der Landschaft (TESS), mit der Großaufnahme eines Auges (REPULSION). Zwischen Ouvertüre und Fermate, Öffnen und Schließen, ereignet sich der Lidschlag des polanskischen Kinos, das aus der Grenzenlosigkeit kommt und in die Grenzenlosigkeit entläßt, und nur zwischendurch, jenen Lidschlag lang, wohnt seiner Evidenz die Illusion inne, an einem sicheren Ort zu sein, eine Illusion freilich, die unheimlich gegen die Protagonisten zurückschlagen, mit Händen und Krallen nach ihnen greifen kann. So sicher sich Macbeth auf Schloß Dunsinane wähnt (wie könnte auch der Wald von Birnam gegen ihn vorrücken, ohne seinen Ort zu verlassen), soviel Geborgenheit erhofft sich Trelkovsky (LE LOCATAIRE) in der nach außen abgeschirmten Hinterhofwohnung mitten in Paris; aber genau dort, am geschlossenen Ort, ereilt sie die Fatalität genauso wie George (CUL-DE-SAC), der sich sogar aufs Sicherste zurückgezogen hat, das es gibt, auf eine Insel und auf der Insel in eine Burg. Wo immer Tess Geborgenheit sucht, auf dem Landsitz der d'Urbervilles in Tantridge, in der Meierei, in dem Haus, das Angel für sie gemietet hat, in Alecs luxuriöser Wohnung im Seebad und zuletzt noch zusammen mit Angel in Stonehenge: überall wendet sich der Ort selbst gegen sie. Und noch in der farcenhaften Komödie denunziert der Ort den Anschein der Sicherheit, den er vorgibt; wenn nach Nancy (CHE?) alle möglichen Bewohner der Villa greifen, mit Händen oder Augen, wenn ihr zuletzt noch der Hund die letzte Hülle raubt, die ihr geblieben ist, dann ist sie nur eine tragi-komische Schwester von Carol und CHE? das Satyrspiel auf REPULSION.

Die Suche seiner Gestalten nach einem beschützenden Ort und die Neigung Polanskis, seine Filme zwischen Anfang und Ende regelrecht einzukreisen: das alles legt leicht Interpretationen nahe, die, bei genauerem Hinsehen, mit dem Kino soviel nicht zu tun haben. Sicher, ob die Wohnungen in London, New York und Paris, ob Schloß Dunsinane oder die Villa Noblarts oder das Inselkastell von George –: es handelt sich hier wie da um einen huis clos, der durch die Kreisbewegung in der dramatischen Präsentation zusätzlich als insular umschrieben wird. Daß dieses immer wiederkehrende strukturelle Muster eben wegen seiner Insistenz zu der Vermutung Anlaß gibt, bei soviel offenkundiger Personalität der Motion seien Rückschlüsse auf die Biografie ihres Autors angezeigt, liegt auf der Hand. Stets scheint das Getto auf als der zugleich beschützende und letale Ort, und insofern mögen Polanskis Filme durchaus auch Beiträge sein zu einem Autopsychogramm. Aber ebenso ist evident, daß nicht sosehr der eine oder andere Film den huis clos abbildet, sondern das Kino selbst als der Ort etabliert wird, der das Leben der Fantasie umschließt.

Wie es sich in den Filmen Polanskis entfaltet, wird zumal augenfällig in der an Obsession rührenden Permanenz, mit der die Protagonisten Verkleidungen unterworfen werden. So herkömmlich traditionell der Topos sein mag, so ist er bei Polanski wiederum an der Häufigkeit der Wiederholungen und seiner Entwicklung zu messen. Hinzu kommt, daß Verkleidung stets etwas mit Verwandlung, Anverwandlung, Anpassung zu tun hat, der Grundfrage, dem Grundproblem des Kinos von Polanski. Daß er sich selbst in einer der Rückblenden des Kurzfilms GDY SPADAJA ANIOŁY (1959) in Maske und Kostüm der alten Toilettenfrau präsentiert, mag noch dem reinen Spieltrieb zuzuschreiben sein. Aber von dieser Maskerade führt über CUL-DE-SAC (1966) ein direkter Weg zu LE LOCATAIRE (1976) und (in der polanskischen Kreisbewegung) zu SSAKI (1962) zurück. In CUL-DE-SAC läßt sich George von Teresa als Frau einkleiden und schminken in dem unterwürfigen und masochistisch eingefärbten Bestreben, ihr ähnlicher (näher) zu sein, als er in Wahrheit ist und vermuten darf, wie sie zu empfinden, sich ihre Zuneigung zurückzugewinnen. Der Trelkovsky von LE LOCATAIRE geht da schon entschieden weiter im Aufgeben der eigenen Identität durch die Assimilation der anderen von Mademoiselle Choule, seiner Vormieterin, die aus dem Fenster sprang; Trelkovsky wird ihre Kleider anziehen, selbst aus demselben Fenster springen und am Ende in ihrem Klinikbett liegen, vollkommen eingehüllt in Gips und weiße Verbände, die ihn im Bild so verschwinden lassen, wie einst die beiden Männer von SSAKI sich selbst im Schnee, in der Unerkennbarkeit und Unsichtbarkeit verschwinden ließen, indem sie sich vollkommen in weiße Binden einwickelten.

Auch zu diesem »tragischen« Aspekt der Anpassung bis zum Verschwinden der Identität in der Verkleidung hält Polanskis Kino ironische Kommentare bereit, sozusagen die Travestie des Transvestismus. Captain Red (PIRATES) verkleidet sich beim Eindringen in den Gouverneurspalast von Maracaïbo als Pfarrer und verliert die Maskerade, indem der Schauspieler Walter Matthau über das zu seiner Maskerade gehörende Holzbein stolpert; und Nancy (CHE?) verliert auf ihrer Flucht aus der noblartschen Villa auch noch das Oberteil ihres Pyjamas – an einen Hund, bevor sie zu anderen Tieren, zu den Schweinen, auf einen Lkw springen kann, endlich vollkommen zur Nacktheit verkleidet.

Augenblicke, Schein der Augen

REPULSION beginnt mit der Großaufnahme eines Auges und endet auf einer Fotografie mit der Fahrt auf das Auge eines jungen Mädchens. Die Konstruktion legt nahe, daß es sich in beiden Fällen um das Auge von Carol handelt. Dazwischen liegen einige Jahre und ein Blick, der als Blick erst erkennbar wird, wenn die Kamera in die Fotografie hineingefahren ist und man nur noch vermuten kann, daß das Auge des Mädchens auf einen seitlich sitzenden und jetzt aus dem Bild verschwundenen Mann, vermutlich ihr Vater, gerichtet ist. REPULSION steht etwa in der Mitte einer eigenen Augen-Ikono-

Cul-de-sac

Nóż w wodzie

grafie des polanskischen Œuvres; Catherine Deneuve, deren Blick abschweift, und sei es nach innen, wenn sie zum Beispiel der Zuwendung ihrer Schwester Yvonne Furneaux entgegensieht, ist die erste Somnambule in dem Werk, in dem das Somnambulistische auf dem Vormarsch ist.

Blicke stellen Beziehungen her oder lassen sie außer Betracht. Blicke, mit denen die Protagonisten in Zweier- oder Dreier-Einstellungen einander ansehen (besonders auffällig in NÓŻ W WODZIE und CUL-DE-SAC), führen nicht aus dem Bild und dem Film hinaus, sondern orten einen internen Kosmos, schließen ihn nach außen ab. Ganz anders sind die Augenblicke von Rosemary und Guy; während er zu ihr hinsieht, mit einem skeptisch forschenden, kritisch prüfenden, beobachtenden Blick, ist sie schon versunken in die Blicklosigkeit rätselhafter Ungewißheiten künftiger, unabsehbarer Evidenz, darin Carol verwandter als Teresa, deren Blick eher dem von Guy zuzuordnen ist. Anders als in CUL-DE-SAC (und NÓŻ W WODZIE) blickt Rosemarys Blick über die Kadrierung hinaus, ohne al-

Repulsion/Rosemary's Baby/Tess

Chinatown/Che?/Le locataire

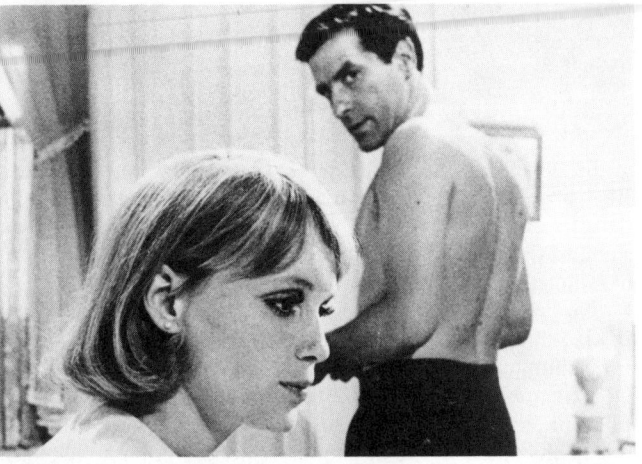

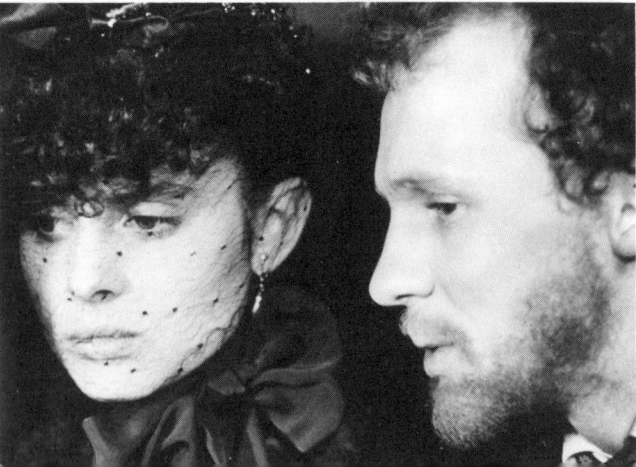

lerdings wie Carol im Schlußbild von REPULSION ein (vermutetes) Objekt im Auge zu haben.

Ähnlich ungerichtet sind auch die Blicke von Tess und Angel, konfrontiert mit der ganzen Tragödie ihres verwirrten Lebens, und die des fiebernden Trelkovsky (LE LOCATAIRE), Blicke aus Augen, die, selbst wenn das Augenlicht auf sie gesetzt ist, zunehmend verschattet werden durch Nase oder Haar. Es muß überhaupt auffallen, daß zumal die Protagonistinnen der mittleren und späteren Filme Polanskis geradezu nach ihrem somnambulistischen Appeal ausgewählt und inszeniert sind, Faye Dunaway (CHINATOWN) so gut wie Nastassja Kinski (TESS) oder Isabelle Adjani (LE LOCATAIRE). Selbst den wasserhellen und fast ausdruckslosen Augen der Sydne Rome (CHE?) injiziert Polanski noch den Augenschein der Rätselhaftigkeit. Sie alle, stets schwankend zwischen Nachdenklichkeit, Verträumtheit, traumwandlerischer Sicherheit, Stumpfheit und innerer Leere – sie alle scheinen eine Evidenz jenseits des Horizonts ihres Blicks zu suchen, außerhalb der konkreten Situation, jenseits des Kinos. Aber auch das ist wiederum nur der Augenschein, den sie mit dem Schein dieser Augen-Blick-Dramaturgie erwecken, mit der Evidenz, die sie selbst als Kino sind.

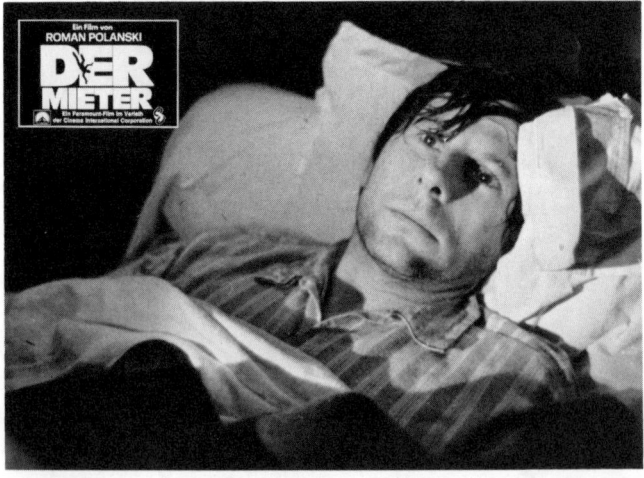

Interview

Von Christa Maerker

Der furchtsame Gedanke, daß die erste auch die letzte Frage sein könnte, beruht auf Vorurteilen, den Erfahrungen anderer. Er ist nun einmal dafür bekannt, daß er Journalisten noch weniger leiden kann als Regen während der Dreharbeiten zu TESS. Zu Recht sicher. Seine Erlebnisse mit einem Teil der Branche gehören mit zu den schrecklichen seines Lebens. Die Sorge, daß er das Gespräch plötzlich abbrechen könnte, hat auch mit den Erkenntnissen eines Kollegen zu tun, der ihn einmal tagelang begleiten durfte und schließlich feststellte: »Er ist überhaupt nicht schwierig, aber es ist beinahe unmöglich, ihn zu interviewen, weil er jegliche Vernunft verliert in bezug auf Verabredungen, Termine oder Fragen, die ihn nicht sonderlich interessieren.«[1] Und Fragen, die ihn nicht interessieren, sind fast immer die Fragen von anderen. Da kann es passieren, daß er erst nach dem Wunsch: »Turn that fucking recorder off«, animiert zu erzählen beginnt.

Fünfzehn Monate nach der ersten Anfrage sagt er plötzlich zu. PIRATES, nach lang überzogenen Dreharbeiten und vielen Gerüchten – bei ihm nichts Ungewöhnliches – befindet sich in der Phase der Mischung. Es gibt ein technisches Problem, Polanski hat ein bißchen Zeit, zwei Stunden, die er im Restaurant »Chez André« anfängt – mit Salat und Steak und den ihn wie jüdische Mütter umflatternden Kellnerinnen, die zierlich ihre breiten Hüften und Tabletts durch die Menge lenken, als seien sie beim Ballett. »Alles in Ordnung? Der Salat? Das Fleisch? Wein, Wasser, Kaffee?« Polanskis Anblick – in der Fantasie hat er sich mit Unterstützung mancher Medien als der eines Satyrs verfestigt – ist in Wirklichkeit der eines freundlich plaudernden, die schönen, fürsorglichen serveuses erfreuenden Mannes. Eher ein friedlicher Pan. Er ist so klein, daß sie trotz ihres Bienenfleißes – Sonntag in Paris zur Mittagszeit, man ißt zur Zeit »Chez André« –, daß sie trotz ihrer rasenden Geschäftigkeit zwischendurch an seinem Tisch immer wieder weich werden.

Für so eine Gelegenheit hat er einen hinreißenden Stil entwikkelt: er unterhält mit Anekdoten, genießt ein bißchen Schadenfreude, wenn sie sich anbietet beim Klatsch über Kollegen. Er ist kenntnisreich und belesen und zeichnet sich durch ein präzises, reiches Vokabular aus, das dem eines Grundschullehrers in England oder in den USA überlegen ist. Eine amüsante Erfahrung, in der das Gespräch eine Unterhaltung ist: über jüdische Mütter, *Portnoys Beschwerden*[2], sein Glück und die gebratene Leber auf der Gabelspitze des ahnungslosen Vaters.

Und dann das Interview – in einer großzügigen Wohnung voll von Kunstgegenständen, in einem großen Raum, den der Fernsehapparat vor weichen Sitzen dominiert. Oberste eines Stapels von Video-Kassetten: *Treasure Island*[3].

Und dann das Interview: eine ambivalente Erfahrung. Jeder Bandwechsel wird zu einem Spiel ums Ende – nur: wem ist zum Spielen zumute? Ein Wechselbad. Statt über seine Hintergedanken zu Trelkovsky zu sprechen, kocht er lieber Kaffee und lernt dabei den komplizierten Mechanismus seiner neuen Espressomaschine kennen. Statt manchmal überhaupt zu antworten, rauft er sich die Haare oder schüttet sich aus vor Lachen. Ein Kommen und Gehen.

Und ganz zum Schluß: »It was fun.« Für wen wohl.

Ich würde gern in der Gegenwart beginnen. Nach TESS *bezeichneten Sie sich als »ehemaligen Regisseur«, was zum Glück nicht mehr stimmt.*

Aber es hat lange gedauert. TESS ist zehn, nein: acht Jahre her. Das ist eine lange Zeit.

Sie planten PIRATES *schon lange. Noch vor* TESS.

PIRATES ist ein altes Projekt, das ich jedoch nie zustande gebracht habe. Trotz vieler, vieler Versuche. Teils von meinen Partnern, teils von mir. Wir haben es nicht geschafft.

Und wie hat es dann doch noch geklappt? Wer hat Sie unterstützt?

Es klappte durch Tarak Ben Ammar. Er ist der Produzent des Films. Ich lernte ihn durch Claude Berri kurz nach TESS ken-

Dreharbeiten Pirates

nen, und wir fingen an, über PIRATES zu sprechen. Zuerst ganz locker, dann immer konkreter. Und ein paar Jahre später sind wir nach Tunesien gegangen und haben den Film gedreht.

Könnten Sie mir etwas über die Idee des Films sagen?

Ich kann Ihnen sagen, um welches Genre es sich dreht. Aber ich werde nicht die Geschichte erzählen, weil das von mir eine Zusammenfassung verlangen würde. Und das hasse ich. Besonders jetzt, wo ich überhaupt alles satt habe.

Ich vermute, daß er für Piratenfilme das ist, was DANCE OF THE VAMPIRES *für die Vampirfilme war.*

Das ist absolut richtig. Es ist eine Abenteuer-Komödie. Sollten Sie verzweifelt nach einem Etikett suchen, dann wäre es dieses. Es ist ein komischer Film. Leicht, ohne jegliche Botschaft. Er wendet sich zuerst einmal an ein junges Publikum. An die Kinder in uns, an alle Kinder von 7 bis 77. Er ist ein bißchen satirisch, so wie es DANCE OF THE VAMPIRES ist. Er bezieht sich auf Piratenfilme und Piratengeschichten in Büchern oder bei Fahrten durch Disneyland.

Wie kommt es, daß Sie zu einem Genre zurückgekehrt sind, das für Sie immer noch am besten ist?

Ich weiß nicht, was gut für mich ist. Ich bin froh, daß jemand anderes das weiß.

DANCE OF THE VAMPIRES *ist doch geglückt.*

Wirklich? Ich habe den Film auch sehr gern.

LE LOCATAIRE *und andere Filme auch. Aber ich habe das Gefühl, daß Sie sich bei Ironie und Komik am wohlsten fühlen.*

Sie sind meiner Persönlichkeit, meinem Charakter verwandt. Aber manchmal ist man bei dem, was man tut, ehrgeiziger. Besonders, wenn man von einer Filmschule kommt und sich – wie die Franzosen sagen würden – der Welt des Showbusiness oder des Kinos oder der Künste aufzudrängen versucht. Aber als Kinobesucher sind es diese Art Filme, die Sie gerade erwähnten, oder DANCE OF THE VAMPIRES, die mir selbst am meisten gefallen. Und ich glaube, es ist dieser Kinobesucher in mir, der mich von Zeit zu Zeit zu diesem Genre zurückkehren läßt.

Welcher Film während der letzten beiden Jahre wäre so ein Film für den Kinobesucher gewesen?

Back to the Future. Das ist ein hinreißender Film. Brillant. Er ist komisch, witzig und intelligent. Nicht flach. Dahinter steht ein sehr cleverer Humor. Er ist gut gemacht, unterhaltsam. Mit liebenswerten Personen.

Ich könnte mir denken, daß besonders die Erfahrung mit DANCE OF THE VAMPIRES *zerstörend gewesen sein muß, als Sie jemandem vertraut hatten und herausfinden mußten, daß Sie einem Verrückten trauten, der anmaßend und dumm über Ihre Arbeit herfiel. Wie erhalten Sie sich eine Ecke, in der Ihre Phantasie unbeschadet bleibt?*

Indem ich zu etwas anderem übergehe: von einem Film zum nächsten. Von einem Film zu einem Theaterstück. Oder von einem Film zu einem Buch. Das ist die Methode: fessele deinen Geist mit etwas anderem, und bade nicht in deinen eigenen Problemen und mach daraus eine Alltagsbeschäftigung.

Aber Sie sind abhängig von Menschen. Inzwischen kennen Sie die Leute, die sich mit der Finanzierung von Filmen beschäftigen. Wird es da nicht immer schwieriger, je älter Sie werden, je mehr Sie wissen, zu einer fast naiven Haltung zurückzukehren?

Ich glaube, das ist eine Charakterfrage. Entweder man ist so oder nicht. Ich glaube, ich bin immer noch ziemlich leichtgläubig. Mein Glaube an Menschen kommt nicht aus einer Art mystischer Überzeugung. So ist mein Charakter, so ist meine Persönlichkeit. Ich vertraue den Menschen einfach. Man verbrennt sich dabei sehr oft. Und ich habe mich viele Male verbrannt. Wäre ich anders, würde ich keine Filme machen. Und es gibt viele interessante Filmemacher, die ein, zwei Filme gemacht und dann aufgehört haben. Ich kenne welche und Sie ganz bestimmt auch. Es hat damit etwas zu tun, wie man ist, wie man geboren wurde, und nicht mit irgendwelchen rationalen Entscheidungen.

Sie haben einmal gesagt – als Sie anfingen, einen Film zu drehen und zum erstenmal das wundervolle Tor von Paramount in Hollywood passierten – daß »die Realität nie dem Traum entsprechen wird, den man vorher gehabt hat«...

Ich habe das in einem Zusammenhang gesagt, der wichtig ist. Ich erinnere mich an den Augenblick, als ich anfing, ROSEMARY'S BABY im Studio der Paramount in Hollywood zu drehen, und an die Umstände und die Umgebung, die mich entzücken und beglücken sollten. Aber das taten sie nicht. Ich erinnere mich an die Glücksschauer, als ich meinen ersten, nie beendeten Kurzfilm drehte. Es hat nichts mit Hollywood oder mir oder sonst etwas zu tun. Es hängt mit der menschlichen Natur zusammen. Erinnern Sie sich zum Beispiel an das erste Mal, als Sie das Meer sahen? Ich erinnere mich jedenfalls an diese Sensation. Das war doch nie wieder dasselbe. Das ist wie die Enttäuschung, die viele junge Männer erleben, wenn sie zum erstenmal von einer Frau umgelegt werden. Man muß lernen, daran Gefallen zu finden. Die Wirklichkeit kann sich nie mit den Träumen messen. Es sei denn, man hat überhaupt keine Vorstellungskraft. Ich bin sicher, daß in manchen Köpfen nur dürftige Träume existieren, und diese Köpfe gehören vielleicht gerade den Glücklichen. Sie sind von der Realität vielleicht überwältigt, wenn sie das Glück eines schönen Augenblicks erleben.

Spiegeln Ihre Filme irgend etwas aus Ihrem Leben wider? Ich könnte mir beispielsweise vorstellen, daß ROSEMARY'S BABY *kein so starker Film geworden wäre, wenn Sie nicht selbst Probleme mit der Religion gehabt hätten.*

Ich glaube, Sie gehen zu weit. Grundsätzlich ist man, was man ißt. Es ist keine Frage, daß jeder Film eine Art Psychoanalyse ist und irgendwie die Seele des Regisseurs reflektiert. Es reicht, einen Film zu sehen, um ungefähr die Persönlichkeit seines Autors skizzieren zu können. Oder eher die Seele. Ich habe meine Filme nach einer Pause wiedergesehen. Ich mag es eigentlich nicht, meine Filme wiederzusehen. Aber als ich damit anfangen wollte, meine Autobiografie zu schreiben, spielte ich sie mir alle vor, einen nach dem anderen, und betrachtete sie ein bißchen wie ein Fremder. Man kann natürlich nicht aus seiner Haut heraus und jemand anderes sein. Aber man entwickelt ein Verhältnis zu dem, was man sieht. Es war eine gute Erfahrung. Ich fand, daß ich eine Evolution beobachten konnte bei jemandem, der in seinen ersten Kurzfilmen ziemlich vielversprechend ist. Ich sah jemanden, der zweifellos von vielem agitiert wird, über vieles verunsichert ist. Jemand, der auf jeden Fall Talent und etwas zu sagen hat. So würde ich den Mann beschreiben, der diese Filme gemacht hat. Die Themen, der Umgang mit Sex und Gewalt – das liegt weit unter dem Durchschnitt, ist nur seiner Zeit ein bißchen voraus. Dadurch wurde jedesmal eine bestimmte Reaktion oder eine Kontroverse erzeugt, oder auch ein Skandal. Aber wenn man sie jetzt, retrospektiv, zum Beispiel mit Filmen von Peckinpah vergleicht ...

Ich will nicht von den Skandalen sprechen. Ich wundere mich über Ihr Wissen. REPULSION *scheint dem Alter, in dem Sie den Film machten, sehr voraus zu sein. Man denkt: er muß Psychologie studiert haben, Frauen studiert haben. Er ist einer der wenigen Regisseure, der Frauen versteht. Zu der Zeit damals etwas ganz Seltenes, etwas Unerwartetes.*

Deshalb mochten sie vielleicht meine Filme. Ich habe schon sehr früh mit Überraschung festgestellt, daß mein Publikum vor allem aus Frauen bestand. Ich habe bald bemerkt, daß meine Filme vor allem deshalb erfolgreich waren, weil Frauen sie mehr als Männer mochten; und es ist gewöhnlich die Frau,

Dreharbeiten Repulsion

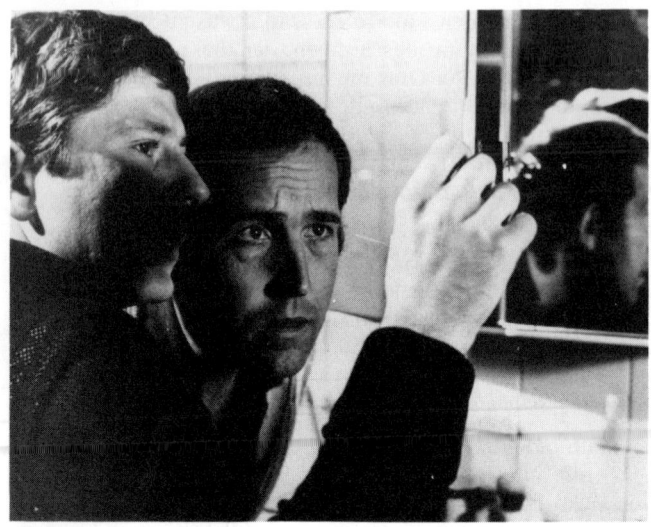

Dreharbeiten Repulsion

die sagt: »Honey, wir gehen heute abend ins Kino.« »Ach, ja? Was sehen wir denn?« »REPULSION«.

Wenn Sie sich einmal an diese Zeit erinnern: Wie war es möglich?

Wie war es möglich? Ich glaube, das ist eine Frage des Instinkts. Ich glaube, ich bin ein Kind des Showbusiness. Ich bin sehr früh in meinem Leben mit dem Rundfunk und dem Theater vertraut geworden.

Aber die Ängste, die Sie beschreiben, das sind auch die Ängste in LE LOCATAIRE. *Beruhen die Bilder auf Erfahrungen oder auf Beobachtungen? Sie sind ja sicher in jedem Menschen vorhanden. Aber nicht in diesem Ausmaß.*

Nein, nicht in diesem Ausmaß, und ich kenne sie nicht annähernd in diesem Ausmaß.

Aber Sie haben sie so präzise beschrieben.

Es freut mich, das zu hören. Aber ich kann Ihnen sagen, daß ich weder Psychologie noch Psychiatrie studiert habe. Diese Dinge sind rein instinktiv.

Und wenn wir von Ihnen als Schauspieler sprechen: Ihr Spiel müßte ja auch instinktiv oder intuitiv sein.

Das ist es immer. Nicht nur meins, jede Darstellung ist instinktiv.

Aber vorher lernt man doch auch ein Handwerk, ein bißchen Werkzeug, das sehr praktisch ist.

Ja, um das auszudrücken, was instinktiv oder intuitiv in einem vorhanden ist.

Es gibt in Ihrem Buch eine Anmerkung über John Cassavetes und sein method acting. Das ist eine Methode, durch die man lernt, während des Spielens mit seinen Emotionen ehrlich umzugehen. Sie waren jedoch dagegen.

Es gibt viele Leute, die method acting studiert haben, und nur wenigen ist es geglückt. Jene, denen es geglückt ist, hatten es zweifellos drauf, mit Methode oder ohne. Sie hatten einfach Talent oder Intuition genug, das Benehmen einer Figur nachzuahmen. Denn das ist es, was zum Schauspielen gehört.

Dreharbeiten Repulsion

Sie waren gegen Cassavetes in ROSEMARY'S BABY. *Sie mochten nicht, wie er als Guy war.*

Nein. Das ist ein ganz eindimensionales Spielen, gut für bestimmte Dinge, aber nicht für alles. Nehmen wir an, man macht einen Shakespeare-Film. Ich glaube nicht, daß man da diese Art der Vermittlung gebrauchen könnte.

Sie haben ja selbst einen Shakespeare-Film gemacht. Mit welchen Gefühlen sind Sie an MACBETH *herangegangen? Kannten Sie die Version von Orson Welles?*

Ja, habe ich gesehen. Die hat mir nicht gefallen.

Und Ihre Gefühle bei Ihrer sehr drastischen und naturalistischen Version?

Shakespeares *Macbeth* ist, wie Jan Kott, der berühmte polnische Shakespeare-Forscher schreibt, tief in Blut getaucht, und wenn das jemand nicht sieht, bedeutet das, daß er das Stück nicht verstanden hat. Es ist ein blutiges Stück. Es wäre verrückt, das Blut herauszuwaschen. Einfach dumm. Ich würde natürlich kein Blut über *A Midsummer-Night's Dream* schütten, hätte ich dieses Thema gewählt.

Sie geben ja zu, daß Ihnen das Makabre Spaß macht und daß Sie gern schockieren. Bei MACBETH *aber habe ich das Gefühl, daß meine Augen vergewaltigt werden.*

Ich glaube, Sie bringen durcheinander, was ich gesagt habe. Ich habe einmal gesagt, daß mir das Makabre Spaß machte. Als Kind! Wie allen Kindern. Kinder lieben Streiche, lieben es, sich in dunklen Ecken zu verstecken und daraus hervorzuspringen: »Buh.« Sie lieben es, jemandem eine tote Ratte auf die Treppe zu legen und so weiter. Das heißt nicht, daß mir gefällt, mich in Blut und Makabrem zu suhlen ... Aber: diese Dinge sind Teil unseres Lebens. Heute mehr denn je. Täglich sieht man Blut und Gewalt im Fernsehen. Und man akzpetiert es, so wie es ist. Und sobald jemand einen Film oder ein Buch darüber macht, sind die Leute schockiert. Das ist eine merkwürdige Heuchelei innerhalb der Gesellschaft oder unter Kritikern. Ob es ihnen gefällt oder nicht: die Kunst reflektiert das Leben. Das ist wie mit dem berühmten Spiegel, von dem Hamlet spricht. Es ist doch unmöglich, mittendrin in dem zu leben, was gerade geschieht, ohne es als Teil einer Arbeit zu benutzen.

Ich würde gern über Ihre Drehbucharbeit sprechen. Meistens haben Sie mit Gérard Brach zusammengearbeitet. Einige Filme haben Sie allein geschrieben. Wann fühlen Sie sich wohler, und wie ist die Arbeit, wenn Sie mit jemandem zusammen schreiben?

Gérard und ich haben eine gewisse Form der Zusammenarbeit entwickelt. Empirisch. Es sind jetzt mehr als zwanzig Jahre, die wir zusammenarbeiten.

Er hat auch am Buch für PIRATES *mitgeschrieben.*

Natürlich. Das war unser geliebtes Drehbuch. Am Anfang reden wir gewöhnlich ganz locker über die Dinge, die wir gern machen würden. Wir wissen nicht immer, in welche Richtung wir gehen werden. Was wir schließlich zu Papier bringen, ist vor allem der Ausdruck unserer Stimmung und unserer Verfassung zu diesem Zeitpunkt. Um Ihnen ein Beispiel zu geben: PIRATES entstand in einer Zeit, als uns danach zumute war, eine leichte Abenteuerkomödie, eben etwas für junge Leute zu machen. Wissen wir erst einmal, in welche Richtung wir uns bewegen, dann kommen wir auch mit konkreteren Ideen über Situationen oder Charaktere. Das muß dann Gérard zu Papier bringen. Dieser erste Entwurf einer Szene oder einer Situation ist nur für unsere Augen bestimmt. Wir würden niemanden an diesem Geheimnis beteiligen, weil es noch lange nicht erwachsen genug ist und oft sogar vollkommen uninteressant. Aber wir haben etwas, womit wir anfangen können. Einen Anfang. Danach können wir darüber diskutieren und es in eine Form bringen. So wie man Ton formt, um ihm eine spannende Definition zu geben. Dann schreibt Gérard alles noch einmal um. Er liest es mir vor, oder ich lese es allein, und danach diskutieren wir wieder darüber. Manchmal übernehme ich eine Figur und spiele sie durch oder sage die Sätze oder renne durchs Zimmer und versuche mich an einer Art Pantomime. Vor allem haben wir Spaß. Danach schreibt Gérard es wieder um. Jede Situation, jede Szene wird viele Male umgeschrieben. Wenn wir genug haben, um daraus eine gültige Erzählung zu machen, dann arbeiten wir an der Konstruktion. Einige Szenen, die wir geschrieben haben, werden wieder fallengelassen. Oft. Personen werden fallengelassen in dieser endgültigen Form. Das Gute an Gérard ist, daß er sich nicht an seine Einfälle klammert oder an manche Sätze, die er geschrieben hat. Sie sind für ihn nicht aus Marmor oder Bronze. Er zögert keine Sekunde, etwas in den Papierkorb zu werfen und von vorn anzufangen.

Das hilft sehr.

Das ist wohl für Leute normal, die wissen, wie man etwas macht und – in seinem Fall – wie man schreibt. Sie wissen, daß sie wieder und wieder schreiben können. Jemand, der es nicht kann und dem geglückt ist, etwas Interessantes zu Papier zu bringen, der klammert sich daran, als wäre es ein Schatz.

Wie haben Sie sich kennengelernt?

Wir haben uns durch einen Produzenten kennengelernt. Zu einer Zeit, als wir beide pleite waren und nach einem Mäzen suchten.

Wie entwickelt man Vertrauen für so eine Arbeit zu zweit?

Wir hatten damals gar keine andere Wahl. Er kannte niemanden, und ich kannte niemanden. Für uns beide war es einfach eine Gelegenheit, weil dieser Produzent immerhin bereit war, es mit uns zu probieren. Er wollte etwas produzieren, was wir zu Papier bringen würden, wobei Gérard schreiben und ich die Regie übernehmen sollte. Aber wir schrieben beide. Die erste Arbeit war CUL-DE-SAC, aber der Produzent lachte uns nur aus. Der erste Film, den wir dann schließlich mit diesem Produzenten – Pierre Roustang – machten, war eine Episode in einem Film von mehreren Regisseuren mit dem Titel *Les plus belles escroqueries du monde*. Aber das war eben nicht der erste Film, den wir gemeinsam geschrieben haben. Das war CUL-DE-SAC. Aber der hatte keine Chance. Der Produzent wollte eben einen Film machen, den mehrere Länder produzierten, und jedes Land sollte den ganzen Film verleihen können. Das war ein genialer Finanzierungsplan.

Nach NÓŻ W WODZIE *wachten Sie berühmt auf. Wie wurden Sie damit fertig?*

Ich habe immer von Ruhm und Glorie geträumt. Und wann immer sie sich einstellten, erschien mir das vollkommen natürlich.

Aber Sie waren doch nicht wirklich davon überzeugt, daß sie sich einstellen würden.

Natürlich. Absolut. Einhundert Prozent. Ich war es immer.

Woher kommt eine solche Sicherheit?

Weiß ich nicht. Fragen Sie den lieben Gott.

Gibt es nicht eine instinktive Bescheidenheit?

Es hat nichts mit Bescheidenheit zu tun.

Steckt nicht eine Art Woody Allen in uns allen, der sagt: »Ich würde ja gern, aber . . .«

Woody Allen?

Eine Gegenstimme zu der, die fest auf das Glück baut.

Manchmal, wenn ich lange Strecken voll von hilflosem Unglücksgefühl durchgemacht hatte, da hatte ich Zweifel. Da habe ich gedacht: »Mein Gott, es wird niemals gelingen.« Ich hatte Ängste. Aber etwas tief in mir hat doch ans Glück geglaubt. Ich habe eine optimistische Natur.

Aber sind Sie nicht auch das Gegenteil?

Wer hat Ihnen denn das gesagt?

Ich habe es gelesen. In einem Aufsatz von einem Amerikaner.

Warum fragen Sie nicht den?

Ich zitiere: »Die Filme sind pessimistisch, aber Polanski hat in einem Interview dazu gesagt: ›Nein, ich bin nur ernst.‹«

Vielleicht ist das Zitat aus dem Zusammenhang gerissen. Ich habe Schwierigkeiten, es zu lokalisieren. Ich weiß nicht, ob ich das so gesagt habe. Vielleicht doch, vielleicht auch nicht.

Es wurde darüber gesprochen, daß Ihre Filme nicht mit einem »befriedigenden« Ende aufhören.

Das hat aber nichts damit zu tun, ob man ein Optimist ist oder ein Pessimist. Das ist Showmanship. Es hängt davon ab, was man mit seinem Film in bezug auf die Leute beabsichtigt. Will man sie bewegen, will man, daß sie über den Film nachdenken oder ganz befriedigt nach Hause gehen? Wenn man ihnen ein Problem anbietet, nehmen wir an: ein soziales Problem, und wenn man das mit einer Lösung zeigt, verlassen die Leute das Kino ganz beruhigt. Nehmen wir an, es wird ein Film über Ungerechtigkeit gemacht. Der Schuldige wird am Schluß bestraft. Das erweckt doch keine Fragen. Wenn man möchte, daß die Leute nachdenken und sich über die Bedingungen Sorgen machen, muß man sie unzufrieden entlassen. Die größten Meisterwerke der Literatur oder des Theaters enden meist höchst tragisch. Ich verstehe einfach nicht, weshalb die Leute Regisseure immer wieder bestürmen ...

Sie wollen Sie vielleicht nur besser verstehen.

Das ist deren Problem. Das können die ja versuchen. Aber ich bin es leid und müde.

Ich möchte trotzdem gern noch einmal auf NÓŻ W WODZIE zurückkommen. Ist das Bild des jungen Mannes an Bord, der wie Jesus am Kreuz daliegt, mit dem Heiligenschein über sich, nicht auch ein Kommentar zu Ihrer eigenen Geschichte?

Ein ziemlich humorvoller.

Ist es aber nicht auch ein Spiel mit Blasphemie? So, als wäre man noch klein und zwischen dem Glauben und Nicht-Glauben hin- und hergerissen?

Ja, ein bißchen schon. Aber ich würde dem keinen so hohen symbolischen Wert zumessen. Es ist nur so: manchmal versetzen sich Menschen in eine Lage oder Situation – ich spreche jetzt davon, daß sie das physisch tun –, die aus der Perspektive anderer auf diese Art interpretiert werden können. Daß jemand wie Christus aussieht.

Es gibt auch noch andere Signale: seine Hände sind verletzt, er scheint auf dem Wasser zu gehen. Das ist doch eine deutliche Sprache.

Ich möchte Ihnen mal etwas sagen: wenn ein Filmemacher oder Autor sich zu solchen Dingen entschließt, wenn er beschließt, sie unterschwellig einzusetzen und nicht eindeutig, dann wünscht er sich auch, es dabei belassen zu können. Und findet es abstoßend, den Journalisten zu erklären, warum er das so gemacht hat. Und was es bedeutet. Ich bin kein Poet, aber ich kann mir vorstellen, wie schrecklich der sich fühlen muß, wenn ein Kritiker oder Journalist ihn bittet, sein Gedicht zu analysieren oder interpretieren.

Aber ist der Wunsch nach einer Bestätigung nicht legitim, wenn sie etwas entdeckt haben?

Dann müssen sie mit dem Problem leben. Man sollte einfach keine Interviews geben. Ich kann sie nicht nur nicht leiden, weil die Fragen oft nicht wichtig sind. Ich mag sie nicht, weil es Fragen gibt. Punkt.

Kann ich verstehen. Meine Rolle hier gefällt mir auch nicht.

Sie verstehen mich aber. Ich mache Sachen und lasse dann andere darüber grübeln. Ich wünschte mir, daß Filme nicht so teuer wären und man nicht immer wieder dem Druck nachgeben müßte, der sich gewöhnlich in der Zeit vor der Premiere des Films einstellt, also bevor er verliehen wird, wo man Interviews einfach akzeptieren muß. Ich finde, Künstler sollten in ihren Elfenbeintürmen leben und ihr Ding machen. Und entweder das gefällt denen draußen oder nicht.

Wie haben Sie Gene Gutowski kennengelernt?

Ich habe Gene Gutowski in München anläßlich polnischer Filmtage kennengelernt, die ichweißnichtwer organisiert hatte. Gene wollte unbedingt mit mir arbeiten. Er sagte: »Meine Möglichkeiten liegen in England, nicht in Frankreich.« Und er hatte recht. Frankreich ist ein arrogantes, xenophobisches Land. Obwohl NÓŻ W WODZIE auf dem Filmfestival in Venedig den Kritikerpreis gewonnen hatte, verbesserten sich meine Möglichkeiten in Paris auch dann nicht, als der Film hier herauskam. Also hörte ich auf Gene und ging mit ihm nach England und sah, daß dies in der Tat *der* Ort war. Einmal, weil NÓŻ W WODZIE dort einen großen Erfolg bei der Kritik hatte und meine Chancen dadurch wuchsen. Dann aber auch, weil das eine Zeit war, in der alles in London passierte. Der Anfang der Sechziger. Wir fingen an, uns umzusehen. Gene knüpfte mit vielen Verleihern Kontakte, vor allem mit Majors, die in England vertreten waren. Ich erinnere mich, daß er mit Columbia und anderen gesprochen hat. Alle waren sehr freundlich und interessiert, aber uns wurde bald klar, daß es besser wäre, es mit Leuten zu versuchen, die auf diesen gerade aufsprießenden Regisseur gespannt waren. Das waren zum

Beispiel die Leute von Compton, Klinger und Tenser, die mit Semi-Pornos sehr erfolgreich waren und mit anderen Billig-Produktionen. Sie waren Verleiher, aber sie wollten mit eigenen Produktionen anfangen und sich gleichzeitig um mehr Respektabilität kümmern. Wir mußten also ein Drehbuch vorlegen, das ihnen gefiel: REPULSION. CUL-DE-SAC zeigten wir ihnen erst gar nicht.

Aber später klappte es dann doch: CUL-DE-SAC war damals sicher wohl deshalb so ein genialer Streich, weil der Film so fremd war, sich kaum auf etwas Vertrautes bezog. Höchstens auf das absurde Theater.

Unsere Stimmung zu der Zeit, als wir es schrieben, ist in dem Film vertreten. Das war, bevor wir nach London gingen.

Wie war denn Ihre Stimmung in dieser Zeit?

Genau so: CUL-DE-SAC.

Es ist die Geschichte von Eindringlingen: wie in NÓŻ W WODZIE, in REPULSION, auch in LE LOCATAIRE. Das muß etwas gewesen sein, was Sie beschäftigte.

Dreharbeiten Cul-de-sac

Was?

Die Geschichte von Eindringlingen.

Das ist ein interessantes Filmsujet. Das ist alles.

Ich frage mich trotzdem, wie Sie Ihre Ideen entwickeln. Denkt man an Beckett oder Ionesco, dann liegt das auf dieser Schiene. Wurden Sie von ihnen beeinflußt?

Ich wurde immer von vielen Dingen beeinflußt. Ja, es gab eine Zeit, als ich von Beckett sehr beeinflußt war. Es gibt bestimmte Dinge, die man sieht und die einen gewissen Eindruck hinterlassen. Und offensichtlich findet man dann Echos davon in den Dingen, die man selber macht. Das ist eine natürliche Sache. Der Wunsch, Bücher zu schreiben, kommt vom Lesen. Der Wunsch, Filme zu machen, kommt vom Filmesehen. Leute, die noch nie im Kino waren, hatten nie den Wunsch, Filme zu machen. Und die Dinge, die einen besonders beeindrukken, erzeugen den Wunsch, etwas in dieser Art zu machen.

Wie laden Sie sich wieder auf? Wenn ein Film fertig ist und Sie haben das Gefühl, daß es höchste Zeit sei, den nächsten zu machen - was stimuliert Sie da?

Unglücklicherweise ist die Pause zwischen zwei Filmen so groß, und sie wird es mehr und mehr, so daß man sich in dieser Zeit völlig verändert. Seine Stimmung, seine Wünsche. Aus diesem Grund sind die Filme so oft so unterschiedlich. Es ist soviel geschehen. Der Geschmack hat sich entwickelt. Die Interessen haben sich verändert.

So unterschiedlich Ihre Filme auch sein mögen, es tauchen immer wieder dieselben Themen auf.

Es gibt bestimmte Dinge, die konstant bleiben. Natürlich. Sie haben vielleicht mit den Genen zu tun. Und es gibt andere - äußere -, die damit zu tun haben. Was man durchmacht. Was man sieht. Was man ißt. Was man liebt.

Hätten Sie die Chance, die Zeit zwischen PIRATES *und dem nächsten Film verschwinden zu lassen, was . . .*

Ja, diesen Wunsch hätte ich selbstverständlich. Vieles hat natürlich auch mit rein mechanischen Problemen des Filmemachens zu tun. Da ich so lange und so hart für PIRATES gearbeitet habe, habe ich den Wunsch, an etwas weniger Ermüdendem, weniger Komplexem zu arbeiten, Sehnsucht nach einer leichteren Produktion. Ich werde also etwas suchen, das sich leichter machen läßt. Es wäre verrückt, sich wieder an ein historisches Drama zu machen, zu dem Kostüme gehören.

War CHE? nicht so etwas?

CHE?, ja, das war so etwas. Genau. Das war nach MACBETH.

Die ursprüngliche Idee zu CHE?, daraus einen Film über den Wahnsinn des Filmemachens zu machen – warum haben Sie die fallengelassen?

Ach, das weiß ich nicht mehr. Solche Sachen entwickeln sich durch die Umstände: was steht einem bei der Finanzierung zur Verfügung. Welches Land, welcher Produzent, welche Schauspieler. Auch diese Dinge müssen beachtet werden. Film ist nicht nur ein Bleistift und ein Stück Papier. Oder Pinsel und Farbe. Man braucht eine Armee.

Und Sie sind der Kopf der Armee. Wenigstens für eine Weile. Wie gehen Sie mit der Macht um?

Nur Arschlöcher stellen sich diese Frage. Jemand, der daran interessiert ist, einen Film zu machen, nutzt diese Macht bis ans Ende. Er denkt nur an das Endresultat. Er versucht, eine Idee, die nur in seinem Kopf vorhanden ist, zu konkretisieren und anderen zu vermitteln. Und dem dient die Armee. Jemand, der nicht weiß, weshalb er am Kopf dieser Armee steht, wird Probleme haben. Sein Ego wird da hineingezogen. Stolz und Eitelkeit. Komplexe.

Und wenn man am Anfang eines Films steht, ist es da nicht schwierig, gleich so eine Armee zu führen?

Keineswegs. Was ich schwierig finde: diese Armee zusammenzuhalten, damit sie für das gleiche Ziel kämpft. Dazu gehören viele unterschiedliche Köpfe. Jeder Kopf hat die Tendenz, in eine Richtung zu spazieren, die dem Besitzer dieses Kopfes als die richtige erscheint. Die Rolle des Regisseurs entspricht ein bißchen der eines Orchesterdirigenten. Es muß alles richtig klingen, und alle müssen zusammen spielen. Kein Solo, mit dem sich einer hervortun will. Nichts Individuelles.

Welche Grundeigenschaft braucht man dafür?

Zuerst einmal braucht man Leidenschaft. Sie hilft einem durchzuhalten. Das zweite ist Ausdauer. Leidenschaft stärkt die Ausdauer. Komischerweise bin ich schon vor langer Zeit zu dem Schluß gekommen, daß Ausdauer in dieser siebenten Kunst wichtiger ist als Talent. Und zwar während der ganzen Zeit. Man muß die gesamte Zeit für die Integrität einer Idee kämpfen, die einem so am Herzen liegt. Für dieses Modell, das man im Kopf hat. Es gibt viele Leute, die wunderschöne Vorstellungen haben. Aber sie können sie anderen nicht vermitteln. Wieviele Leute trifft man, die riesige Ideen für Drehbücher und Filme haben. Wie erreicht man, daß die anderen alles so sehen, wie man es selbst im Kopf hat? Man braucht viele Menschen dafür beim Film. Es gibt viele Probleme während der Vorbereitungszeit, beim Drehen und in der Phase nach Produktionsende. Da vertauschen sie dann noch die Rollen in der Projektion und bringen alles durcheinander. Man braucht Ausdauer. Es erfordert eine unglaubliche Kraft, gegen alle zu kämpfen. Gegen jedes Individuum. Sie sind nicht deine Feinde, aber sie haben andere Vorstellungen.

Wäre es da nicht ideal, wenn Sie einen Großteil des Stabes behalten könnten, mit dem Sie schon gearbeitet haben?

Ich versuche immer, die zu behalten, die mich verstehen. Mit denen die Kommunikation leicht ist. Bei PIRATES habe ich mit Witold Sobociński, das ist ein polnischer Kameramann, zum erstenmal zusammen gearbeitet. Aber ich kenne ihn seit Jahren. Er war auf derselben Filmschule. Und ich kannte ihn schon, bevor er zur Filmschule ging, denn er war ein Jazzer. Er spielte Schlagzeug. Zu dieser Zeit war Jazz das wichtigste im Leben von uns jungen Männern. Es war die Ära Stalins. Jazz fand heimlich statt. Wir alle hatten unsere Stars. Und dieser Kerl war unser Star. Später ging er zur Filmschule, ich war ihm zwei Jahre voraus. Wir sind Freunde seit Jahren, aber wir haben nie zusammen gearbeitet. Er hat einige Filme für Wajda gedreht. Haben Sie *Ziemia obiecana*[4] gesehen? Den hat er gedreht. Er hat *Wesele*[5] gedreht. Viele Filme für Wajda.

Hat Wajda Sie beeinflußt?

Mich?

Sie spielen manchmal direkt ins Publikum. In POKOLENIE[6], *in dem Sie einen kleinen Gangster spielen, gibt es einen Faustkampf. Plötzlich ist die Kamera direkt vor Ihnen und Sie schlagen sozusagen ins Publikum. In* NÓŻ W WODZIE *wird das Messer ins Publikum geworfen. Und in* CUL-DE-SAC *macht sich George über das Publikum lustig, wenn er es als Spiegel benutzt und völlig irre lacht. Ist das ein bewußtes Spiel mit dem Publikum?*

Jesus. Das ist so hochgestochen, ich habe Magenschmerzen.

Sie haben das aber nicht oft inszeniert, daß ein Schauspieler sich so direkt in die Kamera wendet.

Ich weiß nicht. Ich finde nur, daß man Filme für das Publikum macht. Ansonsten würde man keine machen.

Könnte Georges Verhalten nicht ein ironisches Statement sein? Über das Publikum?

Solche Gefühle habe ich aber nicht für das Publikum. Daß ich mich über die Leute lustig mache. Nein, das überlasse ich lieber Godard.

Wie war Ihre Beziehung zur Nouvelle Vague, als Sie nach Paris kamen?

Wie die war? Ich komme von einer Filmschule, wo ich fünf Jahre studiert habe. Ich bewunderte die Kunst der Filmemacher, bevor ich auf die Filmschule ging. Ich habe am Theater gearbeitet. Ich habe eine Kunsthochschule besucht. Ich habe Fotografie studiert. Ich habe alles über das Filmemachen gelernt und danach gestrebt, über alles praktische Können zu verfügen, das dazu gehört, überwältigt von Filmen wie *Citizen Kane, Odd Man Out, Hamlet*. Wie hätte ich je die Nouvelle Vague bewundern können? Das war totaler Amateurismus.

. . . der aber doch Zeitgefühl, Zeitgeist offenbarte.

Ja. Tat er. Aber auch von den Kritikern, die nicht bemerkten, daß der König nackt war.

Die Zeit ist auf Ihrer Seite.

Dreiviertelvier.

War THE DANCE OF THE VAMPIRES *ein Versuch, sich dem ameri-*

kanischen Film zu nähern? War es überhaupt Ihr Wunsch, amerikanische Filme zu machen?

Nein. Ich war in England sehr glücklich und hatte gar nicht die Absicht wegzugehen. London war das Swinging London – ...

Trotzdem könnte ich mir vorstellen, daß Hollywood ein Traum war.

Ja, natürlich. Wenn mir jemand erzählt hätte, daß ich einen Film in Hollywood machen würde – ich wäre entzückt gewesen. Aber es war nicht Teil meines Plans. Ich war daran interessiert, Filme zu machen. Das ist alles. Es erschien mir nicht unmöglich, Filme in Europa zu machen. Im Gegenteil. Ich möchte Sie daran erinnern, daß in jener Zeit die besten Filme aus Europa kamen.

Sie haben ROSEMARY'S BABY *als Ihren unpersönlichsten Film bezeichnet. Wegen des Buches?*

Ja, natürlich. Es ist Ira Levins Buch. Seine Idee.

Ja, aber Sie haben einen Polanski-Film daraus gemacht.

Ja, ich habe ihn gemacht. Offensichtlich muß er auch ein bißchen von mir enthalten.

Was haben wir nicht sehen können? Der Rohschnitt soll fast fünf Stunden lang gewesen sein.

Ungefähr vier Stunden, viereinhalb Stunden oder vier Stunden und fünfzehn Minuten. Es war nicht viel, was auf dem Fußboden des Schneideraums endete. Das ist ein ganz normaler Vorgang.

Aber ich wüßte gern, was wir verpaßt haben.

Wirklich nicht viel, soweit es sich auf ganze Stücke bezieht. Es sind Kleinigkeiten, Stückchen. Erinnern Sie sich an den Anfang, bevor wir zum Hexenthema kommen? Da gab es noch ein bißchen mehr Alltag aus dem Leben des Paares. Da gab es eine Szene nach dem ersten Besuch der neuen Wohnung, in der sie noch zögern, sie zu mieten. Eine Szene, in der sie durch new yorker Straßen laufen, die durch technische Aspekte sehr interessant war. Bewegte Kamera und Originalton, was es damals noch nicht so häufig auf der Leinwand gab. Ein bißchen wie der Gang von Carol in REPULSION. Dann erinnere ich mich, daß wir eine gar nicht so lange, sehr gute Szene schnitten: Rosemary sagt zu Guy: »Das habe ich mir immer gewünscht. Ein Apartment wie dieses, mit knisterndem Kaminfeuer und Schnee hinter den Fenstern.« Und plötzlich fängt es wirklich an zu schneien. Während der Party. Und alle rennen ans Fenster, um die Schneeflocken zu beobachten. Mia Farrow war in dieser Szene sehr gut. Sie hatte bis dahin nur Fernsehen gemacht. Das war ihr erster Kinofilm.

Das »unbefriedigende« Ende – und jeder denkt: »Ich habe das Baby gesehen!« – war vielleicht riskanter als Ihre anderen »unbefriedigenden« Schlüsse. Für Amerika, wo man es lieber sieht, daß die Leute aus dem Kino kommen und taub und glücklich sind. Haben Sie für Ihr Ende kämpfen müssen?

Ja. Ich mußte kämpfen, aber nicht sehr hart. Denn zu der Zeit hatte ein Regisseur mit diesem Studio keine besonderen Schwierigkeiten, seine Ideen zu verwirklichen. Es war damals zweifellos leichter als heute. Bob Evans, damals an der Spitze der Produktion, war mehr als nur verständnisvoll, mehr als nur geduldig mit mir. Er war wunderbar.

Wir haben ein bißchen über MACBETH *gesprochen, nicht aber über Ihre Wahl von Kenneth Tynan als Co-Autor des Drehbuchs. Hatte er Erfahrungen mit Film?*

Seine Erfahrungen hatte er vor allem am Theater gemacht. Und er war Filmkritiker. Er war damals einer der brillantesten Filmkritiker in England.

Wenigstens einer, den Sie bewundern.

Nein, es gibt mehr als einen. Aber Ken ist eindeutig ein guter Autor. Er war der künstlerische Direktor des National Theatre. Seine Kenntnisse, was Shakespeare und das elisabethanische Theater angeht, waren großartig. Ich kannte ihn, wir mochten uns sehr. Er war für mich die nächstliegende Wahl.

War er schwierig? Er ist als reichlich monoman bekannt.

Ken? Es war sehr einfach, mit ihm zu arbeiten. Ihm hat gefallen, was ich in meinen Filmen machte. Er war sehr glücklich, als ich ihn um die Zusammenarbeit für das Drehbuch bat. Es war fantastisch, weil er das Stück auswendig kannte. Er ist sehr talentiert. Es war sehr komisch. Er konnte Verse improvisieren, und zwar so, daß man überzeugt war, daß er Shakespeare zitierte. Er machte das wundervoll. Und er konnte es lange Strecken durchhalten.

Haben Sie viel verändert? Sie haben das Stück gekürzt.

Wir haben viel verändert. Aber man verändert immer viel bei Shakespeare. Ein Shakespeare-Stück hat keine Regieanweisungen. Die einzigen Regieanweisungen sind: Geht ab, tritt auf. Oder: Wird erschlagen. Es ist ein bißchen wie im Jazz. Jedes Schauspiel-Ensemble spielt es so, wie es alles interpretiert. Unglücklicherweise spielen es die meisten so, wie die Tradition es überliefert hat. Und diese Tradition tut so, als hätte es in dreihundert Jahren keine Entwicklung gegeben, und oft gibt es da Dinge, die gewachsen sind und die nichts mit dem zu tun haben, was dieser Autor ursprünglich wollte.

Hat Ihre MACBETH-Version mit der Zeit zu tun, in der Sie leben? Sie interpretieren das Stück mit Ihren Augen, mit Augen von heute. Auf der Leinwand aber wird Geschichte geschrieben. Wo zeigt sich da die Gegenwart?

Das haben Sie doch gerade selbst gesagt. Es wird von jemandem gesehen, der heute lebt. Man könnte den Satz zitieren: »Schönheit liegt in den Augen des Betrachters.«

Gegenwart liegt in den Augen des Betrachters. Danach – zur Erholung also CHE?. Ich mochte den Film nicht, als er damals herauskam. Als ich ihn jetzt wiedersah, gefiel er mir viel besser. Er ist . . .

. . . witzig, komisch.

Er sagt viel über die Zeit aus, in der er gemacht wurde.

Natürlich. Dafür war er sehr relevant.

Ich erinnere mich nicht mehr, ob er damals erfolgreich lief.

Nein.

Er sollte noch einmal verliehen werden.

Ich möchte nicht anmaßend klingen, aber mir fällt auf – und es ist eine Tatsache –, daß meine Filme nach einer bestimmten

Zeit viel mehr akzeptiert werden als zu der Zeit, als sie herauskamen. Rückblickend erlebt man, daß Filme wie CUL-DE-SAC ein bißchen zu Kultfilmen werden, daß Filme wie DANCE OF THE VAMPIRES populäre Filme werden. Nur zur Zeit, als sie herauskamen, hatten sie keinen großen Erfolg. Und einige wurden von den Kritikern richtig runtergemacht, als hätte ich sie beleidigt.

Aber warum?

Ich sehe auf Ihre Uhr, es ist vier. Zu jeder vollen Stunde habe ich den Impuls, die Nachrichten anzustellen.

Um zu sehen, ob wieder eine Bombe explodiert ist?

Genau.

Also, wie erklären Sie sich das? Wenn es eine Erklärung gibt

Die Erklärung ist sehr einfach. Die Leute sind einfach rückständig.

Dann ist also die ganze Welt rückständig. Wie kommt es, daß Sie ihr voraus sind?

Alle Künstler sind das, alle wahren Künstler. Ich bin vielleicht ein wahrer Künstler. Oder so. Kunst ist Avantgarde.

Deshalb würde ich so gern das Denken dahinter kennenlernen, wissen, ob es anders funktioniert.

Was kann ich dafür tun?

Ist das die Definition eines Künstlers: er ist jemand, der seiner Zeit voraus ist?

Würde ich sagen. Ganz bestimmt. Zumindest in einer Art Avantgarde: er beobachtet, was um ihn herum geschieht. Das ist seine Nahrung. Und aus ihr schöpft er seine Ideen. Sie müssen also ihrer Zeit voraus sein. Andere sind nur Kopierer und keine Künstler.

Ist Ihnen diese Tatsache, wenn Sie einen Film machen, bewußt? Oder sind dann die Intentionen vollkommen andere?

Nein, man ist sich dessen immer bewußt. Es ist so: man muß das so unterbringen, daß die Zuschauer unter dem Eindruck stehen, daß sich der Autor dessen nicht bewußt ist. Wenn man einen guten Schauspieler sieht oder einen guten Sänger hört, besonders einen neuen, dann hat man immer das Gefühl, daß dieser Bursche naiv ist und nicht einmal bemerkt, wie gut, wie hervorragend er singt oder spielt. Und wie relevant das ist, was er der Welt singt oder sagt. Man möchte ihn gern kennenlernen, um ihm das zu sagen. Genauso ist es mit Filmen oder Stücken. Wenn man eine gut inszenierte Szene sieht, steht man unter dem Eindruck, daß die einfach Glück hatten, daß in *Baby Doll* zum Beispiel eine Fliege auf Eli Wallachs Nase saß – aus Zufall. Oder war das der jugoslawische Schauspieler? Der Kerl in *Baby Doll*. Jack? Christus! Der mit der Nase.

Malden?

Ah: Karl Malden. Wenn sich auf der Leinwand etwas abspielt, das wirklich gut gemacht ist, dann hat man immer das Gefühl, daß genau das ein reiner Zufall war. Und nicht das Ergebnis schwerer Arbeit und gemeinsamer Anstrengungen. So sollte es auch erscheinen. Und nicht, daß man die Inszenierung spürt, und daß man merkt, daß man beeindruckt werden soll . . .

Wie ist Ihnen in CUL-DE-SAC *gelungen, daß Dickie so herrlich ist. Wenn man liest, was Sie über die Dreharbeiten geschrieben haben, muß Lionel Stander wie die Pest gewesen sein. Aber das spürt man nicht, wenn man den Film sieht.*

Das ist eben die Schwierigkeit: das Publikum nicht die Anstrengungen spüren zu lassen, die dahinter stehen. Es muß anstrengungslos wirken. Ein guter Ballett-Tänzer springt und dreht sich so leicht. Es wirkt so natürlich, daß man nicht weiß, daß er in Agonie ist. Und die meisten unter ihnen sind in Agonie. Fragen Sie jeden klassischen Tänzer, alle werden Ihnen sagen, daß sie konstant Schmerzen haben.

Offensichtlich hatten Sie doch große Schwierigkeiten mit Lionel Stander.

Ich hatte mit allen drei Schauspielern während der gesamten Dreharbeiten Schwierigkeiten. Und mit dem Mädchen auch. Françoise Dorléac war keinesfalls der unkomplizierteste Mensch, mit dem man zusammenarbeiten kann. Sie verfiel in Stimmungen, war unsicher. Donald Pleasance war gemein und narzißtisch. Lionel war faul und langweilig. Es war nicht einfach. Aber wen stört's? Das ist vergangene Geschichte. Es zählt nur noch das Ergebnis. Und sie boten mir alle großartige darstellerische Leistungen.

Zu CHINATOWN: *Wie schwer ist Ihnen die Entscheidung gefallen, ein fremdes Drehbuch zu benutzen? Robert Towne ist kein unkomplizierter Mann.*

Nein, ist er nicht.

Ich habe ihn einmal kennengelernt mit seinem großen Hund, dem Lieblingsthema seines Lebens.

Das stimmt. Wissen Sie, wie dieser Hund endete? Towne beschloß, daß sein Hund Rückenschmerzen hatte, und brachte ihn zu einem Chiropraktiker. Ich weiß nicht, was der Chiropraktiker dem Hund angetan hat, aber er rief Bob nach einer der Sitzungen an und sagte, der Hund stürbe an einer Herzattacke. Bob sauste mit einem Freund los, holte den Hund, legte ihn ins Auto und raste wie ein Wahnsinniger, um seinen Hund zu retten. Sie wurden von der Polizei angehalten. Auf dem Freeway. Ach nein, der Freund fuhr ja. Bob versuchte ja

Dreharbeiten Chinatown

gerade Mund-zu-Mund-Beatmung an seinem Hund. Auf dem Rücksitz. Und als sie jetzt angehalten wurden, weil sie die Geschwindigkeit übertreten hatten, flehte Bob die Polizisten an, nur seinen Freund zu belangen. Sie wissen, wie überzeugend Bob in einem so bewegenden Augenblick sein kann, wo doch sein Hund gerade stirbt. Sie ließen ihn also gehen, der Freund blieb, und Bob fuhr mit dem Auto allein zur UCLA-Entbindungsklinik, raste da auf die Wiederbelebungsstation und verlangte, daß man seinen Hund wiederbelebe. Der Arzt sagte ihm, daß er verrückt sei. Dies sei ein Krankenhaus für Menschen. Und trotz all seiner Überzeugungskraft wurde der Hund nicht zugelassen und starb vor dem Krankenhaus – wie Betsy Smith.

Der Arme. Und wie war die Zusammenarbeit mit ihm?

Das war ein harter Schlag für ihn, denn er liebte diesen Hund wirklich. Der Hund hieß Hyra.

Wie haben Sie die Zusammenarbeit überlebt?

Fast nicht. Aber dann doch. Bob ist sehr talentiert. Er hat ein feines Ohr für Dialoge. Er kann sich alles merken. Es klingt immer richtig, wenn er einen Satz zu Papier bringt. Aber er ist so faul. Er schiebt alles vor sich her. Er nimmt den Hörer hoch und ruft ein Mädchen an, streichelt den Hund, dann steht er auf und holt dem Hund Wasser, dann stopft er seine Pfeife. Er kommt immer zu spät. Er klammert sich an die Sachen, die er geschrieben hat. Man braucht viel Zeit, um ihn davon zu überzeugen, daß etwas gestrichen werden muß. Aber es war gleichzeitig auch sehr interessant mit Bob. Bis auf die Tatsache, daß er ein paar Sachen nicht verstand und wir uns über das Ende des Films nicht einigen konnten. Wir konnten uns über die Liebesszenen nicht einigen, die ich für sehr richtig halte. Wir haben die Dreharbeiten mit einem unfertigen Drehbuch angefangen.

Wie Casablanca.

Ja. Genau. Dieses Ende! Ich habe es in der Nacht vor dem Drehen geschrieben. Bob Evans sagte immer: »Was ist mit dem Schluß? Wir müssen etwas für den Schluß tun. Wir müssen drehen.« Ich habe immer gesagt, daß der Schluß eine Szene in Chinatown sein müsse. Eine wenigstens in einem Film mit dem Titel CHINATOWN. Das wäre der beste Schluß. Beim Schreiben des Drehbuches hatten wir ja schon langsam an Chinatown herangeführt. Als der Tag gekommen war, bat ich Richard Sylbert, eine Straße auszustatten, in der es sowieso schon ein paar Restaurants und chinesische Bauten gab. Er sollte so dekorieren, daß alles wie das Chinatown der späten Dreißiger aussah. Ich habe noch am Dialog gearbeitet, sogar noch am Abend vor den Dreharbeiten dieser Szene. Ich bin zu Jack Nicholsons Wohnwagen gegangen – mit dem Dialog, den ich gerade geschrieben hatte. Und ich habe gesagt: »Sieh mal, hier ist der Text für dich. Laß uns mal sehen, ob er dir paßt...« Und ich habe ihn noch mal zusammen mit Jack korrigiert, um ihn seiner Sprechweise noch besser anzupassen, die aber auch Bob Towne sehr gut kannte. Dann habe ich ihn John Huston und den anderen Schauspielern gegeben. Und danach haben wir gedreht. Diese letzte Szene ist beinahe improvisiert.

Wie wohl fühlten Sie sich mit einer Geschichte, die sich nicht auf eine Art Ghetto-Situation konzentriert?

Es erschien mir nicht notwendig, die Geschehnisse auf einen abgeschlossenen Bereich zu reduzieren. Es gefiel mir einfach so. DANCE OF THE VAMPIRES ist auch nicht auf einen Ort beschränkt. Da geschieht alles überall. Wirtshaus, Schloß, Berge.

LE LOCATAIRE *ist an das Haus gefesselt, bis auf wenige Szenen.*

Ja, LE LOCATAIRE ist es vollkommen. Ich habe LE LOCATAIRE gemacht, weil ich damals schnell einen Film machen mußte nach dem mißglückten Versuch mit PIRATES. Ich habe mich ein paar Jahre mit PIRATES beschäftigt. Und ich suchte verzweifelt Arbeit. Paramount besaß das Buch zu LE LOCATAIRE, und mir erschien es wie eine einfache Sache, die man schnell auf den Weg bringen konnte.

Und der Entschluß, die Hauptrolle selbst zu spielen?

Es erschien mir vollkommen natürlich, diese Rolle zu spielen. Ich spiele eine Rolle, wenn es eine gute Rolle ist. Wenn ich eine Rolle bekomme, die zu mir paßt. Ich würde es nicht andersherum machen.

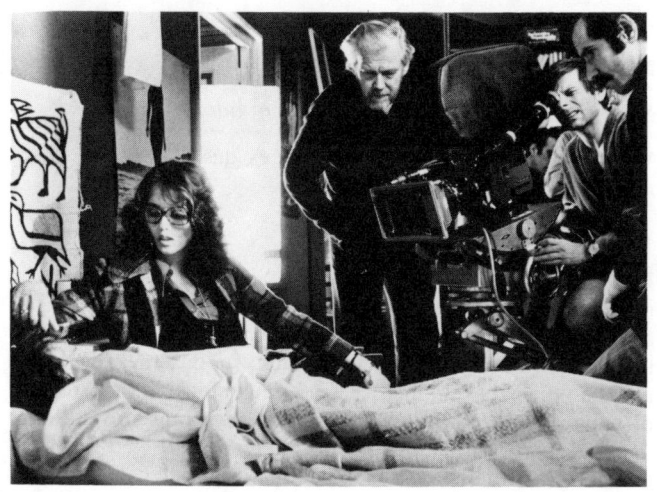

Dreharbeiten Le locataire

Wann haben Sie das Gefühl, daß eine Rolle zu Ihnen paßt?

Wenn sie zu mir paßt.

Ja. Logisch. – Paris sieht sehr häßlich aus. Schäbig. Ist das ein Kommentar über Ihre Erfahrungen als Pole in Paris?

Es ist ein Kommentar über meine Gefühle zu Zeiten, in denen ich ein Mieter war. In Paris. Zu all den Zeiten, in denen ich kämpfen mußte. Mit Gérard zusammen. Und auch davor. Ich kenne diesen Teil von Paris. Paris ist ja nicht notwendigerweise Champs-Elysées, es ist auch Belleville.

Das Thema von LE LOCATAIRE: *man ist so lange, was man ist, wie andere es einem bestätigen.*

Jesus. Lassen Sie mich darüber schlafen. Rufen Sie mich morgen an.

Es ist die Beschreibung pathologischer Unsicherheiten. Wie REPULSION.

Es ist für mich so schwierig, die Themen zu analysieren. Für Sie als Autorin erscheint das alles normal. Ich mache einfach Filme. Das ist alles. Es gibt da keine rationale Analyse.

Aber es ist ein wiederkehrendes Thema.

Na und?

Sagt das nicht vielleicht etwas über den Autor?

Vielleicht tut es das. Sicherlich tut es das. Aber, was kümmert's mich?

Mich kümmert's!

Darf ich einen Apfel essen? Es stört Sie nicht? Mir ist gerade nach einem Apfel. Aber ich will Ihnen auch gleichzeitig sagen: wenn ich diesen Apfel essen möchte, dann deshalb, weil ich jetzt gern da reinbeiße. Es ist nicht so, daß mein Hirn Signale an die Muskeln meiner Kiefer ausschickt, damit sie sich öffnen und wieder schließen und den Rhythmus von fünfmaligem Kauen pro Sekunde kontrollieren. Sie fragen mich eigentlich nach dem Mechanismus meiner Kiefer. Hätten Sie auch gern einen Apfel?

Nein, danke.

Ich möchte Ihnen erzählen, daß es Länder in Asien gibt, in denen Äpfel als große Delikatesse gelten. Weil diese Frucht dort nicht wächst. Die Leute lieben Äpfel. Und sie haben keine Ahnung von Adam und Eva.

Etwas anderes bei LE LOCATAIRE: *der Film nutzt und transportiert Voyeurismus, für einen Filmemacher etwas grundsätzlich Notwendiges.*

Voyeurismus. Was ist damit?

Ist er ein Motor für das Filmemachen? Muß man als Filmemacher nicht Voyeur sein?

Ich weiß nicht, ob Filmemacher mehr Voyeure sind oder Exhibitionisten.

Darf ich darüber schlafen?

Sie müssen darüber schlafen.

Wenn Sie Trelkovsky spielen, dann sind Sie ein Exhibitionist, aber gleichzeitig auch ein Voyeur. Trelkovsky ist das Objekt von Voyeurismus. Daraus resultiert seine Paranoia.

Es hat viel mehr mit dem Sicherheitsbedürfnis und der Qual des Lebens als mit Voyeurismus zu tun. Ganz sicher. Denn das sind seine Obsessionen: beobachtet zu werden. Die voyeuristischen Szenen in LE LOCATAIRE offenbaren ihm, daß er beobachtet wird. Kontrolliert. Er selbst beobachtet ja niemanden, er sieht Dinge durch Zufall. Er bemerkt, daß man von seinem Fenster aus die Toilette sehen kann und vom Toilettenfenster aus sein Fenster. Alles, was er tut, scheint für die anderen Mieter im Haus kein Geheimnis zu sein.

Aber die Schlüsselszene ist doch, als er beobachtet, wie er sich selbst beobachtet. Von der Toilette aus.

Es ist Ihr Recht, darüber etwas zu schreiben.

Das Buch stammt von Roland Topor.

Sie sollten diesen Mann sehen, falls er noch frei herumläuft.

Eine weitere Doppelfunktion – in TESS *– finde ich spannend: die Rolle des Opfers, das schließlich schuldig werden muß. Die Philosophie dahinter interessiert mich.*

Dreharbeiten Tess

Das kommt durch ein ganz einfaches Phänomen: Leute, die sich schuldig gemacht haben, wollen, daß das Opfer ihrer Schuld mies aussieht. Das erteilt ihnen Absolution von ihrer Schuld. Ich erinnere mich, daß ein alter Freund von mir - ein Jude - einmal gesagt hat, daß die Deutschen den Juden niemals vergeben können, daß sie - die Deutschen - so viele in den Konzentrationslagern umgebracht haben.

Absolution - ist das nicht wieder die Sprache der Religion? TESS *hat mit Christentum und der Absurdität zu tun, sich streng an die Regeln zu halten. Nochmal ein Kommentar zur Religion.*

Ich bin ein Atheist oder auf jeden Fall ein Agnostiker, wenn ich kein Atheist bin. Aber ich war nie ein religiöser Mensch. Ich denke, daß die Religionen generell viel Unheil über die Menschen gebracht haben. Und wann immer man große Ausbrüche von Gewalt beobachtet und Unglück, haben sie mit religiösen Gründen zu tun. Selbst heute. Die Geschichte der katholischen Religion in Europa ist grauenhaft. Der Antisemitismus. Und das, was im letzten Jahrhundert in Mitteleuropa passierte. Das war eine bestimmte Politik der Kirche.

Etwas in der Art wollte ich hören.

Ist das alles?

(Now was a good time to begin)[7]

Das Interview wurde am 23. März 1986 in Polanskis Wohnung in Paris geführt.
Übersetzung: cm.

---

1 Larry DuBois: Roman Polanski. Interview. in: Playboy, Dezember 1971
2 Portnoy's Complaint. Roman von Philip Roth, erschienen 1969. deutsch: Reinbek bei Hamburg: Rowohlt 1970
3 Film nach dem Roman von Robert Louis Stevenson von Maurice Tourneur, USA 1920, mit Lou Chaney. Remakes von: Victor Fleming, USA 1934, mit Wallace Beery, Jackie Cooper, Lionel Barrymore; von Byron Haskin, USA 1950, mit Bobby Driscoll, Robert Newton; von John Hough, England 1972, mit Orson Welles, Lionel Stander
4 Das gelobte Land. 1974/75
5 Die Hochzeit. 1972
6 Eine Generation. R: Andrzej Wajda, 1954
7 Schlußsatz in: Roman by Polanski. New York: William Morrow 1984

Kommentierte Filmografie

Von Karsten Visarius

Rollen eines Regisseurs

Der Regisseur ist der unsichtbare Star des Kinos. Er ist in der Regel unsichtbar geblieben, auch nachdem die Kritiker der *Cahiers du Cinéma,* die später zu den Schöpfern der französischen Nouvelle Vague wurden, ihn zum Star erklärt hatten. Lückenlos galt diese Regel freilich nie. Immer schon die Ausnahme bildeten die großen Komiker, von Charlie Chaplin, den Marx Brothers, Jacques Tati bis hin zu Woody Allen und Herbert Achternbusch. Ihre Präsenz auf der Leinwand bezeugt die Bindung des Komischen an den Körperausdruck, ihr Witz haftet an der Kreatürlichkeit des Leibes. Hitchcock hingegen, dessen figürlicher Umriß noch die Hohlform eines visuellen Witzes andeutet, versiegelte seine Filme in seinen stummen Kurzauftritten mit dem eigenen Bild, einer Signatur gleich, die der Maler auf seinem Bild hinterläßt.

Die politique des auteurs hat diesen Spalt der Sichtbarkeit weiter geöffnet. Zunächst in einer Art Hommage, die die jungen Autoren den verehrten Altmeistern des Kinos darbrachten, indem sie ihnen Auftritte in ihren Filmen verschafften – so wie es Godard in *Le mépris* für Fritz Lang tat oder Wenders für Nicholas Ray *(Lightning Over Water).* Ähnlich hat Roman Polanski in seinem den Klassikern der Schwarzen Serie des amerikanischen Kriminalfilms verpflichteten CHINATOWN John Huston eine Rolle gegeben. Schließlich tritt, im reflexiv gewordenen Kino, der Regisseur in seiner eigenen Rolle, als Raisonneur und Dirigent des Apparats vor die Kamera: Truffaut in *La nuit américaine,* Godard in *Prénom Carmen.*

Bei Roman Polanski, den man einen der »sichtbarsten Regisseure des Kinos« genannt hat[1], hat die Arbeit als Schauspieler, allein schon in ihrem quantitativen Umfang, größeres Gewicht – auch in seinem Selbstverständnis. In seiner Autobiografie, geschrieben in jener langen Schaffenspause nach der Fertigstellung von TESS, in der er keinen Film gedreht hat, heißt es gegen Schluß: »Könnte ich mein Leben noch einmal leben, so würde ich mich stärker der Schauspielerei als der Regie widmen.«² Wenn seine Tätigkeit als Darsteller auch stets hinter der als Regisseur zurücksteht (nie erlangt sie die Bedeutung, die sie bei Orson Welles oder John Cassavetes hat), so bildet sie doch einen wichtigen Aspekt seiner Welt- und Selbstauffassung.

Seine Autobiografie, deren Originaltitel *Roman* zweideutig mit der Fiktion der eigenen Identität spielt, bezeugt schon formal die Dominanz eines ausgesprochen »schauspielerischen« Selbstverständnisses, über die Bekundung der Lust am Rollenspiel hinaus. Memoiren weit mehr als Zeugnis einer Autorenschaft, in ganz unliterarischer Lässigkeit offenbar erst auf Tonband gesprochen und dann von Mitautoren in Form gebracht, löst sie sich in Anekdoten auf, während sie für die Interpretation seines Werkes weitgehend unergiebig bleibt. Am Anfang und Schluß des Buches entwirft Polanski eine Art Wunschbild, eine Traumrolle. In Peter Shaffers *Amadeus* spielt er, unter eigener Regie, bei Inszenierungen in Paris und Warschau, den Mozart: das seine Umwelt befremdende, anstößige, kreatürlich schaffende Genie.

Nach Kinderrollen für den Rundfunk und am Theater (in Valentin Kataevs *Syn polka;* dt. Der Sohn des Regiments) kam Polanski in *Try opowieści* (Drei Erzählungen. 1953, Regie Konrad Nałeckie, Eva Petelska, Czesłav Petelski) zu seinem ersten Auftritt vor der Kamera – ein Engagement, das er seinem Förderer Antoni Bohdziewicz, Professor an der Filmhochschule in Łódź, verdankte und das ihn unter anderem mit Andrzej Wajda und dem Kameramann Jerzy Lipman in Kontakt brachte. Der Film ging zurück auf ein Script Wajdas, seiner Abschlußarbeit in Łódź. Wajda selbst gab Polanski eine Nebenrolle in seinem ersten Spielfilm *Pokolenie* (Eine Generation. 1954), der den Beginn der nachstalinistischen Blütezeit des polnischen Films markiert. Während seiner Ausbildung in Łódź und in den Jahren danach bis zu seinem ersten eigenen Spielfilm übernahm Polanski kleinere Rollen in zahlreichen Spielfilmen; immer wieder bei Wajda (*Kanał.* 1957; *Lotna.* 1959; *Niewinni Czarodzieje.* Die unschuldigen Zauberer. 1960; *Samson.* 1961), bei Janusz Morgenstern (*Do widzenia do jutra.* Auf Wiedersehen bis morgen. 1960), bei Andrzej Munk (*Zezowate szezeście.* Das schielende Glück. 1960) und anderen.

»The kid you love to hate« - so hat seine Biografin Barbara Leaming den Typus charakterisiert, den er in diesen Filmen verkörperte.[3]

In *Koniec nocy* (Am Ende der Nacht. 1957, Regie Julian Dziedzina, Paweł Komorowski, Walentyna Uszycka) spielt Polanski neben Zbigniew Cybulski und Adam Fiut eine der Hauptfiguren. Der Film, in seiner Erzählstruktur Kurosawas *Rashomon* verwandt - wie dieser erzählt er die gleiche Geschichte aus der Perspektive dreier verschiedener Personen - und stilistisch vom italienischen Neorealismus beeinflußt, handelt von einer Bande von Hooligans, jugendlicher Rowdies, am Rande der Kriminalität. Sie betrinken sich mit geklautem Schnaps, handeln schwarz mit Kinokarten, tanzen zu westlicher Rockmusik, belästigen ihre Mitmenschen. Ein Unfall, bei dem sie eine Frau schwer verletzen, führt zu ihrer Verhaftung durch die Miliz. Polanski, »der Kleine«, prahlerisch und streitlustig, schadenfroh und unverschämt, fordert die Aggression der anderen heraus, deren riskanten Unternehmungen seine eher spielerisch-gedankenlose Bosheit eigentlich gar nicht gewachsen ist.

Maliziöser Kobold und Opfer provozierter Aggression - in diesem Doppelbild hat Polanski sich später in seinen eigenen Filmen immer wieder porträtiert. In seinem Kurzfilm DWAJ LUDZIE Z SZAFA taucht er in einer Gruppe von Rowdies auf und in einer für ihn bezeichnenden, in verschiedenen Variationen wiederkehrenden Pose: die Fäuste geballt, zum Schlag ausholend und frontal zur Kamera, als wolle er auf sein Publikum losgehen. In gleicher Weise wird er in CHINATOWN Jack Nicholson mit dem Messer bedrohen und, als Mosquito in CHE?, Sydne Rome mit einer Harpune erschrecken. Das durch seine Schwäche, durch seine Tölpelhaftigkeit und seine Schreckhaftigkeit zu Demütigungen einladende Aggressionsobjekt hingegen ist er als Alfred in DANCE OF THE VAMPIRES und erst recht als Trelkovsky in LE LOCATAIRE, diesem als Selbstdarstellung aufschlußreichsten und riskantesten seiner Filme.

In seiner Autobiografie schildert Polanski, wie er zum erstenmal, in einem Ferienlager für Pfadfinder kurz nach Kriegsende, sich vor anderen in einem improvisierten Sketch in Szene setzt: »Es war buchstäblich ein einmaliges Erlebnis: die Entdeckung, daß ich ein natürliches Talent besaß, anderen Vergnügen zu bereiten. Und plötzlich fühlte ich, der kleingeratene, jünger aussehende Dreizehnjährige, eine unerwartete Selbstsicherheit, als mir das volle Ausmaß meiner Möglichkeiten bewußt wurde. Während ich noch mitten in meinem Sketch war, begriff ich, daß ich eben das wollte: andere unterhalten, sie zum Lachen reizen, auf eine akzeptierte und legitimierte Weise im Mittelpunkt der allgemeinen Aufmerksamkeit stehen ... Ich hatte meine Berufung entdeckt.«[4]

Eine euphorische Erfahrung: die Entdeckung des Selbst im Spiegel einer Rolle, an die er sich verliert. Etwas darzustellen, ohne es zu sein, und damit die gespannteste Aufmerksamkeit erregen zu können – das bleibt die künstlerische Signatur eines Mannes, »dessen Fähigkeiten so unbestreitbar erscheinen wie seine Intentionen unergründlich«[5]. Fragwürdig werden deshalb alle Interpretationen seiner Filme, die die obsessive Wiederkehr von Motiven, Problemstellungen und emotionalen Grundstrukturen seiner Person zuschreiben wollen. Zwischen ihm und seinem Werk liegt die Distanz einer gleichsam »theatralischen« Ironie – nicht die Distanz eines intellektuellen Konzepts und auch nicht die des souveränen Erzählers. Eine Rolle spielen, das heißt die Moral suspendieren; es bedeutet die Veräußerlichung des Gefühls statt die Suche nach seiner Authentizität, die immer neue Verwandlung statt die Enthüllung einer Wahrheit. Polanski schockiert, um zu gefallen, ein enfant terrible; er versinkt in quälender Hilflosigkeit und wartet auf unseren Applaus (und keineswegs auf unser Mitgefühl). Eine befremdende Kälte, eine beunruhigende Zweideutigkeit geht von dieser Haltung aus, aber auch eine befreiende Unverantwortlichkeit. Vielleicht hat erst sie ihm die eindringlichste Darstellung psychischer Desintegrationsprozesse ermöglicht.

Vorübungen

Während der ersten Jahre seine Studiums an der Filmhochschule in Łódź drehte Polanski mehrere kurze Übungsfilme. Der erste trägt den Titel ROWER (Das Fahrrad. 1955) und hat ein Erlebnis zum Thema, das Polanski beinahe das Leben ge-

Koniec nocy

kostet hätte. Unter dem Vorwand, ihm ein Vorkriegsrennrad verkaufen zu wollen, hatte ein Unbekannter ihn in einen Bunker nahe Krakau gelockt, mit einem in Zeitungspapier gewickelten Stein niedergeschlagen und beraubt. Polanski erwachte blutüberströmt aus seiner Ohnmacht. Der Täter wurde kurz darauf gefaßt; er wurde bereits wegen dreifachen Mordes gesucht. Das belichtete und schon entwickelte Farbmaterial von ROWER ging durch einen unglücklichen Zufall verloren.[6] Polanski selbst hatte das Opfer gespielt, Adam Fiut den Verbrecher.

Danach drehte Polanski den einminütigen Kurzfilm MORDERSTWO (Das Verbrechen. 1957). Er zeigt einen mit einem Messer bewaffneten Mann, der in ein Zimmer eindringt, auf eine schlafende Gestalt einsticht und wieder verschwindet – einen in seiner zusammenhanglosen, unmotivierten Gewaltsamkeit erschreckenden Akt. In seinem Buch über Polanski bezeichnet Paul Werner diesen Film als »eine experimentelle Studie über die Verwendung von Licht und Schatten«, die formal an den deutschen Expressionismus anknüpfe.[7]

Das Thema seines nächsten Films, ŚMIECH (Das Lächeln. 1957) hat Polanski nicht selbst gewählt; es wurde ihm von seinem Supervisor als Aufgabe gestellt. Polanski selbst gibt den Inhalt folgendermaßen wieder: »(Er) handelte von einem Voyeur, der durch ein Badezimmerfenster wollüstig ein nacktes Mädchen beobachtet, das sich abtrocknet. Er wird beinahe ertappt und zieht sich hastig zurück. Als er noch einmal herbeischleicht, um einen weiteren Blick zu erhaschen, sieht er nichts als einen häßlichen Mann, der sich gerade die Zähne putzt. Der Mann erblickt den Voyeur im Badezimmerspiegel, dreht sich um und grinst ihn breit an.«[8]

Zu den obligatorischen Aufgaben der Studenten in Łódź gehörte die Herstellung eines kurzen Dokumentarfilms. Polanski entledigte sich ihrer mit ROZBIJEMY ZABAWE (Abbruch des Tanzes. 1958). Dazu organisierte er einen studentischen Tanzabend und beauftragte heimlich eine Bande von Rowdies, die Veranstaltung mehr und mehr zu stören. In ihrem Übereifer provozierten Polanskis Mitverschwörer in Kürze eine wilde Schlägerei. Ein Arrangement mit einer gewissen anekdotischen Signifikanz, das neben der Lust am hinterlistigen Schabernack die Abneigung verrät, sich auf eine »pure« Wirklichkeit einzulassen.

Dwaj ludzie z szafa. 1958

Ein leerer Strand mit Blick aufs offene Meer. Dem Wasser entsteigen zwei Männer, die einen alten Schrank mit einer Spiegeltür mit sich schleppen. Am Ufer angelangt, führen sie einen kurzen Freudentanz auf. Sie brechen mit ihrer Last auf und kommen in eine Stadt. Überall werden sie mit dem sperrigen Möbelstück abgewiesen, sofern man von ihnen überhaupt Notiz nimmt: man verwehrt ihnen den Einstieg in eine Straßenbahn, wirft sie aus einem Café und weigert sich, sie in einem Hotel aufzunehmen. Ein Mädchen, dessen Aufmerksamkeit sie endlich errungen haben, wendet sich interesselos wieder ab, als sie den Schrank nicht zurücklassen wollen. – Auf ihrem Weg machen die beiden Männer mit einer Kette sich steigernder Gewalttaten Bekanntschaft. Sie kommen an zwei kichernden Homosexuellen vorbei; während der eine den Arm um die Schulter des andren gelegt hat, stiehlt dieser ihm seine Geldbörse. In einem Park steinigt eine Gruppe von Rowdies ein Kätzchen und will dann über ein junges Mädchen herfallen, das jedoch, durch den Schrankspiegel auf die Gefahr aufmerksam geworden, rechtzeitig flieht. In zielloser Wut werden jetzt die beiden Schrankträger verprügelt. Von einem Lagerplatz mit leeren Holzfässern, auf dem sie sich ausruhen wollen, werden sie durch den Aufseher vertrieben, der mit einer Latte auf sie einschlägt. An einem Bach, an dem sie vorbeikommen, erschlägt ein Mann einen anderen mit einem Stein. – Die beiden Männer verlassen diese Welt der Indifferenz, der Heimtücke und der Gewalt und kehren zum Meer zurück. Am Ufer hat ein kleiner Junge mit seinem Eimer eine Unzahl gleichförmiger Sandburgen gebaut. Behutsam den Schrank an ihnen vorbeibalancierend, steigen die zwei Männer wieder ins Meer, in dem sie spurlos verschwinden.

Der Keim des Films, eine rein kinematografische Setzung, liegt in seiner ersten Einstellung: dem Auftauchen der beiden Männer aus dem Wasser mit ihrem unhandlichen Requisit. Ursprünglich hatte Polanski an ein Klavier gedacht, wollte aber Assoziationen an das klassische Bildungsbürgertum vermeiden. Ihre rätselhaft-metaphorische Herkunft aus dem Meer verleiht den zwei Männern eine genuine Fremdheit, an die ihre sinn- und zwecklose Abplackerei mit einem funktionslosen Möbel beständig gemahnt. Dieser von ihnen wie eine unersetzliche Kostbarkeit durch alle Fährnisse und Verlockungen standhaft behütete, in unseren Augen ausgesprochen schäbige Gegenstand macht, ein unübersehbarer sozialer Makel weit mehr als reale Last, alle ihre Kontaktversuche zunichte. Einzig der große Spiegel in seiner Tür erfüllt einen unmittelbaren Zweck. Im Zusammenspiel mit der Kamera funktioniert er als eine elementare optische Maschine. Ein surreales Requisit, vermag er Bruchstücke der Welt außerhalb des Bildes einzufangen; und zugleich erscheint er wie eine

Dwaj ludzie z szafa

Öffnung in eine ganz andere Wirklichkeit, zumal dann, wenn sein Rahmen verschwindet. Dieser Zweideutigkeit verdankt Polanski ein überraschendes Bild. Wir sehen einen Fisch, der durch die Wolken schwimmt – und zurückfahrend enthüllt die Kamera, daß die Männer den Spiegel als einen Tisch benutzen, auf dem sie ihre Mahlzeit angerichtet haben.

Von der Welt, die diese zwei halb proletarischen, halb slapstickhaft-clownesken Figuren durchwandern, zeichnet Polanski ein durchweg düsteres Bild. Die Menschen, denen sie begegnen, sind entweder in eifrigen Ritualen blinder Selbstbezogenheit befangen – ein seiner Mahlzeit hingegebener Fresser in einem Café; ein Geck, der sich in ihrem Spiegel begafft; ein Betrunkener auf einer Treppe – oder voll tückischer Bosheit bis hin zum Mord. Wenn etwas die beiden Männer von ihnen fundamental unterscheidet, so ist es ihre Unschuld – die Unschuld poetischer Geschöpfe. Zu diesem Eindruck trägt auch bei, daß die Gewalttaten, denen sie begegnen, aus jedem sozialen, psychologischen oder aus der Erzählung motivierten Zusammenhang gelöst sind und wie ein Kompendium nackter menschlicher Gemeinheit erscheinen.

Polanski hat in DWAJ LUDZIE Z SZAFA wie in allen seinen Kurzfilmen ganz auf Dialog verzichtet. Der Film vermeidet jede episch-psychologisierende Dimension. In Verbindung mit einer distanziert beobachtenden Kamera, die das Wunderbare (das Erscheinen der Männer aus dem Meer) ebenso unbeteiligt verzeichnet wie das Banale und Empörende, verleiht das dem Film eine isolierende, einzelne Fragmente aufreihende Struktur, die sich mit der Rückkehr der Männer ins Meer zyklisch schließt. Für eine solche kreisförmige Konstruktion hat Polanski eine auffällige Vorliebe bewahrt, in seinen Spielfilmen benutzt er sie fast ausnahmslos. Er zeigt uns eine sich gleichbleibende Welt; in ihren Zellen entladen sich schlummernde Katastrophen, die von seiner Kamera registriert werden.

Gdy spadaja anioły. 1959

Eine alte Toilettenfrau dämmert kaum beachtet in der unterirdischen Grotte einer Bedürfnisanstalt vor sich hin, in deren Decke ein Rechteck aus milchigen Glassteinen eingelassen ist. Die flüchtigen Besucher dieses vom ständigen Rauschen und Tropfen des Wassers erfüllten Ortes lösen im Bewußtsein der Alten eine Kette assoziativer Erinnerungsschübe aus, in denen die Vergangenheit an ihr vorbeizieht: ihre Liebe zu einem Ulanen, von dem sie ein Kind empfängt; ihre Arbeit als Magd auf dem Lande und das Heranwachsen ihres Sohnes; der Tod ihres Mannes im Ersten Weltkrieg; der Beginn des Zweiten Weltkrieges, in dem ihr Sohn fällt. Bei Anbruch der Dämmerung findet sich die alte Frau allein. Die Glasdecke zerbricht, und aufblickend erkennt sie ihren Todesengel.

GDY SPADAJĄ ANIOŁY, Polanskis Diplomfilm in Łódź, wirkt in seiner emblematischen Bildhaftigkeit und seinem Rückgriff auf die nationale Geschichte, die er an den Stationen eines individuellen Lebenslaufes entrollt, als der »polnischste« Film des Regisseurs. Die erste Erinnerungssequenz beschwört den romantischen Nationalmythos der polnischen Kavallerie, und in einer Kriegssequenz taucht mitten im Geschützfeuer ein weißes Pferd auf, als wolle Polanski mit einer Bildchiffre Wajdas *Lotna* herbeizitieren. Der Sohn stirbt unter den Zweigen eines blühenden Baumes, während sich auf seiner Brust ein Blutfleck wie ein Orden ausbreitet. Dem romantischen Heroismus und Lyrismus dieser Bilder sind Symbole für die Sinnlosigkeit des Krieges gegenübergestellt: in einer Szene erschießt der Sohn einen deutschen Soldaten, der nur in seine Brusttasche gegriffen hatte, um zwei Zigaretten hervorzuholen. Der Todesengel am Schluß, mit dem das Bild eines glockenspielenden Spielzeugengels vom Filmanfang wieder aufgegriffen wird, weist in die Sphäre des Katholizismus.

Neben diesen historischen Motiven entwickelt der Film den Umriß einer sozialen Typologie, in der die Toilettenfrau aufgrund ihres Alters und ihrer Tätigkeit die unterste Stufe einnimmt. Zugleich bildet sie den Bezugspunkt, von dem aus der Zuschauer das Geschehen des Films wahrnimmt. Ironischerweise spiegelt sich das soziale Spektrum ihrer erinnerten Vergangenheitserfahrung im Figurenarsenal ihrer gegenwärtigen Kundschaft wider, die sich an einem Ort sozialer Nivellierung zusammenfindet. Noch der stilvolle Art-Deco-Prunk des Toilettenraumes mit seinen muschelförmigen Urinalen und seinen Kachelornamenten sticht ab gegen die ärmliche Schlichtheit in der Erscheinung der Alten.

All diese symbolischen und typologischen Elemente verleihen dem wiederum dialoglosen Film eine unmittelbar zu entziffernde Evidenz, ohne daß den träumerischen Assoziationen der Alten der Charakter »innerer« Bilder geraubt würde. Erreicht wird das durch die Verwendung von »realistischem« Schwarzweißmaterial für die Gegenwartsebene und Farbmaterial für die der Vergangenheit, zum anderen durch die Fragmentarisierung und abstrahierende Stilisierung der erinnerten Szenen, deren Figuren von einer eigentümlichen Leere umgeben sind. So entsteht der Eindruck, sie würden auf einer Erinnerungs-»Bühne« erscheinen.

Gdy spadaja anioły

Im Kontrast einer bewegten, rein psychischen Innen- und einer fast ereignislosen Außenwelt will Ivan Butler, unter Berufung auf Polanski, eine Parallele zu REPULSION erkennen.[9] In seinem – trotz einer Dauer von nur zwanzig Minuten – epischen Rhythmus und seiner historisch spezifischen Motivik aber steht GDY SPADAJA ANIOŁY in Polanskis Werk fast gänzlich isoliert; erst TESS kennt wieder ähnliche Stimmungen. Eine Einstellung allerdings wird später ein verblüffendes Echo finden. Es ist die Todesszene, eingeleitet durch eine sich in die Höhe schraubende Kamerabewegung und motivisch mit dem Sturz einer Gestalt durch ein Glasdach verknüpft. Genauso wird Polanski in LE LOCATAIRE Trelkovskys Todessprung filmen. Das ist eine Parallele, die noch dadurch unterstrichen wird, daß Polanski sich selbst in seinen Diplomfilm eingeschmuggelt hat – für die Szenen aus dem mittleren Lebensabschnitt hatte er die Rolle der Toilettenfrau übernommen.

Le gros et le maigre. 1961

Eine heruntergekommene Behausung, von der aus sich in der Ferne die Silhouette von Paris abzeichnet. Auf der Wiese davor sitzt der Dicke (André Katelbach), stoppelbärtig, schwitzend, und läßt sich von seinem mageren Diener (Roman Polanski) versorgen. Der Dünne muß ihm Luft zufächeln, ihn futtern und maniküren, ihm die Urinflasche halten und den Sonnenschirm, noch dazu tanzen und auf einer Geige spielen: ein pausenloses Arbeitsprogramm. In einem Moment der Pflichtvergessenheit kommt dem Geplagten der Gedanke zu fliehen. Der Dicke hält ihn mit einem »Geschenk« zurück: einer Ziege, die er selbst melken darf. Das störrische Vieh, dem Dünnen ans Bein gebunden, erweist sich als eine zusätzliche Belastung. Wieder will der Diener fliehen. Großmütig bindet der Dicke ihn von der Ziege los. Voller Dankbarkeit küßt ihm der Dünne die Hand, verrichtet seine Arbeit mit doppeltem Eifer und bepflanzt zuletzt die Wiese mit weißen Papierblumen.

»Als Künstler scheint er (Polanski) mit feststehenden und pessimistischen Ansichten über die conditio humana geboren zu sein.«[10] Diese Beobachtung, bezogen auf Polanskis frühe Spielfilme, trifft seine Kurzfilmarbeiten erst recht. LE GROS ET LE MAIGRE, der Form nach eine Slapstick-Groteske, ist eine böse Parabel über das Verhältnis von Herr und Knecht in drei Teilen. Wilfried Berghahn, der sie als Abfolge der historischen Gesellschaftsformationen Feudalismus, klassischer Kapitalismus und Sozialismus (bzw. Spätkapitalismus) deutete, hat darauf hingewiesen, daß ihr das dialektische Moment fehle.[11] Die Abhängigkeit bleibt stets die gleiche, die Rebellion macht den Knecht nicht zum Herrn; nur die Bedingungen der Abhängigkeit, der Mechanismus ihrer Funktion, ändern sich. Bedingungsloser Gehorsam und völlige Rechtlosigkeit kennzeichnen die erste Phase (Feudalismus). In der zweiten Phase (Kapitalismus) gelangt der Diener in den Besitz eines eigenen Produktionsmittels, der melkbaren Ziege; sie kettet ihn »materiell« an seinen Herrn. Die dritte Phase schließlich gründet in einem rein symbolischen Akt der »Befreiung«; er verdunkelt die Abhängigkeit ideologisch, verstellt sie durch falsches Bewußtsein. Der Schluß legt den Gedanken an Maos Kampagne »Laßt tausend Blumen blühen« nahe, mittelbar an die nachstalinistischen Liberalisierungen in den sozialistischen Ländern. Parteikritikern im eigenen Land konnte der letzte Teil freilich ebensogut als verschlüsselte Entlarvung der westlichen Freiheitsideologie anempfohlen werden.

Folgt man dieser Deutung, so hätte Polanski die marxistische Rekonstruktion der Geschichte einer fatalistischen Revision unterzogen. Im Unterschied zu jener beansprucht jedoch seine Parabel keinen prognostischen Wert. Sie ist vom Ende der Geschichte her entworfen. Weder der Dicke noch der Dünne tragen historisch spezifische Züge. Umgeben von beschädigten Überbleibseln vergangener Zeiten, schäbig gekleidet beide, Vagabunden im Grunde, die sich an einem Zufallsort eingenistet haben, erinnern sie an das Figurenarsenal des absurden Theaters, dessen Dimensionen des Sinnverlusts und der Sinnzerstörung der Film indessen nicht erreicht. Er hält sich vielmehr an einen Schematismus der Bedeutung, dessen Abstraktheit er durch Slapstick-Komik mildert und korrigiert. Der Film entstand während eines Aufenthalts Polanskis in Paris; André Katelbach, der den »Dicken« spielte, ein Exilpole, der Polanski gelegentlich finanziell unterstützte, sollte später in CUL-DE-SAC dem immer erwarteten und nie auftauchenden Gangsterboß seinen Namen leihen. Dort werden seine »Diener« Dickie und Albie ohne ihn auskommen müssen.

Le gros et le maigre

Ssaki 1962

Auf einer weiten, verschneiten Fläche nähern sich zwei Männer mit einem Schlitten. Anfangs wechseln sie sich freundschaftlich im Ziehen und Gezogenwerden ab. Allmählich versuchen sie, immer schneller in den Vorteil der Bequemlichkeit zu gelangen. Um auf dem Schlitten sitzen zu dürfen, simulieren sie Erschöpfung, Schmerzen, Verletzungen, Blindheit: ein absurd-komischer Wettkampf um die größere Gebrechlichkeit. Während eines Streits wird ihnen von einem Dritten der Schlitten gestohlen. Zur Besinnung kommend, versöhnen sich die beiden und stapfen gemeinsam weiter. Nach kurzer Zeit beginnt das alte Spiel von neuem; jetzt geht es um das Privileg, getragen zu werden. Sich entfernend, verschwinden die zwei Männer in der Schneewüste.

Ssaki

SSAKI, der Abschluß von Polanskis Kurzfilmtrilogie, vereinigt Motive von DWAJ LUDZIE Z SZAFA und LE GROS ET LE MAIGRE. Wieder geht es um Macht und Abhängigkeit; aber diesmal entspringt ihr Wechselspiel einem Zwang zur Gemeinsamkeit, der die Solidarität der beiden Männer in DWAJ LUDZIE Z SZAFA negativ umdeutet. »Die Beziehung Herr-Knecht ist zu letzter Absurdität reduziert, beständig umgekehrt, voll von Täuschung und Stupidität; sie endet in einem gegenseitigen Desaster und überlebt auch das noch.«[12] Man kann darin eine weitere Steigerung von Polanskis Pessimismus erblicken, der, im Sinne des Titels – »Säugetiere« – jetzt biologisch verankert wäre; oder man kann darin auch schon wieder einen dialektischen Umschlag des Pessimismus entdecken: denn der Anspruch auf gegenseitige Hilfe läßt sich nicht abweisen.[13] Die beiden Männer kämpfen weniger um die Macht als um ein Recht; sie gehorchen einer obligatorischen Moral, die sich selbst widerlegt. SSAKI ist in der Tat eine einzige Spiegelfechterei – und ein Film kurz vor dem Verschwinden: einmal wickelt sich einer der Männer von Kopf bis Fuß in weiße Bandagen, so daß er vom umgebenden Schnee nicht mehr zu unterscheiden ist. SSAKI, ebenso abstrakt wie spielerisch, ist der letzte Film, dem Polanski eine Botschaft anvertraut hat. Von nun an wird er sich auf den Standpunkt zurückziehen: »Wenn ich eine Botschaft hätte, würde ich sie mit der Post schicken.«[14]

Nóż w wodzie. 1962

Auf der Fahrt zu einer Segelpartie auf den masurischen Seen stellt sich dem Ehepaar Andrzej (Leon Niemczyk), einem arrivierten Sportjournalisten aus Warschau, und seiner Frau Krystyna (Yolanta Umecka) ein jugendlicher Anhalter in den Weg. Andrzej, der es auf eine Kraftprobe ankommen läßt, kann in letzter Sekunde den Wagen zum Stehen bringen. Trotz seines Schrecks und seiner Wut nimmt er den Jungen (Zygmunt Malanovicz) bis zum Bootssteg mit und lädt ihn betont beiläufig zum Mitsegeln ein. Der Junge nimmt diesen Vorschlag, den er als Herausforderung erkennt, ohne Zögern an, obwohl er noch nie gesegelt ist. – Auf der Yacht entwickelt sich zwischen den beiden Männern ein untergründiger Zweikampf, bei dem Krystyna zunächst die Position eines unbeteiligten Zuschauers einnimmt – während sie doch zugleich der verhohlenen Kraftprobe erst den Stachel gibt. Die latente Gewalt, die unter dem ständigen Geplänkel schwelt, signalisiert ein kräftiges Springmesser, das der Junge bei sich führt und mit dem er öfter herumspielt. Abends, bei einem Mikadospiel

Nóż w wodzie

in der engen Kajüte, scheint die Spannung abzuflauen. – Am nächsten Morgen findet Andrzej seine Frau und den Jungen schon an Deck. Gereizt befiehlt er den Aufbruch; ironisch fügt sich der Junge. Als er sein Messer vermißt, das Andrzej an sich genommen hat, eskaliert der schlummernde Konflikt zum offenen Kampf. Durch Andrzejs Ungeschicklichkeit fällt das Messer ins Wasser. Der Junge stürzt sich auf ihn; ein abwehrender Faustschlag raubt ihm das Gleichgewicht, er fällt über Bord und verschwindet in den Fluten. Andrzej und Krystyna halten ihn, der angeblich nicht schwimmen kann, nach vergeblicher Suche für ertrunken. Schuldvorwürfe und Gegenbeschuldigungen überschlagen sich in einem Ausbruch des Hasses; Andrzej schwimmt an Land, mit der Absicht, die Polizei zu verständigen. – Hinter einer Boje versteckt, hat der Junge den Streit mit angehört. Als er zur Yacht zurückkehrt, empfängt ihn Krystyna mit einer Ohrfeige. Ihre Auseinandersetzung mündet in einem Kuß; sie schlafen miteinander. Ehe sie die Anlegestelle erreichen, verläßt der Junge das Boot, über treibende Baumstämme ans Ufer balancierend. – Andrzej erwartet Krystyna am Bootssteg; nur mit Badehose bekleidet, habe er nicht zur Polizei gehen können. In feindseligem Schweigen packen sie ihre Sachen zusammen. Auf der Rückfahrt konfrontiert Krystyna Andrzej mit dem Geständnis, sie habe ihn mit dem Jungen betrogen. An einer Weggabelung hält Andrzej den Wagen an; in die eine Richtung geht es zur Polizei, in die andere zurück nach Warschau. Lange bleibt das stehende Auto im Bild, bis der Film mit einer Abblende endet.

Das ursprüngliche Drehbuch entstand bereits 1959, nach Abschluß von Polanskis Diplom und seiner Aufnahme in die Produktionsgruppe Kamera, die unter der Leitung von Jerzy Bossak stand. Zusammen mit Jakub Goldberg, vor allem aber mit Jerzy Skolimowski geschrieben, dem der Film den Großteil des Dialogs und die Beschränkung der Handlungsdauer auf vierundzwanzig Stunden verdankt, wurde das Skript von der zuständigen Kommission des Kulturministeriums als »gesellschaftlich irrelevant« abgelehnt.[15] Nach mehrfacher Überarbeitung und durch Unterstützung Bossaks erhielt Polanski, aus Paris zurückgekehrt, dann doch die Mittel zur Realisierung. Er selbst skizziert das Sujet und die formale Konzeption des Films so: »Er sollte gedankliche Schärfe und einen präzi-

Nóż w wodzie

sen, fast formalistischen Aufbau besitzen. Der Plot war der eines reinen Thrillers: Ein Ehepaar nimmt in seiner kleinen Yacht einen Passagier mit, der dann unter mysteriösen Umständen verschwindet. Von Beginn an ging es um das Wechselspiel antagonistischer Charaktere auf allerengstem Raum. Da ein Segelboot den Schauplatz bildete, verlor die Grundidee – die völlige Isolierung dreier Menschen von der übrigen Welt – alles Theatralische.«[16]

Drei Menschen, eingeschlossen zwischen Himmel und Wasser, unter dem Mikroskop einer Kamera, die ihre geringsten Bewegungen verzeichnet – das ist die Grundstruktur von NÓŻ W WODZIE. Polanski etabliert eine Modellsituation, gleichsam eine experimentelle Versuchsanordnung, in der Grundzüge menschlichen Verhaltens ans Licht treten – eine Konstruktion, die an Sartres frühes Drama *Huis clos* erinnert, dessen Credo: »Die Hölle, das sind die anderen« auch für NÓŻ W WODZIE gelten könnte. Die auf den ersten Blick funktionslosen christologischen Anspielungen, die Polanski mit der Figur des Jungen verknüpft (»Stigmatisierung« der Hände, die er sich an einem Kochtopf verbrennt; »Übers-Wasser-Gehen«, als er einmal über der Reeling hängt; »Auferstehung«; und,

Nóż w wodzie

besonders auffällig, eine Einstellung, die ihn mit ausgebreiteten Armen, den Kopf auf einem zum »Heiligenschein« aufgerollten Tau liegend zeigt), erhalten von dieser Umkehrung des christlichen Postulats der Nächstenliebe ihren genauen Sinn. ROSEMARY'S BABY wird die Inversion christlicher Motive, zur Blasphemie gesteigert, zu einem Grundzug der Handlung machen.

NÓŻ W WODZIE läßt diese existentielle Grundfolie durch das Gewebe einer Inszenierung von realistischer Detailgenauigkeit gerade hindurchschimmern. Polanski vermeidet in diesem psychologischen Kammerspiel das Spektakuläre zugunsten eines ästhetischen Minimalismus, der sich der Zeichensprache der Dinge, dem Beziehungsreichtum von Gesten und Blicken und dem Versteckspiel des Sprechens anvertraut. NÓŻ W WODZIE bewegt sich in einer Sphäre des Alltäglichen, Banalen und Zufälligen, und es geschieht kaum etwas Unwiderruflicheres, als daß ein Messer verlorengeht. Seine untergründige oder, dem Sujet gemäßer, vielmehr submarine Dramatik bezieht der Film aus der Labilität eines Beziehungsgeflechts, in dem jeder Äußerung ein provokativer Beiklang, jeder Regung ein Schatten von Argwohn innewohnt und alles zur Waffe werden kann – nicht nur das Messer. Das verschiebt die Sartresche Quintessenz der condition humaine vom Philosophischen ins Anthropologische. Das Verdikt »trivialphilosophische Klamotten« (Günter Peter Straschek)[17], auf Polanskis Filme gemünzt, haben sie schon deshalb nicht verdient, weil sie philosophisch gar nicht sein wollen. Es kennzeichnet gerade die »innere« Auswegslosigkeit von Polanskis Figuren – Pendant zur zirkulären Struktur der Handlung und der Begrenzung des Schauplatzes –, daß ihnen auch ein reflexiver Ausbruch aus den Fesseln ihres Ich verwehrt bleibt, die Souveränität eines Bewußtseins, das das eigene Verhalten in Frage stellen könnte. Nur Krystyna, bezeichnenderweise selbst passiv-beobachtend, scheint eine innere Distanz zu der Situation aufzubringen.

Die erste Begegnung mit dem jugendlichen Anhalter verläuft beinahe tödlich, woran sowohl dessen Weigerung auszuweichen als auch Andrzejs Sturheit, nicht anhalten zu wollen, Schuld tragen. Die Unnachgiebigkeit der beiden Männer verbindet sie ebenso, wie sie ständig neue Konfrontationen herbeiführt. Ihre Beziehung wird meist nach dem Muster ödipa-

Nóż w wodzie

ler Rivalität gedeutet, ja die ganze Struktur des Films als klassischer Ödipuskonflikt interpretiert; ein amerikanischer Psychiater hat in einem Leserbrief an die *New York Times* damit den Anfang gemacht.[18] Die erotischen Aspekte des Films, allein schon durch die physische Präsenz halbentblößter Körper evoziert, haben solche Deutungen inspiriert. Sie verweisen auf das Messer, mit dem zugleich eine verhüllte Kastrationsdrohung verknüpft ist, und nehmen es als Symbol für den Phallus; auf das mütterliche Verhalten Krystynas gegenüber dem Jungen, wenn sie Andrzejs Attacken gegen ihn zu mäßigen trachtet; schließlich auf die Jugendlichkeit des Anhalters, die den etablierten Journalisten mit dem unausweichlichen Schwund seiner physischen Kräfte konfrontiert.

Polanski hat sich zu dieser Interpretation mit amüsierter Ironie geäußert. Bei der ersten Aufführung von NÓŻ W WODZIE in den Vereinigten Staaten auf dem new yorker Filmfestival habe ihn eine sehr konzentrierte junge Dame auf die Symbolismen des Films angesprochen; »natürlich«, habe sie gemeint, repräsentiere das Messer den Penis; von seiner Verblüffung erholt, sei ihm zum erstenmal klargeworden, welche Bedeutung man Freud und der Psychoanalyse in Amerika beimesse.[19] In einem frühen Interview hat Polanski zudem erklärt, die dritte Person des Films, der Junge, sei im Grunde nur eine Ausflucht – sowohl für den Autor als auch für das Ehepaar. Der Konflikt spiele sich zwischen dem Paar ab.[20]

Das »Spiel«, das der Junge in Andrzejs Angebot zum Mitsegeln anfangs erkennt, ist in der Tat komplizierter als die bloße Rivalität zweier Männer um eine Frau. Das macht die Eigenart des Dreiecksgefüges von NÓŻ W WODZIE aus. Wenn Andrzej dem Jungen durch sein seglerisches Können, durch seine Beherrschtheit, durch seine Geschicklichkeit zu imponieren sucht; wenn dieser dagegen sein Ungestüm, seinen Trotz und seine Kraftreserven ausspielt – so, wenn er allein das Boot durch ein Schilffeld zieht – : dann ist das eine Show der Maskulinität. Sie wird von den Männern aber weniger gegeneinander gerichtet, als füreinander inszeniert. Ihr Kampf gilt der Anerkennung durch den jeweils anderen Mann und erst in zweiter Linie der Bewunderung durch die ohnehin gleichgültig bleibende Frau. »Sie sind ein Lausejunge«, sagt Andrzej, »aber Sie gefallen mir.« Und so sehr der Jüngere gegen Bevormundungsversuche des Älteren bockt, so imponieren ihm doch dessen Besitz und Erfahrung. Die Sensibilität für

Nóż w wodzie

die Anspielungen und verdeckten Schachzüge des jeweils anderen verrät ein geheimes Einverständnis. Trüge der Junge einen Namen, er müßte Andrzej heißen: er ist dessen jüngeres Bild. Krystyna spricht diese Ähnlichkeit offen aus, als der Junge, den sie für ertrunken gehalten hatte, an Bord zurückgekehrt ist: »Du bist genau wie er, nur die Hälfte jünger, schwächer und dümmer.« Solidarität jedoch, die noch die zwei Männer in DWAJ LUDZIE Z SZAFA verbindet, kann zwischen Andrzej und dem Jungen nicht entstehen. Denn die Mittel, mit denen sie um die Anerkennung, vielleicht sogar Freundschaft des anderen ringen, sind eben die, die sie auch immer wieder entzweien.

Das Verstehen schafft keine Gemeinsamkeit, sondern treibt in die Konfrontation. Das gilt für Andrzej und Krystyna erst recht. Sie durchschauen sich so sehr, daß sie sich nur noch hassen können. Für die Dauer des Zusammenseins mit dem Fremden hat das Ehepaar, der Konvention gehorchend, seinen Konflikt suspendiert; er bricht unverhüllt auf, als sich die Ehepartner wieder allein glauben. Hinter der Boje versteckt, wird der Junge zum Zeugen ihrer gehässigen Auseinandersetzung. Polanski zeigt sie in einer der seltenen Gegenschußmontagen – die er sich für diesen Moment aufgespart zu haben scheint –, und schneidet dann in eine Totale, mit dem um Atem ringenden Jungen im Vordergrund und der Yacht im Hintergrund, von der die Stimmen zu dem lauschenden Zeugen dringen; er vertritt in diesem dramaturgisch und filmsprachlich exponierten Moment den Zuschauer bzw. -hörer.

Will man NÓŻ W WODZIE bilanzieren, so ist nicht der Junge, sondern Krystyna der Sieger. Sie hat Andrzejs ostentativer Selbstgefälligkeit einen entscheidenden Schlag versetzt. »Du hast Angst, das genügt«, konstatiert sie kühl, nachdem sie ihn durch das Eingeständnis ihrer Untreue in das Dilemma gestürzt hat, seine sexuelle Niederlage zu akzeptieren oder sich selbst anzuzeigen. Die Isolation, in die die Figuren des Films (sich) treiben, kulminiert in einem Moment diabolischer Einsamkeit. Um Krystyna glauben zu können, müßte Andrzej ihr vertrauen – eine Voraussetzung, der, wäre sie nicht schon längst zerstört, Krystynas Bekenntnis gerade den Boden ent-

Nóż w wodzie

zieht. Im Zeichen dieser fundamentalen Zweideutigkeit funktioniert die Unterscheidung von Lüge und Wahrheit nicht mehr. Das macht die Einsamkeit der Menschen absolut – und Krystynas momentanen Triumph bedeutungslos. Als existenzphilosophische These wäre das trivial. Als Röntgenbild des Trivialen, das die Mechanik des alltäglichen Zusammenlebens bloßlegt, gewinnt es eine bestürzende Unmittelbarkeit.
Diese Mechanik des Sozialen wird von Polanski entblößt auf Kosten einer Virtualisierung konkreter sozialer Bezüge, durch die Ausklammerung von Faktoren wie Milieu, Herkunft oder gesellschaftliche Stellung. Sie bleiben als Hintergrund der Figuren immerhin deutlich genug, um in Andrzej den Vertreter einer priviligierten Funktionärsschicht erkennen zu lassen, der zu den Nutznießern des etablierten sozialistischen Systems gehört. Das verleiht der Opposition des Jungen einen politischen Zug. NÓŻ W WODZIE wendet sich von den Problemen der nationalen Vergangenheit, von Krieg und Antifaschismus und ihren Folgen, wie sie Wajda und Munk beschäftigten, ab und den Gegenwartsproblemen der polnischen Gesellschaft zu. Das konnte 1962 als Aufbruch in eine neue Phase des polnischen Films verstanden werden, dem Polanski kurz darauf den Rücken kehrt. Die öffentliche Ablehnung seines Films durch den Generalsekretär der Polnischen Arbeiterpartei, Władysław Gomułka, persönlich, der ihm die Verbreitung westlich-dekadenter Ansichten anlastet, nimmt ihm die Aussicht auf künftige Arbeitsmöglichkeiten in Polen.
Polanski selbst hat dem politischen Gehalt seines Films offenbar nur wenig Bedeutung beigemessen. Dafür bezeichnend ist die Gleichsetzung, die Krystyna zwischen Andrzej und dem Jungen vornimmt; der potentielle soziale Antagonismus zwischen ihnen wird so ausdrücklich neutralisiert. Ebenso aufschlußreich ist die Distanz, die der Flim zu seinen drei Protagonisten gleichermaßen einnimmt. Sie betrifft sowohl den Opportunismus des Arrivierten als auch den scheinhaften Nonkonformismus des Jungen, der sich einen albernen Mythos des Vorwärtskommens aus eigener Kraft zurechtgelegt hat, mit dem er – Fußgänger und Anhalter – dem Ehepaar zu imponieren sucht. Skolimowski/Polanski zeichnen ihn durchaus mit parasitären Zügen. Kein versöhnendes Sentiment verwischt die Konturen ihrer kühlen Diagnose der Triebkräfte menschlichen Verhaltens. Nicht zum Mitfühlenden macht der

Film den Zuschauer, sondern zum beobachtenden Zeugen. Das hat zum einen mit der Arbeit der Kamera zu tun. In ihr sind die spezifischen Elemente von Polanskis visuellem Stil deutlich ausgeprägt; der Anteil des Kameramanns Jerzy Lipman tritt dahinter zurück. Meist erfaßt ein Objektiv von kurzer Brennweite und großer Tiefenschärfe den gesamten Raum in spannungsvollen Halbnaheinstellungen oder Halbtotalen, die auffallend lange gehalten werden. Polanski bevorzugt die innere Montage der einzelnen Einstellungen gegenüber ihrer Auflösung unter wechselnden Blickwinkeln, ähnlich wie Renoir und Welles und später Antonioni und Visconti. Großaufnahmen und Gegenschußmontagen sind fast gänzlich vermieden. Alle diese filmsprachlichen Mittel verlagern die Aufmerksamkeit vom mimisch-schauspielerischen Ausdruck innerer Vorgänge auf das Beziehungsgeflecht der Personen, auf ihre gegenseitigen Reaktionen und Provokationen, ihre Attitüden, ihr Verhaltensmuster.

Dem korrespondiert die Besetzung der Rollen. Nur für die des Andrzej hat Polanski auf einen professionellen Schauspieler zurückgegriffen, Leon Niemczyk. Jolanta Umecka war

Nóż w wodzie

eine Musikstudentin ohne jede schauspielerische Erfahrung, Zygmunt Malanowicz ein Schauspielschüler. Seine Rolle hat te Polanski ursprünglich selbst übernehmen wollen; schließlich hat er nur seine Stimme nachsynchronisiert. »Schauspiel« im Sinne der Sichtbarmachung subtiler seelischer Regungen konnte er von seinen Akteuren, Niemczyk ausgenommen, kaum erwarten. Vielmehr faßt er das Phänomen der »Rolle« in seinem theatralisch-sozialen Doppelaspekt: im Sinne eines Repertoires von Zeichen, die eine Position innerhalb eines Interaktionsgefüges festlegen. Eben darin besteht die Katastrophe von Andrzejs Selbstbewußtsein: daß er seine Rolle verloren hat. In ihr, und nicht in der Chimäre eines autonomen Ich, war seine Identität verankert. Seine Niederlage entzieht ihm den festen Boden einer eindeutigen Selbstdefinition. Das macht ihn auch in Zukunft verwundbar. Darin erfüllt sich der Sinn einer Anekdote, die er stückweise zum besten gibt; anfangs war sie dem Jungen als Belehrung zugedacht, am Schluß beschreibt sie Andrzejs eigene Lage. Ein Matrose, so lautet die Geschichte, von den Vergnügungen der anderen ausgeschlossen, war eines Tages auf einen Tisch gestiegen und in einen Haufen zerbrochener Glasscherben gesprungen, so daß das Blut bis zur Decke spritzte. Der Mann hatte das Kunststück schon oft gemacht. Früher war er Heizer und hatte vom Gehen auf der heißen Schlacke eine dicke Hornhaut bekommen. Aber er hatte ein Jahr ausgesetzt, und seine Füße waren wieder weich geworden. Das hatte er vergessen.

La rivière des diamants. 1963

Amsterdam. Eine schöne, leicht überkandidelte junge Französin spielt einem holländischen Geschäftsmann Verliebtheit vor und stiehlt ihm mit Hilfe eines simplen Tricks ein Diamantenkollier. Ihre Beute tauscht sie bald darauf bei einem Vagabunden gegen einen Papageien ein.[21]

LA RIVIÈRE DES DIAMANTS ist der erste Film, bei dem Polanski mit seinem ständigen Co-Autor Gérard Brach zusammenarbeitete (CUL-DE-SAC, schon vorher geschrieben, mußte bis nach dem Erfolg von REPULSION seiner Realisierung harren). Es handelt sich um eine Episode aus dem Film *Les plus belles escroqueries du monde,* zu dem außer Polanski noch Claude Chabrol, Ugo Gregoretti und Horikawa Hiromichi, früher Assistent von Kurosawa, Beiträge lieferten; eine von Jean-Luc Godard gedrehte fünfte Episode wurde noch vor der Uraufführung entfernt.[22] Alle Episoden sollten »originelle und lustige Betrügereien« darstellen, »die spezifisch für die vier Schauplätze Tokio, Amsterdam, Neapel und Paris sein sollten«[23]. Polanski hatte die Amsterdam-Episode übernommen. (LA RIVIÈRE DES DIAMANTS stand für die Mitarbeiter dieses Bandes nicht zur Verfügung.)

La rivière des diamants

Repulsion. 1965

Carol Ledoux (Catherine Deneuve), ein junges Mädchen belgischer Herkunft, arbeitet als Maniküre in einem Schönheitssalon in London. Ihre Schwester Helen (Yvonne Furneaux), mit der zusammen sie ein geräumiges Appartment bewohnt, unterhält eine Beziehung zu dem verheirateten Michael (Ian Henry); nachts dringt das Liebesgestöhn der beiden in Carols Zimmer. – Im Schönheitssalon sind die abstoßenden Eigenschaften der Männer Dauerthema. Carol, immer wieder in einen Zustand der Trance fallend, versäumt eine Verabredung mit Colin (John Fraser), der sich hartnäckig um sie bemüht. Er findet sie auf der Straße, wie sie gedankenverloren auf Sprünge im Boden starrt, und fährt sie in seinem Wagen nach Hause. Vor der Haustür küßt er sie. Carol stürzt davon, reibt sich im Fahrstuhl angewidert den Mund und putzt sich im Bad die Zähne; Michaels Zahnbürste und Rasiermesser wirft sie in den Mülleimer. – Helen und Michael fahren für mehrere Tage nach Italien und lassen Carol entgegen ihrer Bitte allein. Aufgrund ihrer Geistesabwesenheit von der Arbeit nach Hause geschickt, wird sie in der leeren Wohnung von Halluzinationen heimgesucht: in der Wand öffnet sich mit lautem Krachen ein Riß; in einem Spiegel erblickt sie einen Mann; jemand versucht, in ihr Zimmer einzudringen. In der Nacht wird sie von einem Fremden vergewaltigt. – Nach drei Tagen kehrt Carol in den Schönheitssalon zurück. Als sie mit einer Nagelschere eine Kundin verletzt, wird sie entlassen. – Colin, der sie mehrfach vergeblich angerufen hat, wird in einem Pub von seinen beiden Freunden John und Reggie wegen seines Mißerfolgs bei seiner »blonden Brennessel« gehänselt. Er sucht Carol auf; als sie ihm nicht öffnet, bricht er die Tür auf. Ohne ihre panische Verstörung zu bemerken, versucht er sein Verhalten zu erklären. Als er sich für einen Moment abwendet, erschlägt sie ihn mit einem schweren Kerzenleuchter und versenkt die Leiche in der bis zum Rand gefüllten Badewanne. – Während die Wohnung, die Carol nun nicht mehr verläßt, zunehmend verwahrlost – das Extrem bildet ein abgezogenes Kaninchen, das auf einem Teller im Wohnzimmer allmählich verwest –, verdichten sich ihre Wahnzustände. Im schluchtartig verengten Flur greifen durch die Wand Hände nach ihr; wieder wird sie vergewaltigt, von einem Mann, der die Züge Michaels trägt. Irgendwann erscheint der erboste Hausbesitzer, um die rückständige Miete zu kassieren. Teils befremdet, teils animiert durch das Chaos ringsum, wird er zudringlich; Carol wehrt sich und tötet den Überraschten mit Michaels Rasiermesser. – Bei ihrer Rückkehr finden Helen und Michael zunächst Colins Leichnam. Während Michael die Polizei verständigt, füllt sich die Wohnung mit den neugierig-entsetzten Nachbarn. Unter Helens Bett liegt Carol, die Augen weit aufgerissen und in einem katatonischen Zustand. Der zurückkommende Michael hebt sie auf und trägt sie auf seinen Armen die Treppe hinunter. Die Kamera bleibt in der Wohnung; sie tastet sich zu einem schon einmal gezeigten Familienfoto aus Carols Kindheit, fährt auf ihr Gesicht zu, bis das Bild sich im Schwarz ihrer Pupille auflöst.

Polanskis erster im Westen gedrehter abendfüllender Spielfilm, geschrieben mit seinem ständigen Co-Autor Gérard Brach – das französische Script war von David Stone ins Englische übertragen worden – wurde durch die Compton-Tekli Films von Michael Klinger und Tony Tenser finanziert, einem Unternehmen, das zuvor etliche Softpornos produziert hatte und unter anderem den Compton Cinema Club in Soho unterhielt. Erst drei Jahre nach NÓŻ W WODZIE erhielt Polanski damit die Chance, wieder einen Spielfilm zu inszenieren. Klinger und Tenser, an dem fertigen Drehbuch von CUL-DE-SAC nicht im geringsten interessiert, wollten von dem billig eingekauften polnischen Emigranten einen Horrorfilm. »Als Gérard Brach und ich REPULSION schrieben, leitete uns eine dominierende Absicht: wir wollten sichergehen, daß Klinger und Tenser den Film finanzierten. Zu diesem Zweck brauchten wir eine eindeutige Horrorstory – etwas anderes interessierte sie nicht. (...) Originalität würde sich nur durch die Erzählweise der Geschichte erzielen lassen, bei der wir größtmögliche Realitätstreue und psychologische Glaubwürdigkeit anstrebten.«[24]

In dieser Konstellation am Beginn von Polanskis Karriere im Westen wird das ökonomische Motiv seiner Hinwendung zu Elementen und Strukturen des Horrorgenres und ihrer Verarbeitung besonders deutlich – und der Versuch, die eigenen Impulse dabei zu bewahren. Beginnend mit REPULSION – der erst später realisierte CUL-DE-SAC war ja bereits geschrieben –,

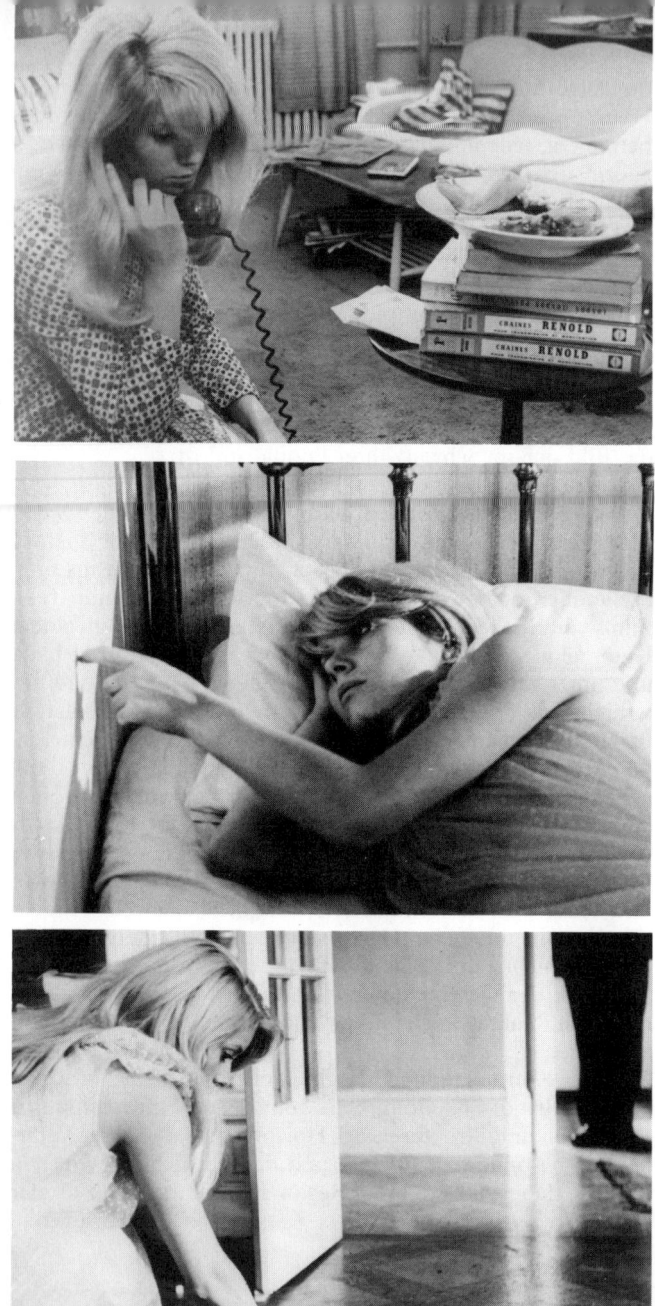

bestimmt das Genre des Horrorfilms die nächste Phase seiner Arbeit bis hin zu ROSEMARY'S BABY; es löst die Struktur des Parabelhaften seiner vorangegangenen Filme ab. Gerade RE-PULSION ist freilich ein glänzendes Beispiel für die Fähigkeit Polanskis, die spektakulären Elemente des Unterhaltungskinos um- und einzuschmelzen in ein filmisches Universum ganz persönlicher Prägung. Die Eigenart des Films beruht auf der Integration zweier (analytisch unterscheidbarer) Ebenen; der »objektiven« Schilderung von Carols Umgebung und ihrer Lebensumstände einerseits, der »subjektiven« Enthüllung ihres in den Wahnsinn gleitenden Innenlebens andererseits. So kehren die Elemente der »normal« wahrgenommenen Außenwelt in Carols Halluzinationen entstellt wieder, die Risse im Straßenboden etwa in den berstenden Wänden ihrer Wohnung. »Die Bloßlegung ihres Bewußtseins ist parallel geführt mit der Entfaltung ihres Lebensraumes und der Dinge und Menschen, die ihn bevölkern.«[25] Diese strukturelle Parallelität begründet denn auch die beiden komplementären Lesarten des Films, als klinische Fallstudie einer Sexualneurose oder als psychologischer Thriller über eine unschuldige Mörderin. Man hat ihn deshalb auch einen »bewundernswerten Kompromiß zwischen einem konventionellen und einem ›stream-of-consciousness‹-Film«[26] genannt und ihm an anderer Stelle dokumentarische Qualitäten bescheinigt.[27] Für die Freigabe von REPULSION durch die britische Zensur spielte die dem Film von psychiatrischen Experten zugebilligte klinische Exaktheit, auf die Polanski sich mehrfach mit Genugtuung bezogen hat, eine ebenso bedeutsame Rolle wie der Vergleich mit Hitchcocks *Psycho* für die Kritik.

War die Ambivalenz der Gegenstände und Äußerungen in NÓŻ W WODZIE orientiert an der Achse von Status und Dominanz – und ihrer Be- und Umwertung –, so bezieht sie sich in REPULSION auf den Gegensatz alltäglich/bedrohlich, korrespondierend dem Bezug auf die »normale« Wahrnehmung und die Carols; dabei tritt das Spannungsverhältnis von Gewalt und Sexualität, das in NÓŻ W WODZIE schon artikuliert wurde, beherrschend in den Vordergrund. Wie Polanskis früheste Kurzfilme (ŚMIECH und MORDERSTWO) belegen, gehört dieses Thema zu seinen zentralen Obsessionen. Carols gesamtes Universum – ihr äußeres Dasein wie ihre Psyche – ist von der Allgegenwart sexueller Konnotationen ebenso durchdrungen wie von dem (scheiternden) Versuch ihrer Abwehr. Sie arbeitet in einer allein Frauen vorbehaltenen Institution, einem Kosmetiksalon, der zugleich der gesteigerten erotischen Anziehung der Männer dient; in ihm gibt die Widerwärtigkeit des anderen Geschlechts den dominierenden Gesprächsstoff ab, sowohl bei den meist älteren Kundinnen als auch bei Carols Kolleginnen. »Die ekelhaften Einzelheiten erzähl' ich dir später!« – so Carols Freundin Bridget über einen Krach mit ihrem Liebhaber. Es ist nur eine von einer ganzen Kette gleichartiger Äußerungen, die diesen Frauen-Ort als einen Bezirk der Misandrie ausweisen.

Als eine genuin weibliche Sphäre ins Bild gesetzt ist auch die Wohnung, die Carol mit ihrer Schwester teilt; bezeichnend ist die Unbefangenheit, mit der Carol sich dort ihrer Kleider entledigt und im Unterrock oder Nachthemd herumläuft. Die feminine Intimität der Wohnung wird durch Michael zerstört. Seine Anwesenheit bekundet sich in einem subtilen Terror der Dinge und Geräusche, von seinen Toilettensachen im Badezimmer bis zu dem orgastischen Stöhnen Helens, das in Carols Zimmer dringt. Michaels Verhalten hat etwas von absichtsloser Rohheit, eine robuste Maskulinität, die sich auch in seinen Anzüglichkeiten gegenüber Helen manifestiert; die empfindsame Carol erlebt sie als Bedrohung. Wenn Carol später allein in der Wohnung lebt, erweist sich deren Unzuverlässigkeit als Schutzraum erst recht, sowohl in den halluzinierten Eindringlingen als in den realen, ja die Wohnung selbst wird zur Quelle alptraumhafter Schrecken.

Einen dritten Frauen-Ort bildet das der Wohnung benachbarte Kloster, in dessen Hof, von Carol sehnsüchtig beobachtet, Nonnen sich beim Ballspiel vergnügen. Es erscheint wie eine mögliche, Carol aber verschlossene Zuflucht. Dort wäre jene asexuelle Reinheit zu finden, die ihrer psychischen Labilität Halt böte. Doch gerade die »Reinheit« Carols – von Catherine Deneuves äußerer Erscheinung prägnant unterstrichen – ist Symptom ihres gestörten Verhältnisses zur Sexualität; ihr entspringen die zwei Morde, die sie schließlich wie unter fremdem Zwang begeht. »Ein engelhaftes Mädchen mit einem leicht beschmutzten Heiligenschein«[28], so hat Polanski seine Heldin einmal beschrieben, und wenn eine Kundin in dem Kosmetiksalon den Nagellack »Fire and Ice« verlangt, ist das auch eine Chiffre für Carols widersprüchliche Verfas-

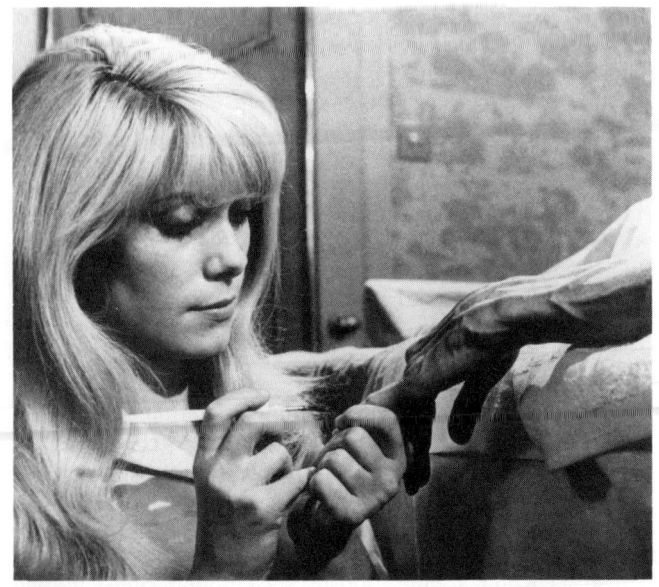

Repulsion

sung. In ihrer Unberührtheit, und Unberührbarkeit, enthüllt der Film mehr und mehr infantil-regressive Züge, ein Befund, der sich in der Schlußeinstellung auf das Kindheitsfoto verdichtet.

Ein gewisses Pendant hat der Schönheitssalon in dem Pub, in dem sich Colin mit seinen Bekannten trifft. Zweimal verlegt Polanski die Handlung dorthin – und opfert damit die Einheitlichkeit seiner sonst ganz auf die Erlebnissphäre Carols zentrierten Erzählperspektive. (Nur noch ein kurzes Gespräch zwischen Helen und Michael im Fahrstuhl, bei dem dieser die Möglichkeit einer psychischen Erkrankung Carols andeutet, sowie der Schluß fallen aus diesem erzählerischen Rahmen.) Die Männerrunde im Pub legt ein zynisches Frauenbild an den Tag, das der Männerfeindschaft der Kundinnen Carols spiegelbildlich korrespondiert. Hinzu tritt latente Homosexualität: als Colin sich gegen die Witze über seine Beziehung zu Carol zur Wehr setzt, küßt ihn der weit stärkere John gewaltsam auf den Mund; er reagiert darauf mit der gleichen angewiderten Geste, mit der zuvor (er hatte es nicht sehen

können) Carol seinen Kuß beantwortete: er wischt sich mit dem Handrücken über die Lippen. In die Rolle des sexuell erfolgreichen Mannes gedrängt, ist Colin in gewissem Sinn schon »Opfer«, ehe Carol ihn umbringt, Opfer einer das soziale Leben dominierenden Männlichkeit, die manche Interpreten als den eigentlichen Hintergrund von Carols Neurose ansehen.[29] In dem männlich/weiblichen Doppelaspekt Trelkovskys in dem REPULSION nah verwandten LE LOCATAIRE wird Polanski später Züge von Colin und Carol zusammenfallen lassen. Die Unterdrückung der Frau bildet eine thematische Grundschicht in seinem Werk; sie findet sich in ROSEMARY'S BABY wie in CHINATOWN, in CHE? und insbesondere in TESS, wo sie in den Mittelpunkt rückt. REPULSION erfaßt das Thema gleichsam im Negativ: in der psychischen, selbstzerstörerischen Rebellion einer Frau, die ihren weiblichen Lebensraum gegen das unaufhaltsame Eindringen des Männlichen zu verteidigen sucht.
So dokumentarisch, so klinisch »richtig« die Schilderung von Carols seelischem Zustand erscheint: die filmsprachlichen

Repulsion

Mittel, derer sich Polanski dabei bedient, sind dokumentarisch keineswegs. Für sie ist der Vergleich mit Hitchcocks *Psycho* aufschlußreich. »Inside Norman Bates«[30] – auf diese Formel hat ein Kritiker den Polanski-Film gebracht, und die motivischen Ähnlichkeiten liegen in der Tat auf der Hand. Während aber Hitchcock mit einer Dramaturgie des suspense, der Überraschung und des Schocks arbeitet und der Evokationskraft visueller Zeichen vertraut, um im Zuschauer einen emotionalen Spannungszustand zu erzeugen – wobei die psychologische Aufklärung des Schlusses als eine erlösende Rationalisierung erscheint –, verdichtet und vernetzt Polanski die filmischen Zeichen zum Bild eines emotionalen Zustands, in den der Zuschauer eintaucht wie in die konzentrische Spirale eines Strudels. Befragt nach der Preisgabe von suspense durch die Offenlegung von Carols gestörter Psyche in der Mitte des Films, hat Polanski geantwortet: »Ich wollte niemanden überraschen. REPULSION war eine Fallstudie der Desintegration eines seelisch kranken Mädchens. Ich war daran interessiert, ihre Krankheit zu zeigen und eine Stimmung zu erzeugen (in establishing a mood), nicht an irgendwelchen Überraschungen. Das Ende, die Nahaufnahme des Familienfotos, sollte zeigen, daß das Mädchen schon von Anfang an so war.«[31] In einem anderen Interview hat er die Besonderheit von REPULSION so erklärt: »Man betritt eine andere Landschaft, eine Landschaft der Seele (the landscape of a mind).«[32]

Diese »Landschaft«, Carols psychischen Binnenraum, erschließt – oder vielmehr: erzeugt Polanski mit einem ganzen Arsenal filmischer Ausdrucksmittel, von denen die dem Horrorfilm entlehnten Trickeffekte (etwa die durch die Wand greifenden Hände) nur die gröbsten sind. Intimere Zeichen setzen Licht und Schatten, die in Streifen über Wände und Zimmerdecken fallen und fast eine eigene Materialität gewinnen: einmal wischt Carol, als wolle sie Staub wegreiben, über die Sitzfläche eines Stuhls, die ein Sonnenstrahl streift. Die Vergewaltigungsfantasien Carols erhalten durch rasche Schnittfolgen, schwankende Kamerabewegungen und verzerrte Perspektiven eine irreale, gleichwohl brutalisierende Intensität. Eine bedeutsame Rolle, wie stets bei Polanski, spielt der Ton, angefangen von trivialen und doch irgendwie beunruhigenden Geräuschen (Klimpern von Tonleitern in einer Nebenwohnung;

Läuten der Klosterglocken; das saugende Geräusch des Fahrstuhls) über die Anzeichen zunehmender Verwahrlosung (Fliegengesumm um den Kaninchenkadaver) bis zu akustischen Schocks (überlautes Schrillen von Telefon und Türklingel; krachendes Bersten der Wände). Besonders eindrucksvolle psychologische Wirkungen werden mit einer motivischen Kette von Naheinstellungen erzielt, die von der bildfüllenden Aufnahme von Carols Auge zu Anfang des Films ausgehen; sie entstammen der surrealistischen Ikonografie, speziell der Buñuels. Abgeleitet von der Kreisform der Pupille, zählen dazu zunächst ein Teller mit Fish and Chips, den Carol nicht anrührt; die durch den Türspion verzerrten Gesichter Colins und des Hauswirts, die sie in Panik versetzen; das auf einem Teller verwesende Kaninchen, das, zusammen mit dem aufgeklappten Rasiermesser, irgendwann auf einem Stapel von Telefonbüchern im Wohnzimmer landet – ein Arrangement, das an den klassischen surrealistischen Topos vom Zusammentreffen »eines Regenschirms und einer Nähmaschine auf einem Operationstisch« erinnert. Auch die von einer dicken Schminkschicht gleichsam mumifizierten Gesichter von Carols Kundinnen gehören in diesen Zusammenhang. Die Titelsequenz selbst ist eine unverhüllte Hommage an den Klassiker des surrealistischen Films: durch Carols Auge schiebt sich die Zeile mit dem Namen des Regisseurs wie das Rasiermesser in Buñuels *Un chien andalou*. Ein ganz Polanski gehörendes Fundstück schließlich, das aus einem seiner Kurzfilme stammen könnte, sind die drei buskers, Straßenmusikanten, die mit einem Banjo und Löffeln als Rhythmusinstrumenten einmal auf der Straße vorbeiziehen; vom Fenster aus sieht Carol sie ein zweites Mal. Enigmatische Gestalten, merkwürdig gebückt, unbeachtet und völlig funktionslos, wirken sie wie eine Traumerscheinung mitten im Gewöhnlichen. Wenn, um sie noch einmal zu zitieren, psychologische Experten (und in ihrem Gefolge die Kritik) Carols Krankheitsbild für authentisch gehalten haben, so zeugt das von der Suggestivität von Polanskis Ausdrucksmitteln, nicht von der klinischen Verbürgtheit der Analyse.

REPULSION enthüllt Carols Subjektivität in zwei Phasen, deren erzählperspektivische Differenz durch visuelle Einheitlichkeit überspielt wird. Im ersten Teil wirkt Carol noch durchaus normal, wenn auch hypersensibel und gedankenverloren; nur an

Dreharbeiten Repulsion

den Bildern, die uns die Kamera anbietet, an Zeichen läßt sich ablesen, daß etwas mit ihr nicht stimmt. Im zweiten Teil macht uns die Kamera unmittelbar zum Zeugen dessen, was nur Carol sieht und empfindet; ihr Inneres verwandelt sich in die Sichtbarkeit eines Äußeren. Das geschieht im übrigen nicht durch viewpoint-Techniken (Wechsel von objektiver zu subjektiver Kamera), sondern durch die durchgehaltene Differenz von konventioneller, »realistischer« und deformierter, »verrückter« Wahrnehmung. An der Bruchstelle der beiden Teile hat Polanski als Scharnier ein signifikantes Bildmotiv angebracht. In der Spiegeltür eines Schrankes erblickt Carol für den Bruchteil einer Sekunde einen Mann. Als sie sich erschrocken umwendet, ist niemand zu sehen. Eintauchen in die Welt hinter dem Spiegel: schon in DWAJ LUDZIE Z SZAFA hat

Repulsion

Polanski mit diesem Bild gespielt. Und auch dort schon hatte ein Schrankspiegel die Bedrohung einer Frau eingefangen. Waren die Figuren von NÓŻ W WODZIE gekennzeichnet durch ihre Einsamkeit, so ist die Carols ins völlig Unzugängliche gesteigert. Darin ist die dramatische Ausweglosigkeit von REPULSION begründet. Auch für Carol könnte gelten: die Hölle sind die anderen, die Männer nämlich. Aber Polanski geht noch einen Schritt weiter. In REPULSION ist zur Hölle das eigene Ich geworden. Krystyna, Andrzej und der Junge waren noch fähig, Rollen einzunehmen, die ihnen eine Distanz zu sich selbst ermöglichten – bis mindestens für Andrzej alle Rollen zerbrachen. Carol ist diese Möglichkeit von Anfang an verschlossen. Sie ist der unerträglichen Authentizität ihres Inneren ausgeliefert, in das die Kamera dringt wie eine Sonde.

Cul-de-Sac 1966

Auf der Flucht nach einem verpatzten Coup stranden die beiden Gangster Richard (Lionel Stander) und Albert (Jack MacGowran) mit einer Autopanne in einer entlegenen englischen Küstenregion. Beide sind verletzt; der bullige Richard (»Dikkie«) trägt einen Arm in der Schlinge, Albert (»Albie«), ein bebrillter Buchhaltertyp, hat einen Bauchschuß. Dickie zieht los, um Hilfe zu holen. Eine Telefonleitung führt ihn zu einer Burg, die von einer Unzahl von Hühnern bevölkert ist. Sie wird bewohnt von George (Donald Pleasance), einem älteren Glatzkopf und ehemaligen Fabrikbesitzer, und seiner wesentlich jüngeren zweiten Frau Teresa (Françoise Dorléac); Dikkie hat sie schon in den Dünen mit ihrem Liebhaber Christopher beobachtet. – In launenhaftem Übermut hat Teresa George ihr Negligé übergezogen und ihn geschminkt. In diesem Aufputz entdeckt er Dickie, der seinen Boß Katelbach anzurufen versucht. Inzwischen ist die Flut gestiegen und hat die Burg vom Land abgeschnitten; dem zurückgebliebenen Albie steht das Wasser schon bis zur Brust. Dickie zwingt Teresa und George, das Auto zur Burg zu schieben und Albie auf die Terrasse zu tragen; dann sperrt er die beiden ein. Nach einem Telefongespräch mit dem offenbar aufgebrachten Mr. Katelbach zerschneidet er das Telefonkabel. – In der Nacht stirbt Albie; Dickie beginnt, sein Grab zu schaufeln. Teresa, die sich befreit hat, kommt hinzu und besänftigt ihn mit selbstgebranntem Wodka. Angeheitert wecken sie George und animieren ihn zum Mittrinken. Als er versehentlich Albies Brille zertritt, zwingt ihn der aufgebrachte Dickie, allein weiterzuschaufeln – und begräbt ihn dann fast unter Albies Leichnam. – Am Strand sucht George in trunkener Weinerlichkeit Verständnis für seine Finanz- und Eheprobleme bei Dickie, den er seinen Freund nennt. Die morgendliche Linienmaschine fliegt über sie hinweg; Dickie, der zuerst glaubt, Katelbach sei gekommen, schießt enttäuscht hinter ihr her. – Statt des erwarteten Katelbach tauchen alte Bekannte von George auf: das Ehepaar Fairweather mit ihrem biestigen Sprößling Horace sowie das Pärchen Cecil und Jacqueline. Teresa deklariert Dickie zum Butler; notgedrungen fügt er sich. George, zunehmend gereizt durch die Erinnerungen an sein früheres Dasein und durch einen Flirt Teresas mit Cecil, wirft die ungebetenen Gäste schließlich hinaus, als der kleine Horace mit Cecils Gewehr die kostbaren Scheiben eines Turmzimmers zertrümmert, in dem einst Walter Scott seinen Roman *Rob Roy* schrieb. - George und Dickie dösen vor sich hin. Teresa reizt den Gangster, indem sie ihm brennende Fidibusse zwischen die nackten Zehen schiebt; er fängt sie ein und verprügelt sie ausgiebig. Teresa kann unbeobachtet Dickies Revolver an sich bringen und stachelt George zum Kampf auf. Blindlings feuert er auf den überraschten Gangster, der sterbend mit seiner Maschinenpistole ein Inferno anrichtet. Teresa flieht mit Cecil, der wegen seines vergessenen Gewehrs zurückgekehrt ist. Der völlig durchgedrehte George, allein gelassen, rennt aufs Meer hinaus, kauert sich vor der steigenden Flut auf einen Felsen und ruft schluchzend nach seiner früheren Frau Agnes, während die Linienmaschine über ihn hinwegbraust.

Nach dem Erfolg von REPULSION (Silberner Bär der Berlinale 1965) fanden sich Klinger und Tenser von Compton-Films endlich bereit, den bereits 1962/63 in Paris geschriebenen CUL-DE-SAC zu finanzieren. Acht Monate hatten Polanski und Gérard Brach am Drehbuch gearbeitet, das in örtlicher und zeitlicher Nachbarschaft zum Höhepunkt der Nouvelle Vague (etwa mit *Jules et Jim* von Truffaut, 1961, oder Godards *Vivre sa vie,* 1962) entstanden ist, mit der Polanski jedoch kaum mehr verbindet als die Bewunderung des amerikanischen Kinos. »Die Kritiker fürchteten, als Spießer verschrien zu werden, und so sangen sie Loblieder auf ›intellektuelle‹ Filme, die ebenso prätentiös wie langweilig waren. Für mich war die Neue Welle nichts. Dafür war ich viel zu sehr Profi – und Perfektionist. François Truffauts *Les 400 coups* und Jean-Luc Godards *A bout de souffle* gefielen mir zwar nicht übel, doch die anderen Filme, ausgenommen die frühen von Chabrol, stießen mich wegen ihrer Amateurhaftigkeit und ihrer miserablen Technik ab. Es war für mich eine kaum erträgliche Qual, sie überhaupt zu sehen.«[33] Trotz dieser eindeutig bekundeten Abneigung läßt sich die Vermutung nicht von der Hand weisen, daß die Nouvelle Vague mit dem von ihr ausgelösten Klima von Kreativität und Innovationslust Polanski beeinflußt hat. Jedenfalls entsprach diese Aufbruchsstimmung ganz dem Gefühl innerer Ungebundenheit, dem er sich nach seiner Übersiedlung in den Westen überlassen durfte. CUL-DE-SAC wurde jedenfalls sein eigenwilligster Film; er selbst betrachtet ihn als seinen wichtigsten Beitrag zum Kino: »CUL-DE-SAC ist mein bester Film aus der Sicht des Kinos. Wenn ich auf der Suche nach dem Kino wäre, wie zum Beispiel Samuel Beckett auf der Suche nach dem Theater ist, würde ich nur Filme machen wie CUL-DE-SAC.«[34] Und an anderer Stelle, im Gespräch mit Joseph Gelmis, meint Polanski: »Es ist mein bester Film. Ich habe ihn immer geliebt. Ich habe immer an ihn geglaubt. Es ist reines Kino (real cinema), für das Kino gemacht – wie l'art pour l'art. Es ist allem voraus, was bis da in der Semantik des Kinos gemacht worden ist.«[35]

Man wird diese etwas vollmundige Behauptung – Polanski

Cul-de-sac

war immer ein guter self-promoter – relativieren müssen, gerade in Hinblick auf das Festhalten an technischen Standards, deren Vernachlässigung er der Nouvelle Vague zum Vorwurf macht. Nicht zufällig hat CUL-DE-SAC nirgends Schule machen können (was nicht eben für die Eroberung filmsprachlichen Neulands spricht) und ist – trotz der Bezüge zu den Kurzfilmen und der formalen Ähnlichkeit zu NÓŻ W WODZIE – sogar in Polanskis Werk selbst ein Solitär geblieben. Dennoch bezeugt er wie kein anderer die Originalität seines Regisseurs,

Cul-de-sac

dessen Einzelgängertum die Fahndung nach filmischen Vorbildern so chimärisch macht wie die nach Nachahmern unergiebig.

Auch an der Widersprüchlichkeit der kritischen Reaktionen auf CUL-DE-SAC läßt sich seine Sonderstellung ablesen, die weder dem erzählend-realistischen Traditionalismus noch dessen avantgardistischer Zerstörung zuzuordnen ist. Bosley Crowther bemängelt in der *New York Times,* daß jener »complex and terminally morbid joke«, obwohl technisch perfekt, keinen Sinn hergebe.[36] Während *The Times* dem Film vorwirft, er sei »full of empty gestures«[37], sieht *The New Yorker* in ihm die »quintessence of fashionable, phonie movie-making«[38]. Noch 1968 hält Colin McArthur in einem Portrait-

Cul-de-sac

artikel dem Film »grave structural weakness« vor³⁹, gerade im Vergleich mit NÓZ W WODZIE und REPULSION. Im Gegensatz dazu konstatiert Frieda Grafe in der *Filmkritik* eine »krude Erzählmechanik«, die »alle Anhänger feinnerviger, offener Erzählformen schockieren« müsse⁴⁰ – eine Bemerkung, zu der man sich den Kontext von Filmen wie Godards *Masculin-féminin* (der auf der Berlinale 1966 lief, die CUL-DE-SAC den Goldenen Bären einbrachte) und Alexander Kluges *Abschied von gestern* (der im selben Jahr in Venedig preisgekrönt wurde) vorstellen mag. Zudem, so Frieda Grafe, seien die Figuren restlos durch stereotype Bedeutungen wie aus dem Schlagwortregister eines vulgärpsychologischen Wälzers festgelegt⁴¹, und Peter W. Jansen nennt im gleichen Sinne Polanski einen »Assimilierer«⁴² – eine fast prophetische Charakterisierung, die eher seinen späteren Arbeiten angemessen erscheint.

Das ständige Spiel mit den anonymen formsprachlichen Elementen des Genrekinos und einem universellen, formelhaften Symbolvorrat führt in den Kern des Films. Die Umkehrung, Umschmelzung von Gattungskonventionen ist ja bezeichnend für das polanskische Kino insgesamt, an DANCE OF THE VAMPIRES und CHINATOWN, beides Musterbeispiele ihres Genres und zugleich deren Demystifikation, wird das besonders deutlich werden. Auch CUL-DE-SAC benutzt Genreelemente, und sein plot folgt dem vertrauten Schema: bedrängte Gangster auf der Flucht brechen ein in ein bürgerliches Dasein. »Eine Studie in Neurose mit auf den Kopf gestellten Thriller-Konventionen«⁴³ – so hat Polanski sein Sujet beschrieben.

Der plot des Films aber hat nur untergeordnete Bedeutung. Er erzeugt einen Hof von Assoziationen und Erwartungen, die von Polanski zu einem eigenwillig-überraschenden Muster arrangiert werden. Indem er sich festgefügter Schemata und einer formelhaften Symbolik bedient, erspart er sich, seine Figuren erzählerisch zu definieren: ein Verfahren der Abkürzung. Exemplarisch dafür ist die Exposition. CUL-DE-SAC zeigt nicht, wie aus hundert anderen Filmen vertraut, den mißglückten Überfall. Nur anhand von zeichenhaften Chiffren verstehen wir die Situation: an dem Typus, den Dickie und Albie verkörpern, an ihrem Slang, ihren Verletzungen, der Maschinenpistole, die Dickie dem jammernden Albie aus dem Kreuz entfernt, dem offensichtlich gestohlenen Fahrzeug: es trägt das Schild einer Fahrschule auf dem Dach. Zugleich erzeugt diese formelhafte Verkürzung ein Moment der Ungewißheit; nie werden wir genau erfahren, wie Dickie und Albie in ihre mißliche Lage geraten sind. Sie steht in groteskem Mißverhältnis zu dem Rollenschema der Männer. So gründlich in einem Niemandsland gestrandet sind Vertreter ihrer Gattung wohl noch nie. Das beraubt sie von vornherein jener professionellen Souveränität, die sonst dem Genre seine Thrillerspannung zuführt. Komisch sind sie weit eher als bedrohlich, und wenn CUL-DE-SAC dennoch eine latent bedrohliche Atmosphäre vermittelt, so nicht durch die konsequente Zuspitzung der Ausgangssituation – Terror von in die Enge getriebenen Gangstern –, sondern durch die Unberechenbarkeit des Handlungsverlaufs. Dickies und Albies Auftritt hat die absurde Selbstverständlichkeit, mit der die beiden Männer in DWAJ LUDZIE Z SZAFA mit ihrem Möbelungetüm aus dem Meer auftauchen; nur hat sich in ihrem Fall das Meer gerade verlaufen. So könnte der Anfang von CUL-DE-SAC auch heißen: Zwei Männer und ein defektes Auto.

Die Umkehrung ins Grotesk-Komische gilt auch für die zweite Handlungsebene, das Eifersuchts- und Ehemelodram zwischen George und Teresa, das mit Dickies Beobachtung von Christophers und Teresas Liebesspiel in den Dünen eingeleitet wird. Es gehört zu jenen formalen und thematischen Elementen, die CUL-DE-SAC mit NÓŻ W WODZIE teilt – wie vor allem das Motiv des Eindringlings in eine labile Beziehung und die Unentrinnbarkeit eines von Wasser umschlossenen Schauplatzes. Dort aber war, im Rahmen eines strengen dramaturgischen Aufbaus, die Eifersucht substantiell. In CUL-DE-SAC, wo das Erwartete so wenig eintrifft wie Katelbach kommt, definiert sie gerade noch die Ausgangsbedingungen eines Spiels, das den Akteuren ständig entgleitet – wie die Eier, mit denen George zu jonglieren versucht. Fünf Krabben entdeckt er in dem Eimer, den Teresa, auf dem Fußboden der Küche mit ihrer Schönheitspflege beschäftigt, von ihrer Exkursion mit Christopher mitgebracht hat, ein unzweideutiger Hinweis darauf, daß sie nach Krabben nicht unbedingt gesucht haben. George aber verkündet mit trotzigem Gleichmut, er werde sich dann eben ein Omelette machen, klemmt ein Bündel schlapper Rhabarberstangen in die Kühlschranktür und beginnt, auf der Suche nach der Pfanne, mit den Eiern zu jonglieren: das erste platscht auf den Fußboden, das zweite kann

Cul-de-sac

er auffangen – und zerquetscht es dabei: Auftritt eines eierköpfigen Clowns, dem die Wahrung männlicher Würde nicht gelingen will.

Die verschroben-skurrile Atmosphäre, die Polanski durch die Verschwörung der Umstände gegen die Absichten der Figuren erzeugt, erreicht den ersten Höhepunkt mit Georges Verkleidung zu einem Transvestiten: »Tuntchen« wird Dickie ihn beim ersten Zusammentreffen nennen und George, der als Hausherr auftrumpft, respektlos in die Backe kneifen; George wird diese Kränkung seiner Männlichkeit nie ganz verwinden. Wenn Teresa ihn geschminkt hat, betrachtet er die Maskerade im Spiegel und bricht in ein gezwungenes Kichern aus. In diesem Moment aber ersetzt Polanski den Spiegel durch die Kamera, so daß der Zuschauer – in einer Überlagerung der Blicke selbst Spiegelbild und Spiegel – mit Georges Grimasse frontal konfrontiert ist: eine jener Publikumsattacken des Regisseurs (wie der Faustangriff auf die Kamera in DWAJ LUDZIE Z SZAFA und der Messerwurf in NÓŻ W WODZIE), die hier, in Verbindung mit der Spiegelmetapher, zugleich besagt: tua res agitur; oder: dieser gerade fremdartig verwandelte Mensch meint uns alle.

Teresa macht in diesem mutwilligen Rollenspiel den Freier. »Wenn ich ein Mann wäre«: so versucht sie später immer wieder den ängstlich-feigen George zum Widerstand gegen den Gangster aufzustacheln; erst als sie ihm vorlügt, Dickie habe sie vergewaltigen wollen, hat sie Erfolg und löst damit die finale Katastrophe aus. Aufgrund dieser Motive und einer unübersehbaren sexuellen Symbolik – die schlaffen Rhabarberstangen; die Eierflut, die von Teresas Hühnern produziert wird; die phallischen Schußwaffen – hat man CUL-DE-SAC als einen Film über »sexuelle Demütigung« gedeutet.[44] Sie betrifft nicht nur George; auch Teresa wird sexuell gekränkt: ihre Annäherungsversuche gegenüber Dickie bleiben erfolglos; der Gangster, der in komischer Verkehrung seines Gewerbes einen moralischen Konservativismus verficht, zieht die Kumpanei mit George den Avancen Teresas bei weitem vor. Diese Interpretation privilegiert einen Themen- und Symbolbereich auf Kosten anderer. Vernachlässigt wird dabei das Thema der Macht beziehungsweise des Verhältnisses von Herr und Knecht, das in einer komischen Variante bei Dickies Auftritt als Butler vorgeführt wird und in einer quasi metaphysischen in der Abhängigkeit Dickies von dem abwesenden Katelbach aufscheint. Vernachlässigt wird dabei ferner das bereits im Titel angeschlagene Thema der Flucht, die in eine Sackgasse führt und das den Aussteiger George, der sein Fabrikantenda-

Cul-de-sac

sein und seine frühere Ehe aufgegeben hat, ebenso betrifft wie das entflohene Gangsterduo Dickie und Albie.
Sexualität und, mit ihr korrespondierend, Gewalt gehören zu den Grundelementen des polanskischen Kinos. In CUL-DE-SAC aber sind sie, anders als in REPULSION, weniger thematisch als durch ihre affektive Intensität bedeutsam: Spielmaterial auch sie. Es gibt keine Hierarchie der Bedeutungen, kein zentrales Thema, auf das die Handlung sich zuspitzen ließe. Deren Verlauf gleicht in ihrem unvorhersehbaren Muster der braunschen Molekularbewegung, in den spontanen Umschwüngen und abrupt aufspringenden Konflikten, angetrieben von schwankenden Affekten, von Angst, Wut, Lust und Langeweile. Auch die Symbolik des Films verschlüsselt keinen tieferen oder eigentlichen Sinn. Sie definiert die Figuren, ihre Beziehungen und ihre Lage so, daß allen existential-metaphysischen Ausdeutungen der Weg verlegt ist. Wollte man einen theoretischen Bezugsrahmen für CUL-DE-SAC angeben, es wäre ein antropologischer Materialismus, und die »Sackgasse«, in der sich die Gestalten gefangen haben, wäre die ihrer nirgends mehr transzendierbaren, banalen menschlichen Existenz. Einen definitiven Sinn, eine Zuversicht oder nur eine Einsicht kann man darin nicht finden, so wenig wie der sterbende Albie das Sternbild des Kleinen Bären am Nachthimmel – obwohl Polanski ihn mit doppeltem optischem Hilfsgerät, mit Brille und Fernglas ausgestattet hat.
Die Originalität von CUL-DE-SAC beruht auf der inneren Verwandtschaft nicht so sehr zur filmischen als zur literarischen Moderne, zur Avantgarde des Theaters. »Ich weiß nicht, ob ich direkt von Pinter beeinflußt wurde, aber ich wurde ganz sicher vom modernen Theater beeinflußt, von Beckett, von Ionesco, auch von Pinter. Von dieser ganzen Atmosphäre.«[45] Eine Zeitlang hegte Polanski den Plan, ein Stück von Beckett zu verfilmen: *En attendant Godot;* Beckett verweigerte zuletzt die Rechte, obwohl er Polanskis Kurzfilme hoch einschätzte.[46] Der ursprüngliche (und im Deutschen beibehaltene) Titel von CUL-DE-SAC, *Si Katelbach arrive* (Wenn Katelbach kommt), hat denn auch immer wieder Vergleiche mit diesem Klassiker des absurden Theaters provoziert. Das ging meist zuungun-

Cul-de-sac

sten des Filmes aus, an dessen mangelnder metaphysischer oder antimetaphysischer Tiefe sich das Vorurteil vom minderen Rang des Kinos wieder einmal bestätigt fand. Wenn Katelbach auch nie auftaucht, so existiert er doch unzweifelhaft, selbst wenn ihn auch Dickie und Albie nie leibhaftig zu Gesicht bekommen haben sollten (was wir nicht wissen). »Er liebt uns nicht mehr«: dieser ominöse Stoßseufzer Albies behält, ungeachtet seines christlich-religiösen Beiklangs, seinen diesseitig-handfesten Sinn. Zutreffender als der Vergleich mit der nach und jenseits der Geschichte angesiedelten Dramatik Becketts ist der mit den stärker der Absurdität des Alltäglichen verhafteten Stücken Pinters, die der Konkretion des Kinos entgegenkommen. Anders als das Beckett-Projekt hat sich CUL-DE-SAC von jedem konkreten Bühnenvorbild gelöst. Der Film folgt dem Welt- und Menschenentwurf des absurden Theaters ganz allgemein. Das, was Polanski selbst dessen »Atmosphäre« nennt, hat in CUL-DE-SAC eine authentische filmische Formulierung gefunden.

Die Atmosphäre von CUL-DE-SAC –: das sind Hühnergackern und Möwengekreisch, ein Kühlschrank voller Eier und ein vom Meer umspültes Auto; es ist ein zartbesaiteter Gangster, der sich weigert, ein Huhn zu schlachten, und aus Pietät die Hühner vom Grab seines verstorbenen Kumpans verscheucht; es ist eine sich männlich gebende junge Frau zweifelhafter Herkunft, die sich der Geflügelzucht und der Schnapsbrennerei widmet; es ist ein Ex-Fabrikant mit infantilen Zügen, der eine ganze Galerie scheußlich-ungelenker Teresa-Portraits gemalt hat (die er in einer Aufwallung verrückter Aufsässigkeit zerstören wird) und überdimensionale Drachen bastelt (die dazu bestimmt scheinen, als zerfetztes Skelett in den Drähten der Telefonleitung zu landen); es ist schließlich eine Kette skurriler Ungereimtheiten, die sich so seltsam wie selbstverständlich verschlingen. Im überraschenden Umschlag vom Grotesken ins Tragische, im Ausbruch einer alles zerstörenden Gewalt zu einem Zeitpunkt, an dem mit Dickies Aufbruch die Spannung sich schon zu lösen scheint, offenbart sich Polanskis Pessimismus, ein Grundzug seines Werkes. In dem dichten Gewebe sprechender Details, die nie bloß dekorativ um ihrer selbst willen ins Bild gerückt, sondern stets funktional in das Geschehen integriert sind, zeigt sich seine filmische Meisterschaft.

Dance of the Vampires. 1967

Professor Abronsius (Jack MacGowran), Fledermausspezialist und Vampirologe, der wegen des Spotts seiner Kollegen seinem Lehrstuhl in Königsberg den Rücken gekehrt hat, ist mit seinem treuen Schüler Alfred (Roman Polanski) in den winterlichen Südkarpaten unterwegs, auf der Jagd nach den Objekten seiner verkannten Forschungsleidenschaft. In der Herberge des jüdischen Gastwirts Shagal stößt er auf erste Hinweise ihrer Nähe. Sie bestätigen sich zu seiner Genugtuung, als die hübsche Wirtstochter Sarah (Sharon Tate), die ausgiebig dem Laster heißer Schaumbäder frönt, in ihrem Zuber einem Vampir zum Opfer fällt. Der schüchterne Alfred, der sich auf den ersten Blick in Sarah verliebt hat, wird Zeuge ihres Malheurs. Shagal, der die Entführte zurückholen will, wird bald darauf völlig ausgesaugt und zu einem Eisklotz erstarrt aufgefunden. Ehe Abronsius ihn unschädlich machen kann, entwischt ihm Shagal, der sich inzwischen in einen Vampir verwandelt und seine Magd gebissen hat. - Abronsius und Alfred folgen auf Skiern dem Flüchtenden zum Schloß des Grafen von Krolock (Ferdy Mayne). Dessen verwachsener Diener Koukol sperrt die Eindringlinge vorübergehend ein und führt sie in der Nacht zum Grafen, der sich mit dem Professor in einen gelehrten Disput über Fledermäuse vertieft. Seine Gäste auf ihre Zimmer geleitend, macht er sie mit seinem Sohn Herbert bekannt, der ein auffallendes Interesse an Alfred bekundet. - Am nächsten Tag versuchen Abronsius und Alfred in die von Koukol bewachte Krypta des Schlosses einzudringen. Das gelingt, nach einer Kletterpartie über die verschneiten Zinnen und Dächer, wenigstens Alfred; der Professor bleibt kopfüber in einem Fenster stecken. In den Särgen ruhen der Graf und sein Sohn. Der vor Angst schlotternde Alfred aber versagt bei dem Versuch, ihnen einen Holzpflock ins Herz zu stoßen. Auf dem Weg durchs Schloß findet er die wieder einmal badende Sarah, die ihm von einem geplanten Mitternachtsball erzählt. Nach der Befreiung des Professors zu ihr zurückkehrend, trifft er auf Herbert, dessen erotisch-vampiristischen Attacken er mit knapper Not entrinnt. - Wieder einmal eingesperrt, beobachten Abronsius und Alfred die Ankunft der Vampirgesellschaft. Es gelingt ihnen, sich in barocken Kostümen unter die Ballgäste zu mischen, denen von

Krolock als besonderen Leckerbissen Sarah präsentiert. Bei der Polonaise geraten Sarah, Alfred und der Professor vor einen großen Spiegel, der nur ihr Bild zurückwirft: Vampire sind in Spiegeln unsichtbar. Eine wilde Verfolgungsjagd hebt an; auf einem Pferdeschlitten entkommt das Trio. Während Abronsius die Peitsche schwingt, schlägt Sarah dem in verliebten Träumereien schwelgenden Alfred ihre Fangzähne in den Nacken.

Für die Produktion von DANCE OF THE VAMPIRES trennte sich Polanski von Compton Films und wechselte zu der amerikanischen Produktionsfirma Filmways von Marty Ransohoff, die einen Verleihvertrag mit MGM hatte – Polanskis erste, wenn auch noch indirekte Verbindung mit einer der amerikanischen major companies. Ransohoff hatte die Verleihrechte von CUL-DE-SAC für die USA erworben und den Regisseur mit seinem Enthusiasmus so für sich eingenommen, daß ihm Polanski den final cut von DANCE OF THE VAMPIRES für den amerikanischen Markt überließ. Das war ein naives, den Usancen Hollywoods folgendes Zugeständnis, das Polanski eine exemplarische Erfahrung eintrug, wie sie zahllose Regisseure vor und nach ihm machen mußten. Ransohoff nahm an dem fertigen Film, den er unter dem Titel *The Fearless Vampire Killers or: Pardon Me, But Your Teeth Are in My Neck* herausbrachte, erhebliche Kürzungen vor,[47] synchronisierte verschiedene Stimmen nach, denen Polanski einen stark jiddischen oder deutschen Akzent gegeben hatte (ein Effekt, den auch die deutsche Synchronfassung unterschlägt), und versah den verstümmelten Torso mit einem erläuternden Zeichentrickvorspann. »Ransohoff hatte meinen Film völlig entstellt.«[48] Trotz Androhung gerichtlicher Schritte seitens Ransohoffs und der MGM distanzierte sich Polanski in mehreren Interviews von diesem Verschnitt, der in den USA bei Publikum und Kritik zum flop wurde – im Gegensatz zur Originalfassung, die in den europäischen Kinos lief.

Wie fast alle Vampirfilme (eine Ausnahme bildet Theodor Dreyers *Vampyr,* 1932) geht auch der von Polanski zurück auf Bram Stokers Roman *Dracula* von 1897; Stoker hatte die von Byron und der ihm folgenden schwarzen Romantik in Mode gebrachte Figur[49] mit den Legenden um die historische Gestalt des Vojevoden Vlad »Tepes« (der Pfähler) verbunden,

Dance of the Vampires

der im 15. Jahrhundert in der Walachei seine grausame Herrschaft ausübte. Schon in Murnaus *Nosferatu* (1922) hatte dann das Thema des mythischen, die Erde bedrohenden blutsaugerischen Tyrannen[50] seine klassische Formulierung gefunden. Mit dem Altern des Genres wirkte seine Fantastik, statt Schrecken zu erzeugen, oft nur noch unfreiwillig komisch. So legt Polanski auch wenig Wert auf die dämonisch-mythologischen Aspekte des Stoffes. Statt durch eine Steigerung der Effekte den Horror zu intensivieren, waren er und Brach von Anfang an entschlossen, einen Horrorfilm zu machen, »der die Zuschauer bewußt zum Lachen reizt«[51].

Das Verhältnis von DANCE OF THE VAMPIRES zum Horrorgenre ist oft als Parodie interpretiert worden. Obwohl der Film parodistische Elemente enthält, die vor allem die Gestalt des Professors Abronsius betreffen, verfehlt eine solche Charakterisierung den Kern. Polanski selbst hat den Film als Komödie bezeichnet. »Ich wollte nic eine Parodie machen, sondern eine Komödie über das Vampirthema. Ich spotte nicht über die Horrorfilme, ich amüsiere mich über das Thema, wenn Sie wollen. Ich wollte eine Geschichte erzählen, die ein wenig romantisch, ein wenig seltsam sein und dabei Angst machen sollte.«[52] Wenn Polanski auch die Mythologie des Genres nicht ernst nimmt, so doch seine Ausdrucksformen und die Konventionen der Darstellung. Auch DANCE OF THE VAMPIRES trägt Züge des l'art pour l'art, aber nicht im Sinne einer formal-experimentellen oder gar kritischen Kunstautonomie, die sich den Unterhaltungs- und Sinnbedürfnissen der Gesellschaft verweigert, sondern in Gestalt eines filmästhetischen Historismus, der mit den von der Kinogeschichte ausgeprägten Elementen des Genres sein Spiel treibt. Ihre Kenntnis – die Polanski bei der Popularität des Stoffes voraussetzen durfte – gehört zu den Vorbedingungen wenn nicht des Verständnisses, so doch der Wirkung seines »Guide Bleu von Transsylvanien«[53]. Das Ergebnis der »Re-Codierung« des Genres[54], das nicht zuletzt eine souveräne Beherrschung des Metiers bezeugt, ist eine Horrorkomödie, die sowohl das Unterhaltungsbedürfnis eines breiten Publikums befriedigt als auch den Kunstverstand kritischer Cineasten.

Intellektuellen Ansprüchen trägt DANCE OF THE VAMPIRES auch insofern Rechnung, als der Film Interpretationsangebote bereithält, die sich auf den sozialpsychologischen Gehalt der Vampirlegenden beziehen. So ist der Erotik, die von den Legenden ins Sadistisch-Dämonische verschoben wird, breiter Raum gewidmet. Das reicht von dem Wirt Shagal, der sei-

Dance of the Vampires

Dance of the Vampires

ner Magd schon vor seiner Verwandlung nachstellt und danach, gänzlich enthemmt, erst recht nicht von ihr abläßt, über Sarahs Badeleidenschaft, die sie dem verwirrten Alfred in zweideutigen Wendungen gesteht, bis hin zu der Erfindung des homosexuellen Vampirs Herbert, dessen liebestollem Biß Alfred nur dadurch entgeht, daß er ihm ein galantes Brevier von 1732 über »Hundert Wege sich ins Herz einer Jungfrau zu schmeicheln«[55] zwischen die Zähne schiebt. Ein sexueller Akt ist auch von Krolocks Überfall auf Sarah in der Badewanne: mitten auf dem weißen Schaum bleibt ein Blutfleck, Zeichen der Entjungferung und Hinweis darauf, daß der Graf sein feudales ius primae noctis wahrgenommen hat.

Das berührt bereits die zweite, historisch-politische Schicht der Stofftradition. In ihr spiegelt sich das Verhältnis der bäuerlichen Bevölkerung zu einer allmächtigen Aristokratie, die sich in der Figur eines buchstäblich aussaugerischen Tyrannen verdichtet, der nächtens aus seinem Grab aufsteht. Abergläubisch leugnen die Einheimischen in Shagals Schänke die Existenz des Vampir-Schlosses. Darin steckt die Mystifikation der feudalen Herrschaft, gegen die Abronsius sich empört: »Ihr leugnet die Wahrheit, und darum werdet ihr an eurer

Dance of the Vampires

Feigheit zugrunde gehen.« Das Schloß selbst zeichnet Polanski, abweichend von der Konvention des Genres, nicht als Ort düsteren Grauens, sondern, mit Ahnengalerie, Bibliothek und Observatorium, als Zeugnis verblichenen Glanzes und Refugium eines seinen gelehrten Neigungen nachgehenden Aristokraten; es ist weit weniger bedrohlich als die bürgerlichen Behausungen Carols, Rosemarys oder Trelkovskys. Dem realistisch-gesellschaftlichen Blick entsprungen ist auch der Gag, daß der vampirisierte Shagal nicht in der gräflichen Krypta ruhen darf und, obwohl er jammert und protestiert, von Koukol in einen Stall befördert wird. Die Ball-Szene schließlich schildert das höfische Zeremoniell einer dekadenten Adelsgesellschaft, in die Sarah als Debütantin aufgenommen werden soll.
Entschieden parodistisch angelegt ist der dritte Themenkomplex, das Verhältnis von Rationalität und Fantastik. Stokers Dr. van Helsing hatte noch, nach faustischem Muster, rational-modernes und magisches Wissen in sich vereint; in ihm hatte die Gestalt des Gelehrten selbst mythisch-folkloristische Züge angenommen. Polanskis Professor Abronsius hat von ihm allenfalls die Unerschrockenheit. Er ist ein so fanatischer Empiriker, daß ihm die gefährlich-dämonische Dimension

seines Gegenstandes schlicht entgeht. Von Alfreds Abenteuer mit Herbert interessiert ihn allein das fehlende Spiegelbild des Vampirs, und wahres Bedauern entlockt ihm nur der Gedanke, nicht an Alfreds Stelle gewesen zu sein. Die Bißwunden des entseelten Shagal präsentiert er mit triumphaler Geste ganz so, als sei er bei der Vorführung eines besonders raren Exemplars in der Anatomie. Schon seinem Aussehen nach, mit wirrem Haarschopf und buschigem Schnauzbart unter der meist wein- oder frostroten Nase, könnte er einem Comic-Strip entstammen; als eine Art »schneebestäubten Albert Einstein«[56] hatten sich Brach und Polanski die Rolle Jack Mac-Gowrans gedacht (der in CUL-DE-SAC den Albie gespielt hatte). Folgenreicher als das verschrobene Naturell des Professors ist seine Unfähigkeit, praktisch zu handeln. Das überläßt er Alfred, bei dem wiederum Ängstlichkeit und Ungeschick dazu angetan sind, alle ihre Unternehmungen zu sabotieren. Erst die überhebliche Selbstgewißheit von Krolocks, der die Ausbreitung seiner Herrschaft über die ganze Welt ankündigt, bringt Abronsius in Wallung: »Hält mich für einen Einfaltspinsel, dieser Raffzahn«, empört er sich und schreitet endlich zu Sarahs Befreiung. Nicht die moralische Pflicht zur Rettung der Menschheit (wie sie van Helsing an-

Dance of the Vampires

trieb), sondern gekränkte Gelehrteneitelkeit veranlassen ihn zur Tat.
Doch entscheidend sind diese Bedeutungskomplexe nicht; sie bleiben in jenem Rahmen, in dem sich das Genre in naiver Direktheit schon immer bewegt hat. Entscheidend für den Film ist der Gebrauch, den Polanski von den tradierten Mustern macht. Indem er den verborgenen realistischen Gehalt des Stoffes mitinszeniert, entstehen, in Kontrast zur strikten Wahrung des formalen Inventars, jene komischen Effekte, die den Schrecken aufheben. DANCE OF THE VAMPIRES entmythologisiert den Horror durch Konkretisierung: Knoblauch schützt gegen den Biß der Vampire nicht aufgrund magischer Kräfte, sondern weil sein Geruch die erotischen Begierden dämpft; das Kreuz als Abwehrmittel versagt vor Shagal, weil er nicht christlichen Glaubens ist.[57] Diese konkrete Logik in einer dem Logischen und Vernünftigen genuin entzogenen, fantastischen Welt sowie die formelhafte Typisierung der Figuren, der Mummenschanz der Kostüme und das ornamentale Dekor, schließlich die synthetische Farbigkeit (es ist, VON GDY SPADAJA ANIOŁY abgesehen, Polanskis erster Farbfilm) rücken DANCE OF THE VAMPIRES in die Nähe des Märchens, eines Pop-Märchens, genauer gesagt. Eben das war der Eindruck, den Polanski erzielen wollte: »Es ist ein Märchen für mich. Es ähnelt einem Cartoon oder einer Fahrt nach Disneyland.«[58] Das sind Formen, die der Naivität kindlicher Fantasien entsprechen. Auch die atmosphärische Wirkung des Films, die Mischung von Vergnügen und Schauder, die Lust am imaginären Schrecken, sieht Polanski in der Kindheit verankert. Unter dieser Perspektive gewinnt die Schilderung des osteuropäisch-jüdischen Milieus im ersten Teil des Films mit ihren naturalistischen Elementen eine unmittelbar autobiografische Färbung.[59]
Wenn die Genretradition dem Film einen Kanon von Motiven und Themen vorgegeben hat, so macht ein Blick auf den Kontext von Polanskis Schaffen deutlich, daß er auch hier seinen zentralen Impulsen treu geblieben ist. Offenbar hat ihm gerade die Folie des Horrorfilms erlaubt, die bedrohlichen Triebkräfte, die sonst seine Filme verdüstern – Einsamkeit, Sexualität, Gewalt – im Register des Komischen zu variieren. Die überraschende Schlußpointe, die die Erleichterung über Sarahs Rettung konterkariert und die den Betrachter, statt ihn

Dance of the Vampires

mit der Beendigung des Spuks zu beruhigen, mit dessen Entfesselung aufschreckt, hat danach nicht nur die Funktion, noch einmal das erwartete Erzählschema, die Garantie des erlösenden happy ends, ironisch umzukehren. Wenn über dem Bild des sich entfernenden Schlittens eine pathetisch anschwellende Stimme verkündet: »In jener Nacht, auf der Flucht aus den Südkarpaten, wußte Professor Abronsius noch nicht, daß er das Böse, das er für immer zu vernichten hoffte, mit sich schleppte. Mit seiner Hilfe konnte es sich über die ganze Welt ausbreiten« –, dann öffnet sich die Welt des synthetischen Schreckens auf die Schrecken der wirklichen. Polanski stellt die emotionale Dynamik des Horrorfilms auf den Kopf – oder richtiger auf die Füße. Besteht dessen psychologische Funktion darin, unseren Ängsten ein Ventil zu schaffen und uns in einen fantastischen Raum zu entführen, aus dem wir beruhigt in den wenigstens vernünftigeren des Wirklichen zurückkehren können, so gewinnt in DANCE OF THE VAMPIRES das Fantastische fast etwas Beschauliches, während wir an der Macht der Vernunft zu zweifeln beginnen. Der Horrorkomödie Polanskis ist die Gestalt des Mißlingens einbeschrieben. Seine beiden naiven Helden, Abronsius in seiner Betriebsblindheit und Alfred in seiner Tölpelhaftigkeit, sind »dem Bösen« in Wahrheit nie gewachsen. Die Botschaft seiner Unbesiegbarkeit ist zum festen Bestandteil des Genres geworden. Dem ist Polanski darin voraus, daß er den Schrecken nicht aus der dämonischen Vermummung des Bösen, sondern aus seinen empirischen Verwandlungen entbindet.

Rosemary's Baby. 1968

New York. Ein jungverheiratetes Paar besichtigt eine Wohnung in dem altertümlichen Bramford-Haus: Rosemary (Mia Farrow) und Guy Woodhouse (John Cassavetes), ein erfolgloser Schauspieler. Trotz der düster-verstaubten Atmosphäre ist Rosemary von der Wohnung begeistert. Ungeachtet der zwielichtigen Vorgeschichte des Gebäudes, in dem, wie ihr väterlicher Freund Hutch (Maurice Evans) zu berichten weiß, ein Zirkel von Satansbeschwörern seine Riten feierte, zieht das Paar in die Wohnung ein, die, renoviert und neu eingerichtet, alles Beklemmende verloren hat. – Der Tod einer jungen Frau, Terry, führt die Woodhouses mit ihren Nachbarn zusammen, Roman und Minnie Castavet (Sidney Blackmer, Ruth Gordon); das ältere Ehepaar hatte Terry bei sich aufgenommen. Vor allem Guy ist von den beiden überaus angetan. Kurz darauf erhält er, nach der plötzlichen Erblindung eines Kollegen, eine Rolle am Broadway. Eines Abends überrascht er Rosemary mit einem festlichen Abendessen und dem Ansinnen, ein Kind zu zeugen. Nach dem Genuß einer merkwürdig schmeckenden Mousse au chocolat, die Minnie vorbeigebracht hat, erleidet Rosemary einen Ohnmachtsanfall. In einem halbbewußten, alptraumhaften Zustand sieht sie sich, im Rahmen einer schwarzen Messe, an der auch Guy, Roman und Minnie teilnehmen, von einem schuppigen Ungeheuer vergewaltigt. – Rosemary ist schwanger; Guy will sich in ihrer Ohnmacht an ihr vergangen haben. Auf Anraten der Castavets wechselt sie ihren bisherigen Arzt, Dr. Hill, zugunsten des renommierten Dr. Sapirstein, der ihr einen täglich von Minnie zubereiteten Kräutertrank verordnet. – Rosemarys Schwangerschaft ist anfangs von heftigen Schmerzen begleitet. Hutch, von dem sie sich Hilfe versprach, wird nach einem Besuch bei ihr im Koma ins Krankenhaus eingeliefert. Monate später erhält Rosemary die Nachricht von seinem Tod. Er hat ihr ein Buch über Hexerei hinterlassen, in dem ein Anagramm verborgen sei. Diesem Hinweis folgend, entschlüsselt sie den Namen Roman Castavet als Steven Marcato, dessen Vater ein berüchtigter Teufelsbeschwörer war. Ihre Ängste verdichten sich zu der Gewißheit, daß die Castavets im Bunde mit Sapirstein und Guy ihr Baby dem Teufel opfern wollen. Nach einem gescheiterten Fluchtversuch zu Dr. Hill, der sie Sapirstein und Guy ausliefert, setzen die Wehen ein. – Rosemarys Baby ist bei der Geburt angeblich gestorben; aber aus der Nachbarwohnung hört sie Babygeschrei. Mit einem Messer bewaffnet, dringt sie dort ein. Sie trifft Guy und die Castavets in einer Versammlung, mit der die Geburt eines Sohnes des Teufels und der Anbruch einer neuen Zeitrechnung gefeiert wird. Roman erklärt ihr, nicht Guy, sondern Satan sei der Vater ihres Kindes. Als er an Rosemarys Mutterinstinkte appelliert, tritt sie zögernd an die schwarzverhüllte Wiege und beginnt, sie zu schaukeln.

ROSEMARY'S BABY basiert auf dem gleichnamigen Roman des Broadway-Autors Ira Levin. Der Studiodirektor der Paramount, Robert Evans, hatte Polanski die Verfilmung angeboten, der selbst das Drehbuch schrieb, ausnahmsweise ohne Gérard Brach. »Absolute Treue« (bei der Übertragung) »war mein Prinzip.«[60] Wirklich hält sich der Film mit einer »für Hollywood sicher extremen«[61] Unbedingtheit an die literarische Vorlage. Sie wurde Polanski erleichtert durch die »filmische« Schreibweise, die er Ira Levin attestiert.[62] Das Hauptproblem lag in den unerläßlichen Kürzungen. Im einzelnen nahm Polanski sie oft erst am Schneidetisch vor. »In diesem besonderen Fall mußte ich viele Entscheidungen bis zum letzten Moment offenlassen. Ich drehte eine ganze Anzahl von Szenen, obwohl ich wußte, daß ich sie möglicherweise nicht in den Film übernehmen würde, weil ich nicht sicher war, ob ich gerade sie weglassen sollte.«[63] So ergab sich für die erste Schnittfassung des Films eine Länge von annähernd fünf Stunden (gegenüber einer endgültigen von zwei Stunden und siebzehn Minuten). Hinter dieser Sorgfalt steckt freilich weniger die Vorstellung von literarischer Werktreue um ihrer selbst willen als die Absicht, eine möglichst zwingend aufgebaute Geschichte zu erzählen. Als Ergebnis seines Vorgehens hebt Polanski die »sorgfältige Konstruktion« hervor, Voraussetzung für eine auf suspense abzielende Dramaturgie, bei der es nicht auf das Spiel mit Stimmungen und poetischen Valeurs ankomme: »Man muß nur die Geschichte gut erzählen.«[64] Wenn Studiodisziplin und arbeitsteilige Produktion als typisch für Hollywood, die Idee völliger künstlerischer Autonomie des Regisseurs als typisch europäisch gelten, so trifft dieses Kontrastschema für Polanskis erste Hollywood-Produktion nicht zu. Von der für ihn bezeichnenden Arbeitsmethode (die den film-auteur definiert), der Beteiligung an sämtlichen Phasen der Filmherstellung vom Script bis zu Schnitt und Mischung, wich er auch bei ROSEMARY'S BABY nicht ab. Gefragt, ob er nicht, wie andere Regisseure (in Amerika wäre Coppola das prominenteste Beispiel), um seiner Unabhängigkeit willen an die Gründung einer eigenen Produktion denke, hat Polanski – zu einem Zeitpunkt, an dem er noch bei Paramount unter Vertrag stand – geantwortet: »Ich bin an der Produktion nicht interessiert. Ich habe völlige Kontrolle schon jetzt. Weil ich in diesem Moment das Vertrauen des Studios genieße, für das ich arbeite.«[65] Die Voraussetzung dieses »Vertrauens«, dieser anscheinend prästabilierten Harmonie zwischen einem (ost-)europäischen Filmautor und dem amerikanischen Filmgiganten Paramount, muß man wohl in der Assimilierbarkeit von Polanskis Filmsprache an die Ästhetik Hollywoods suchen – unbeschadet der persönlichen Prägung, die seine Filme zu einem unverwechselbaren Kosmos zusammenschließen; genauer gesagt: in ihrer Assimilierbarkeit an den

amerikanischen Kinomarkt. ROSEMARY'S BABY wurde Polanskis größter kommerzieller Erfolg (er soll der Paramount 25 Millionen Dollar eingebracht haben[66]) und das, obwohl das National Catholic Office for Motion Pictures (NCOMP) den Film mit der Note C (condemned) versah. Die Verdammung erfolgte nicht allein wegen einiger Nacktszenen; schwerwiegender, so hieß es in der Begründung, sei »die Perversion fundamentaler christlicher Glaubensvorstellungen« und die »Verhöhnung religiöser Persönlichkeiten und Gebräuche«[67]. Die Paramount brach mit einem langjährigen Tabu, als sie den Film dennoch unter ihrem Namen in die Kinos brachte. Das Verbot der Kirche, so hat Polanski süffisant bemerkt, sei im übrigen eine gute Propaganda für die Pille gewesen; durch sie hätte sich Rosemary alles ersparen können.[68]
Die Geschichte Levins über die seltsame Schwangerschaft einer jungen amerikanischen Katholikin ist unmißverständlich als eine blasphemische Umkehrung der christlichen Marienlegende angelegt. Rosemary ist die von Satan erwählte Sterbliche, die seinen Sohn zur Welt bringt und damit für seine Anhänger ein neues Zeitalter heraufführt. Die Umkehrung geht bis in solche Details, daß Rosemary während einer sommerlichen Hitzewelle zur Zeit der Sonnenwende entbunden wird. Der Rekurs auf christliche Dogmen wird noch unterstrichen durch ihre katholische Herkunft, die sich vor allem in ihren Traumbildern niederschlägt, und die residualen Elemente des christlichen Glaubenslebens, die im profanen new yorker Alltag vorbeitreiben: der Besuch Papst Paul VI., der im Fernsehen übertragen und von Guy und den Castavets, unter Rosemarys zaghaftem Protest, als pure Show abgetan wird; der Weihnachtsrummel im Stadtzentrum mit wattebärtigen Weihnachtsmännern, süßlich harmonisierten Weihnachtsliedern aus den Lautsprechern und Krippen in den Geschäftsauslagen; schließlich eine Nummer des *Time*-Magazins mit dem Titel *Is God Dead?*, die Rosemary in der Praxis Dr. Sapirsteins findet. Diesem rudimentären, entsakralisierten Christentum gegenüber bekundet die Teufelssekte eine schier inbrünstige Gläubigkeit. Noch in der Verkehrung bewahren ihre Riten mehr an christlich-religiöser Substanz als die Lippenbekenntnisse des christlichen Durchschnittsamerikaners. Unter soziologisch-realistischer Perspektive gesehen, erscheint dieser Teufelsglaube wie eine pervertierte Spielart jenes religiösen

Fundamentalismus, der, Reaktion auf eine säkularisierte Gesellschaft mit ihren Fetischen des Konsums, in Amerika breiten Anklang findet.

Die übernatürlichen Aspekte der Story, die auf die empirische Existenz des Teufels hinauslaufen, widerstrebten Polanski von Anfang an; sie widersprachen seiner mehrfach bekundeten Areligiosität. Zu dieser Abneigung kam noch das durch die Übertragung vom sprachlichen ins visuelle Medium und seinen immanenten Realismus verschärfte Problem der Darstellung des dämonischen Wesens. Polanski wollte deshalb die Möglichkeit einer rationalen Erklärung der Vorgänge offenlassen. »Der Glaubwürdigkeit halber beschloß ich, eine Art ›Schlupfloch‹ einzubauen: die Möglichkeit, daß Rosemarys übernatürliche Erlebnisse nichts weiter waren als Ausgeburten ihrer Fantasie.«[69] Unter Ausnahme der mit Realitätspartikeln durchsetzten Traumsequenz verzichtet deshalb der Film darauf, den Teufel oder das Teufelskind zu zeigen, während Levin, der traditionellen Ikonografie folgend, am Schluß des Buches die gelben Augen und knospenden Hörner des Babys detailliert beschrieben hatte. Polanski hingegen läßt in dem Moment, als Rosemary das Kind zum erstenmal erblickt, in Form einer kurzen Überblendung nur das Bild jenes Ungeheuers aufblitzen, das sie in ihrem Alptraum vergewaltigt hatte – wie ein Schatten, der aus ihrem Unterbewußtsein auftaucht. Noch in der letzten Einstellung, in der die Kamera auf die schwarzverhüllte Wiege zufährt und die Enthüllung des Geheimnisses verspricht, düpiert Polanski die Erwartung, indem er die Kamerafahrt in Richtung auf ein Fenster fortsetzt und auf den Schwenk über die Dächer New Yorks überblendet, mit dem der Film begonnen hatte.

Der Versuch, das Geschehen insgesamt als hysterisches Produkt etwa einer Schwangerschaftsneurose und der Angst vor der Geburt eines verkrüppelten Kindes zu deuten, bleibt jedoch unbefriedigend. Anders als bei Carol in REPULSION gibt Rosemarys Verhalten zu Zweifeln an ihrer Normalität keinen Anlaß, auch dann nicht, als sie in höchster Erregung den skeptischen Dr. Hill von der Macht der Hexerei und dem gegen sie betriebenen Komplott zu überzeugen sucht. Vielmehr begreift der Zuschauer das Verhalten des Arztes, der unbesehen der Autorität des berühmten Sapirstein vertraut, als sträfliche Ignoranz und Verkennung der Gefahr, in der Rosemary schwebt. Vollends der Schluß bestätigt die Existenz der Teufelsanbeter und ihres Komplotts. Es bleibt, will man an einer rationalen Erklärung festhalten, nur die Möglichkeit, daß der Hexenzirkel der Castavets in abergläubischem Wahn ein ganz normales (vielleicht physiognomisch entstelltes) Kind als Teufelsgeschöpf anbetet und Rosemary, nach den Erschütterungen von Schwangerschaft und Entbindung, ihrer Suggestion zuletzt ebenfalls erliegt.

ROSEMARY'S BABY führt zu dem paradoxen Resultat, daß eine fantastische Deutung der Geschichte die plausibelste und eine rationale selbst fantastisch wäre. Unbefriedigende, ambivalente Schlüsse zeichnen alle vorhergehenden Filme Polanskis aus, von dem Dilemma Andrzejs in NÓŻ W WODZIE bis zur ahnungslosen »Beförderung« des Bösen durch Professor Abronsius in DANCE OF THE VAMPIRES. In ROSEMARY'S BABY erstreckt sich die Ambiguität über den gesamten Film. »Ich möchte einen Film beenden, ohne dem Publikum ein Gefühl der Zufriedenheit zu geben, während Hollywood diese Tendenz fast wissenschaftlich entwickelt und ›happy end‹ genannt hat. Das ist etwas, was einen Film wirklich mediokvr macht: wenn ein Kreis sich schließt und alle glücklich und zufrieden weiterleben. Ich würde eher in einem Bahnhof Pakete

Rosemary's Baby

Rosemary's Baby

schleppen, als solche Filme zu machen ... In ROSEMARY'S BABY schaukelt das Mädchen die Wiege, aber der Film ist nie abgeschlossen: er wird niemals befriedigen. Zufriedenzustellen ist für mich ein unbefriedigender Weg; Zufriedenheit ist ein höchst unbefriedigendes Gefühl.«[70]

Die konsequente Ambiguität von ROSEMARY'S BABY rückt das Problem der Realitätsauffassung in den Mittelpunkt – auf Kosten der (anti)religiösen Thematik. Der Film bringt vier verschiedene Realitätsebenen ins Spiel: die dogmatische des christlichen Glaubens, die magische des Satanismus, die Alltagsnormalität einer säkularisierten Gesellschaft und schließlich die subjektiv-psychologische Realität Rosemarys, die unter dem Druck dieser verschiedenen »Welten« in eine Krise gerät. »Ich will nicht, daß der Zuschauer dies denkt oder das: ich will einfach, daß er sich über nichts sicher ist. Das ist das Interessanteste: die Unsicherheit.«[71]

Bis auf die rein subjektiven Traumsequenzen folgt der Film einer »semisubjektiven« Erzählperspektive, die sich mit dem Erfahrungsraum Rosemarys deckt (wenn auch nicht mit ihrer Wahrnehmungsperspektive; ein Verfahren, das Polanski schon in REPULSION benutzt hat und in CHINATOWN wieder aufgreifen wird). Ihre subjektive Realität bildet deshalb für den Zuschauer den entscheidenden Bezugspunkt. Der minutiöse Realismus der Inszenierung versetzt ihn in das Milieu eines new yorker Durchschnittspaares von 1966, mit seinen Vorlieben für eine »geschmackvolle« Einrichtung mit sonnengelben Tapeten und hellen Polstermöbeln, Hemden nach den Anzeigen des *New Yorker* und beiläufig praktiziertem Sex. Aus zahlreichen, meist unauffälligen Details, aus abstrus klingenden Gerüchten, aus einzelnen Schockmomenten aber entsteht das Muster eines Verdachts, der die behagliche Banalität dieses Lebens als Trug entlarvt; viel zu lange bleibt, in den Augen des Zuschauers, Rosemary in ihrer naiven Arglosigkeit befangen.

Die einzelnen Motive, die gegenständliche Textur des Filmbildes und die filmischen Mittel sind strikt der Logik der Erzählung untergeordnet, während sie zugleich der Intensivierung der Szene, der Charakterisierung der Figuren, der Einbettung in ein gesellschaftliches Milieu und einen zeitgeschichtlichen Kontext dienen. Die Geschichte basiert nicht auf einem erzählerischen Grundschema, das ausgefüllt und ausgeschmückt würde; vielmehr entsteht sie aus der lückenlosen Verknüpfung der Details. Dekor, Kostüm, Schminke und Frisur, Gegenstände und Geräusche – sie alle haben »erzählende« Funktion. Aber sie erzählen nicht im Sinne der Epik, indem sie die Fülle einer Welt veranschaulichen; alle Parameter sind vielmehr dramatisch eingesetzt und schießen zu einem immer dichter werdenden Handlungsgewebe zusammen. Dieses Geflecht begründet die Auswegslosigkeit von Rosemarys Situation (die eine andere Auswegslosigkeit ist als die schon geographisch, durch die Abgeschlossenheit des Schauplatzes bedingte in NÓŻ W WODZIE und CUL-DE-SAC). Diese erzählerische Dichte unterscheidet ROSEMARY'S BABY von allen vorangegangenen Filmen Polanskis. Hier sind seine künstlerischen Mittel vollständig ausgeprägt; seine späteren Arbeiten (von TESS, welcher Film ganz aus dem Rahmen fällt, wieder abgesehen) werden ihnen nichts Neues mehr hinzufügen. Insofern läßt sich ROSEMARY'S BABY, obwohl Polanski den Film wegen der Adaption eines fremden Stoffes als »weniger persönlich« eingeschätzt hat[72], als der typischste Polanski-Film bezeichnen. Erst LE LOCATAIRE wird noch einmal eine ähnlich persönliche Intensität erreichen.

Das läßt sich belegen an der Wiederkehr von Stimmungen,

Einstellungen, Handlungszügen, aus REPULSION vor allem: dem Blick Rosemarys in das spiegelnde Metall des Toasters, der sie zum Erbrechen der rohen Leber reizt, die sie gerade verschlungen hat; der Penetranz von Speisen überhaupt; dem Gesicht Minnies, gesehen durch die verzerrende Linse des Türspions; einer Behausung, deren Schutz sich als unzulänglich erweist, ja die selber zu einer Quelle des Schreckens mutiert; der beängstigenden Isolation der Hauptfigur in einer zunehmend feindlich-bedrohlichen Umwelt insgesamt. Nicht weniger bezeichnend für Polanski und die Reife seines Stils ist

Rosemary's Baby

die visuelle Gestaltung des Films. Wo eine konventionelle Bilddramaturgie eine Szene in eine Serie von Einstellungen aus unterschiedlichen Distanzen und Perspektiven auflöst, bevorzugt Polanski wie immer lange Einstellungen mit kurzen Brennweiten, die das Bild räumlich in die Tiefe staffeln und die Handlung mit einer beweglichen Kameraführung zu dramatischer Einheit zusammenbinden. Dieses Zusammenwirken von Schnitt, Kamerawinkel und -führung entspringt nicht einem filmischen Manierismus, der die Stilisierung der Realität hervorhebt, sondern ist Funktion der dramatischen Präsenz des Geschehens, das die Kamera so unauffällig wie möglich aufzeichnet. Polanski hat seine Stilmittel stets dem Realismus der Inszenierung untergeordnet; seine Prinzipien des Schnitts und der Einrichtung der Kamera hat er unter Bezug auf Theorien der natürlichen Wahrnehmung erläutert.[73] Im Aufbau spannungsvoller Bildräume erweist er sich als getreuer Schüler Orson Welles', des einzigen Regisseurs, zu dem er sich jemals bekannt hat: »Orson Welles bleibt immer mein Meister.«[74]

Die Kadrierung der Einstellungen folgt hingegen einer Strategie, die dem natürlichen Blick und dem Realismus der Details auffallend zuwiderläuft. Dem Illusionismus des Erzählens entspräche die Kamera in Augenhöhe. Polanski aber wählt in der Regel leichte Auf- oder Untersichten, kippt, was durch die Weitwinkelperspektive noch verstärkt wird, die Raumachse aus der Horizontalen und verleiht damit den Räumen eine irritierende Instabilität. Zudem erfaßt die Kamera die Figuren im Vordergrund oft so nah, daß sie zu kopf- und beinlosen Torsi fragmentiert und im Anschnitt zu körperlosen Teilsilhouetten reduziert werden. Keinem menschlichen Auge läßt sich dieser Blick zuordnen. Er verleiht der Vertrautheit des Sichtbaren von Anfang an ein Moment der Zweideutigkeit. Beverle Houston und Marsha Kinder haben in ihrer Interpretation des Films[75] gezeigt, daß diese Irritation des Blicks sich auch auf den Bereich der Farben und des Dekors, der Muster und der Stoffe, der Kostüme und der Maske erstreckt. Die Wahrnehmung findet keinen eindeutigen Fokus. Minnies grelle Aufmachung will zu der schlichten Rosemarys nicht passen, die lichten Farben der Woodhouse-Wohnung nicht zu den Burgunder- und Brauntönen bei den Castavets. Diese visuelle Disharmonie entspricht der Verstörung der Alltagsvernunft, die ROSEMARY'S BABY auslöst.

Kontrastspannungen entstehen nicht zuletzt auch durch die Besetzung. Roman und Minnie Castavet werden von bekannten Broadway-Schauspielern verkörpert; während Sydney Blackmer den abgeklärten Weltmann mit dem Flair eines alternden Dandy verquickt, haben Ruth Gordons Betriebsamkeit, ihre flinke Neugierde und zudringliche Hilfsbereitschaft einen Zug von hektischer, fast schon gespenstischer Vitalität. Ihren theatralisch überzogenen Auftritten, ihrer urbanen Wendigkeit steht die unverstellte Direktheit und Natürlichkeit Mia Farrows, die Schutzlosigkeit eines Geschöpfes gegenüber, das naiv der Macht des Guten vertraut. John Cassavetes als Guy, der seine junge Frau dem Teufel ausliefert, hat die zweideutigste, gebrochenste Rolle: attraktiv-sympathischer Ehemann einerseits, der den Empfindlichkeiten einer Schwangeren ein bemühtes Verständnis entgegenbringt, ist er zugleich ein glatter Opportunist, der seine wahren Beweggründe geschickt zu verbergen weiß. Polanski hat sich über Cassavetes unverhohlen kritisch geäußert; ihm fehle die Fähigkeit zur Charakterdarstellung. Darin schlägt sich Polanskis Abneigung gegen das method acting nieder, das Cassavetes, nicht zuletzt in seinen eigenen Filmen, prominent vertritt. An diesem Konflikt wird noch einmal Polanskis Rollenverständnis greifbar. Es geht ihm nicht um den spontanen Ausdruck authentischer Gefühle, nicht um die Enthüllung eines inneren Seins und die Wahrheit einer Person – während das method acting fordert, zu sein, was man spielt (also nicht zu »spielen«). Es geht Polanski vielmehr um Typen, denen eine Geschichte widerfährt, an der ihre Rollen zerbrechen – Rollen, die ihre Person definieren, ob nun dieser Prozeß ins Neurotische gewendet ist, wie in REPULSION, ins Groteske, wie in CUL-DE-SAC, ins Komische, wie in DANCE OF THE VAMPIRES, oder ins Erschreckende, wie in ROSEMARY'S BABY. Indem Polanski den Mythos der wahren Persönlichkeit hinter allen Masken des Sozialen verweigert, scheitern seine Figuren, weil sie ohne ihre Rollen nichts sind.

Macbeth 1971

Schottland, 11. Jahrhundert. Macbeth (Jon Finch), Feldherr des schottischen Königs Duncan, hat den aufständischen Thane von Cawdor besiegt. Nach der Schlacht weissagen ihm drei Hexen, er werde die Königswürde erringen. Von der Prophezeiung verlockt und von Lady Macbeth, seiner Frau (Francesca Annis), zur Tat gedrängt, ermordet Macbeth den König, den er auf seiner Burg Inverness beherbergt hat. Malcolm und Donalbain, Duncans Söhne, fliehen nach England; auf sie fällt zunächst der Verdacht. – Der gekrönte Macbeth entledigt sich durch gedungene Mörder Banquos, in dem er einen Mitwisser und Rivalen fürchtet; ihn hatten die Hexen als Stammvater künftiger Könige begrüßt. Banquos Sohn Fleance kann dem Anschlag entkommen. Auf dem abendlichen Festbankett wird Macbeth von der blutüberströmten Erscheinung des Erschlagenen heimgesucht. Noch einmal befragt er die Hexen nach seinem Schicksal; er trinkt von ihrem Zaubergebräu und vernimmt in einer Vision den Spruch: nie werde er besiegt, ehe nicht der Wald von Birnam auf Schloß Dunsinane vorrücke; und kein von einer Frau Geborener werde ihm je schaden können. – Macbeth beginnt eine Schreckensherrschaft. Macduff, der Thane von Fife, flieht an den englischen Hof. Macbeth läßt seine Familie ermorden und Fife zerstören. – Das englische Heer rüstet gegen Macbeth. Im Morgengrauen rückt es, mit den gefällten Bäumen des Birnam-Waldes zur Tarnung, gegen Schloß Dunsinane vor, in dem Macbeth sich verschanzt hat. Lady Macbeth, in Umnachtung versunken, hat sich aus dem Fenster gestürzt; von seiner Gefolgschaft verlassen, stellt Macbeth sich allein dem Kampf. Als er auf Macduff trifft, erfährt er, daß dieser bei der Geburt aus dem Mutterleib geschnitten wurde. Macbeth wird tödlich getroffen und von einem Schwerthieb Macduffs enthauptet. Malcolm wird zum König ausgerufen. – Epilog: Malcolms jüngerer Bruder Donalbain findet sich bei den Hexen ein.

Drei Jahre liegen zwischen ROSEMARY'S BABY und MACBETH. Nach der Ermordung von Sharon Tate hatte Polanski die Arbeit an all seinen Projekten abgebrochen (er plante außer einem Film über Paganini einen Western mit dem Titel *Donner*

Macbeth

Pass und schrieb an einem später von Mike Nichols verfilmten Stoff, *The Day of the Dolphin*). Nachdem die publizistische Öffentlichkeit den Mord an seiner Frau spekulativ mit Polanskis vorausgegangenen Filmen in Verbindung gebracht

Macbeth

hatte, erhoffte er sich von der Wahl des Shakespeare-Stoffes, von einer ähnlich entstellenden Verquickung von Arbeit und privater Erfahrung verschont zu bleiben; mit wenig Erfolg. »Die meisten amerikanischen Kritiker nahmen an, ich hätte den Film als eine Art Katharsis in eigener Sache gemacht. Ich meinerseits hatte *Macbeth* gewählt, weil ich meinte, der Name Shakespeare werde verhindern, daß man mir falsche Motive unterstellte.«[76] Die Bedingungen für eine unvoreingenommene Aufnahme des Films wurden dadurch nicht besser, daß er zu einem großen Teil von Hugh Hefners Playboy-Productions finanziert wurde. Vor allem in der vielfach gezeigten Brutalität vermutete man einen Widerhall der Manson-Morde, insbesondere in der Szene auf Fife, in der Macduffs Frau und sein kleiner Sohn umgebracht werden. Polanski hat diese Episode zwar auch in einen persönlichen, aber zugleich politischen Zusammenhang gerückt: bei ihrer Gestaltung habe er an einen SS-Offizier gedacht, der die Unterkunft der Polanskis im Warschauer Ghetto durchsucht hatte.[77] Das »naturalistische Porträt sinnloser Gewalt, ausgeübt in einer wüsten Welt«[78], ist insgesamt stark der Shakespeare-Interpretation des polnischen Literaturwissenschaftlers Jan Kott verpflichtet.[79]

Trotz unterschiedlicher Bezüge zu den vorausgegangenen Filmen fehlt Polanskis MACBETH eine persönliche Gestaltung des Stoffes. Kaum läßt sich der Bemerkung widersprechen, daß man Polanski »unbefangen kaum für den Regisseur gehalten hätte«[80]. Polanski, der gemeinsam mit dem englischen Kritiker und Dramaturgen Kenneth Tynan das Script verfaßte, hat vor allem jeden Anklang ans Theater und an die Bühnentradition des Stückes zu vermeiden versucht. Ihr stellt er eine konsequent naturalistische Inszenierung, einen »Shakespeare in der freien Natur«[81] entgegen. Das hat den Film nicht davor bewahren können, streckenweise in den bloß illustrativen Kostüm- und Ausstattungsfilm abzugleiten, so wenig er mit dessen abenteuerlich-buntem Pomp gemein hat. Das Leben auf den Adelsburgen, in das Polanski die Macbeth-Handlung einbettet, ist von ländlicher Primitivität, die Grausamkeit, mit der er uns schockiert, bar jeden heroischen Glanzes, ein monströses Faktum. Die Schwäche des Films entspringt dem Fehlen einer vereinheitlichenden visuellen Konzeption, die der shakespearischen Sprache wenn nicht entspräche, so sie wenigstens funktional vertreten würde: indem sie (wie es Polanski zuletzt in ROSEMARY'S BABY gelungen war) das Außen als einen Aspekt des Innen, das Innen als einen Reflex des Außen begreifen ließe. Der Ablauf des Dramas, dem der Film trotz unvermeidlicher Kürzungen weitgehend getreu folgt, wird erzählend bloß veräußerlicht. Die Beliebigkeit in der Abfolge der Schauplätze – von Forres, wo der Thane von Cawdor hingerichtet, nach Inverness, wo Duncan erdolcht wird,

von Scone, wo Macbeth gekrönt triumphiert, nach Dunsinane, wo er sein Ende findet, vom Schlachtfeld an der Küste zu den Gemächern in den Burgen – ist dafür nur ein Indiz; zu plastisch und detailgenau geschildert, um als belanglose Kulissen in den Hintergrund zu treten, bleiben sie doch zu kulissenhaft, als daß sie dramatische Intensität gewinnen könnten. »In jedes Detail der Inszenierung ist sichtlich ein hohes Maß

an Intelligenz eingegangen, aber zeitweise scheinen die fehlenden Qualitäten genau die zu sein, die Polanskis früheres Werk vereinte – ein Sinn für das Obsessive, das Klaustrophobische und das Groteske.«[82]
Thematisch sind die Parallelen zu Polanskis übrigem Werk deutlicher als im Inszenatorischen, vor allem in der Anlage der Hauptfigur. Macbeth löst ein Geschehen aus, dem er selbst nicht gewachsen ist; er verstrickt sich in ein Netz von Ereignissen, in denen Wahrheit und Schein verschmelzen; er findet sich zunehmend isoliert in einem trügerischen Universum der Doppeldeutigkeit: der hintersinnigen Prophezeiungen, des politischen Verrats, des Verdachts, der Träume und Halluzinationen. »Fair is foul and foul is fair«, der Bannspruch der Hexen bei ihrem ersten Auftreten, ist die »Schlüsselmetapher«[83] des Films. Polanski hat die Rollen von Macbeth und Lady Macbeth, im Unterschied zu konventionellen Theaterinszenierungen, mit noch jungen Schauspielern besetzt. Er hebt dadurch den Aspekt des töricht verblendeten Ehrgeizes in ihrem Handeln hervor und unterdrückt den des moralischen Frevels, der in der durch und durch gewalttätigen Welt von MACBETH auch gar keinen Sinn ergäbe. Sie ist so wenig menschengemäß, daß auch die Souveränität des Handelnden an ihr scheitert. CHINATOWN wird diesen Schein der Souveränität später noch einmal zerstören.
Polanski entwickelt die shakespearesche Figur psychologisch. Die Erscheinungen und Voraussagen bei Macbeths zweitem Hexenbesuch etwa sind Halluzinationen, die er in dem mit dem Zaubergebräu gefüllten Kessel erblickt, Ausgeburten einer durch Drogen vernebelten Fantasie, Wahnvorstellungen, in denen sich Ängste, Schuldgefühle und Größenwahn vermischen. Es ist eine Bildsequenz, die in den fließenden Verwandlungen und der Mischung von Traum- und Realitätspartikeln an die Teufelsvergewaltigung Rosemarys erinnert – zumal auch Macbeth von einer Schar nackter Hexen umgeben ist. Auch er treibt in eine Einsamkeit, die jedem anderen unzugänglich ist. Seine Isolation kulminiert in der unwirklichen Leere des gestürmten Dunsinane, hinter dessen Toren die eindringenden Soldaten nur ihn, am Ende eines weiten Saales kauernd, und die mit einem Tuch bedeckte Leiche der Lady Macbeth vorfinden. Das Halluzinatorische der Schlußszenen unterstreicht eine subjektive point-of-view-Einstellung, in der

der abgeschlagene, auf eine Stange gespießte Kopf Macbeths, der im Triumph durch die Menge getragen wird, die gaffende Phalanx der Sieger vorbeiziehen sieht. Solche visuellen Erfindungen gelingen Polanski in MACBETH nur vereinzelt. Die bildkräftige Sprache Shakespeares, die seine Figuren sprechen, bleibt in den Filmbildern ohne Widerhall. Die meist im Off erklingenden, in Bruchstücken auch als Selbstgespräch geführten Monologe Macbeths sprengen den psychologi-

Macbeth

schen Umriß der Figur. An diesen Bruchlinien zwischen bewahrter Sprachsubstanz des Originals und naturalistisch-psychologischer Inszenierung werden die Grenzen der polanski/ tynanschen Konzeption sichtbar.
Motivisch-emblematische Entsprechungen sollen den linear erzählten Stoff verklammern. MACBETH beginnt mit dem Blick auf einen von der Ebbe bloßgelegten Strand, in dessen Wasserlachen sich das Rot der aufgehenden Sonne spiegelt, bis

das fahle Licht der Dämmerung das Bild entfärbt. Es ist das gleiche unsichere, immer wieder überspülte Terrain, von dem CUL-DE-SAC seinen Ausgang nimmt, in ein Zwielicht getaucht, das auch bei der Entdeckung des toten Duncan, bei der Ermordung Banquos und der Erstürmung Dunsinanes herrschen wird. Ein Stock durchstößt den Bildrand; er »etabliert ein Muster des gewaltsamen Eindringens«[84], das vielfach variiert wiederkehrt, bis zum letzten Kampf zwischen Macbeth und Macduff, der den Usurpator mit seinem Schwert seitlich durchbohrt. Dem Stock folgen die drei Hexen mit einem Karren; sie zeichnen einen Kreis in den Sand (der sich etwa in der Krone wiederholt, die bei Duncans Ermordung über den Boden rollt), in dem sie einen abgehackten Arm, eine Schlinge und ein Messer verscharren, und beträufeln den Fleck mit Blut: Vorboten künftiger Morde, Zerstückelungen, Hinrichtungen. Sich entfernend, verschwinden die drei Gestalten in vorbeitreibenden Dunst- und Nebelschwaden, durch die der Lärm einer unsichtbaren Schlacht dringt. Als der Nebel weicht, gibt er den Blick frei auf die Leichen Erschlagener und auf plündernde Soldaten, die die Verwundeten töten. So spukhaft wie konkret, enthält diese brillante Eingangssequenz den ganzen Film in nuce.

Zwei auffällige Abweichungen vom Shakespeareschen Original betreffen die politische Dimension des Dramas. Aus Ross, bei Shakespeare eine höfische Randfigur, wird bei Polanski ein skrupellos die Seiten wechselnder Opportunist; er ist an der Ermordung Banquos beteiligt und beseitigt später seine beiden Komplicen, liefert Macduffs Familie, seine eigenen Verwandten, den anrückenden Soldaten aus, hebt Macbeth auf den Königsschild und verläßt ihn, als er seinen Stern sinken sieht; später ist er einer der ersten, der die Heilsrufe auf den neuen König Malcolm anstimmt. Die zweite Veränderung ist die Hinzufügung des Epilogs: wie einst Macbeth, sucht Donalbain die Behausung der Hexen auf. Damit deutet Polanski eine zyklische Wiederholung, eine unveränderte Fortsetzung des Machtkampfes an, eine Struktur, die Shakespeare selbst in seinen Königsdramen benutzt hat. Das unterstreicht die prinzipielle Ausweglosigkeit der Welt, die Polanskis Macbeth antrifft.

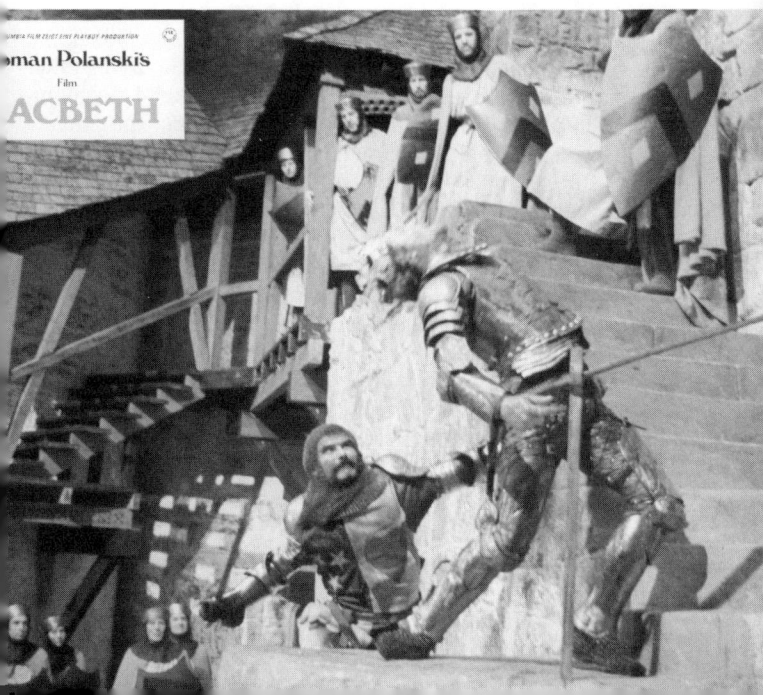

Che? 1973

Eine Sommernacht an der italienischen Mittelmeerküste. Nancy (Sydne Rome), ein amerikanisches Collegegirl auf ihrem Ferientrip, kann knapp der Vergewaltigung durch drei schmierige Typen entfliehen, die sie in ihrem Auto mitgenommen hatten. Ihr Tagebuch an sich gepreßt, entschwebt Nancy ihren Verfolgern in einem schwankenden Kabinenlift, der sie abwärts in eine mit Kunstschätzen vollgestopfte Villa trägt. Wie selbstverständlich richtet ihr das Personal ein Zimmer her. – Am nächsten Morgen ist Nancys T-Shirt verschwunden. Bis sie ein herumliegendes Pyjamaoberteil findet, bedeckt sie ihre Brüste notdürftig mit ihrem Tagebuch und einer umgeknoteten Serviette. Nach und nach lernt sie die müßigen Bewohner der Villa und ihre diversen sexuellen Neigungen kennen: Alex (Marcello Mastroianni), ein müde-blasierter Zuhälter, dessen Verführungskünsten Nancy zweimal erliegt, frönt einem sado-masochistischen Verkleidungsfetischismus; der priapische Satyr Tony und seine nymphomane Freundin Lollipop üben sich, von sporadischen Pausen unterbrochen, in einem kraftraubenden Dauerbeischlaf; der aggressive Mosquito (Roman Polanski) klaut Nancys Kleidungsstücke und fuchtelt beständig mit seinem »großen Stachel« herum, einer Unterwasserharpune; Jimmy, ein frustrierter Romantiker, hat sich dem Kochen ergeben. Hinzu kommen der Hausverwalter Giovanni, der sich einmal zwischen die Schenkel der schlummernden Nancy verirrt, und zwei Lesbierinnen, die jüngere ganz nackt, die von ihrer Umgebung keine Notiz nehmen. All diese Begegnungen werden von der neugierig-lernwilligen Nancy akribisch in ihrem Tagebuch verzeichnet. – Der zweite Tag beschert Nancy, der man inzwischen auch die Jeans gestohlen hat, verwirrende déjà-vu-Erlebnisse; Ereignisse vom Vortag wiederholen sich fast unverändert. Schließlich taucht auch der dahinsiechende Besitzer der Villa auf, der reiche Kunstsammler Noblart, auf dessen Tod die müßige Sippschaft nur zu warten scheint. In seinem Schlafzimmer begehrt er, Nancys Scham sehen zu dürfen; überwältigt von dem Anblick und mit einem Hallelujah auf den Lippen stirbt er. Als Nancy sich davonstiehlt, machen die Bewohner der Villa

Che?

plötzlich Jagd auf sie. Nancy flüchtet mit dem Lift, ein Hund hat ihr vorher auch noch das Pyjamaoberteil entrissen. Völlig nackt, springt sie auf einen Lastwagen mit Schweinen und winkt dem zurückbleibenden Alex zu.

»Nach MACBETH hatte ich das Bedürfnis, etwas völlig Entgegengesetztes zu machen, ohne Pferde, Speere, Burgen, Spezialeffekte, Kostüme, am liebsten sogar überhaupt ohne alle Kleider, einen leichten und vergnüglichen Film.«[85] Nach dem produktionstechnischen Aufwand der Shakespeare-Verfilmung hatte Polanski vom Kostümfilm zunächst einmal genug. Die kammerspielartige erotische Farce CHE?, eine italienisch-französisch-deutsche Gemeinschaftsproduktion, wurde von Carlo Ponti finanziert und in dessen Villa in der Nähe von Amalfi gedreht. Ursprünglich hatten Brach und Polanski an eine Geschichte aus dem Filmmilieu gedacht, an die Abenteuer eines Mädchens, das einem Produzenten und seinen sexbesessenen Freunden in die Hände fällt.[86] Nach vollständiger Umarbeitung entstand daraus das Drehbuch zu CHE?, in dem, so Polanski, »sich irgendwie die Absurdität und Extravaganz der ausklingenden sechziger Jahre widerspiegelte«[87].
Von dem anfangs geplanten Film-Stoff sind in CHE? noch vereinzelte Echos zu vernehmen, die sich von dem Schlußdialog zwischen Nancy und Alex her aufschlüsseln lassen. Sie könne nicht bleiben, ruft sie ihm von der Rampe des Lastwagens zu, denn: »Sie werden dann niemals den Film zu Ende bringen.« – »Was für einen Film?« – »Den Film, wir sind doch in einem Film, oder?« – »Was?« – »Ja, das stimmt.« – »Was für ein Film?« – »›Was?‹« – »Ich sagte, was für ein Film?« – »›Was?‹, das ist der Name des Films ... Ich werde dir eine Postkarte schicken.«[88] Polanski deckt die Karten auf, sein Doppelspiel als Mosquito und Regisseur, der seine Hauptdarstellerin Stück um Stück auszieht (was an eine andere Ponti-Produktion erinnert, Godards *Le mépris,* wo es einmal – ein ironischer Streich gegen Pontis Wünsche nach Nacktszenen mit der Bardot – heißt: der Vorzug des Kinos sei, daß die schönen Frauen sich darin gleich auszögen). In den gleichen Kontext gehören die Verwendung der Produzenten-Villa als Schauplatz (eine weitere Analogie zu *Le mépris*) und die Zitate in der von Marcello Mastroianni gespielten Figur, in der frühere Rollen Mastroiannis nachklingen – bis zu der des ge-

plagten Regisseurs in dem von Polanski sehr bewunderten *Otto e mezzo* Fellinis.

Zitate, Anspielungen, Reflexivität: Künstlichkeit ist die Signatur des Films, der nicht nur in den über die Villa verstreuten Bildern und Plastiken von Roy Lichtenstein, George Moore, van Gogh oder Braque ständig auf Kunst verweist, die dort zur puren Dekoration verkümmert ist. Polanski will den Film als ein Kunstmärchen in der Art von Lewis Carolls *Alice's Adventures in Wonderland* verstanden wissen; der konkret-phantastischen Logik von *Alice's Adventures* ist er im einzelnen und deren Aufbau, dem Eindringen einer naiv-staunenswilligen Heldin in eine fremden Gesetzen gehorchende Welt, im ganzen verpflichtet. Einmal auf die Spur des Zitier-Spiels gesetzt, darf man sich auch an Voltaires Candide oder de Sades tugendhafte Justine erinnert fühlen; Jimmy greift zu Shakespeare, um seiner Enttäuschung über Nancys an Alex verlorene Unschuld Ausdruck zu geben (»Schwachheit, dein Name ist Weib«), und Nancy vergleicht Noblart mit Michelangelos Moses; es erklingt Musik von Schubert, Mozart und, während Nancy sich am mondbeschienenen Strand ausstreckt, Beethovens Mondscheinsonate; als Noblart stirbt, rollt ihm eine Kugel aus der Hand wie Orson Welles in *Citizen Cane*. CHE? bewegt sich in einer Welt der Reproduktion(en), mit durchaus absichtsvoller Wahllosigkeit. Es scheint Polanski weniger darauf anzukommen, daß alle seine Anspielungen verstanden, als vielmehr: daß sie mißverstanden werden können. »Bacon?« sagt Nancy fragend, als sie ein Bild des Malers in ihrem Zimmer identifiziert zu haben glaubt, aber das Zimmermädchen wehrt ab: nix bacon, die Küche habe schon geschlossen. Schließlich paßt wenigstens nicht alles in den Film, so wenig wie Géricaults Monumentalgemälde *Le radeau de la méduse* (Das Floß der Medusa), das ein obskurer Geschäftsfreund von Alex einmal anliefert, durch die Türen der noblartschen Villa.

Dieses labyrinthische Gebäude ist nicht nur eine Spiegelwelt der leerlaufenden Variationen, Reprisen und Reproduktionen, und nicht alles in CHE? löst sich auf in einen großen Witz. Es ist auch eine Hadeswelt der Schatten, von einem Cerberus bewacht (ein recht seltsamer Hund, der Nancy schon bei ihrer Ankunft sexuell attackiert), ein Totenreich, in dem die Zeit nicht existiert; nur Nancy kann sich wundern über die Identi-

tät der Ereignisse, die ihm (am zweiten Tag) zustoßen. CHE? läßt sich auch als Vampirkomödie ohne Vampire verstehen, das sexuelle Treiben, in das Nancy gerät, ist ein Verlangen nach Belebung und nach »Wirklichkeit«. Noblart, der sein ganzes Leben »das Abbild dem Objekt vorgezogen« hat, findet nach der Begegnung mit ihr plötzlich, »daß er das Objekt dem Abbild vorzieht«. Für ihn, der wie der Gralshüter Amfortas ewig dahinzusiechen scheint und die ganze Villa mit seinem Stöhnen erfüllt, bedeutet der Blick auf Nancys entblößtes Geschlecht die Erlösung – zum Tode. Diesen Vorfall verkündet die Nietzsche lesende Krankenschwester, eine »Frau Gertrud«, mit den (im Original deutschen) Worten: »Herr Noblart ist tot!« – weitere Splitter aus dem Steinbruch der abendländischen Kulturgeschichte, den CHE? plündert.
Müßiggängerische Dekadenz, Verramschung der Kultur als Dekoration und Floskel, Sex als konsumistischer Zeitvertreib einer schmarotzenden, »spätrömischen« Bourgeoisie, betrachtet durch die naiv-staunenden Blauaugen einer blonden Pin-up-Schönheit, die nackt wie ein Säugling in einer Schweineherde landet (notabene: eine Parodie der homerischen Circe): das sind Elemente einer Satire auf die Sterilität der spätbürgerlichen Gesellschaft. Deren Hauptzug ist die Indifferenz; »es ist im Grunde alles gleichgültig in diesem Haus«[89]. Niemand fragt Nancy nach ihrem Woher und Wohin oder interessiert sich gar für den Überfall, vor dem sie sich in die Villa gerettet hat. Das Leben dort ist zu absurden Ritualen erstarrt. Der Film selbst bleibt von dieser Indifferenz nicht unberührt. Virtuos inszeniert in der absurden wie präzisen Logik seines Ablaufs, in seinen schillernden Assoziationen, nicht zuletzt in einem Soundtrack von halluzinatorischer Dichte aus Grillengezirpe, Türenknallen, Hundegebell, entfernten Rufen und Noblarts Geröchel – »ich kann dem Geräusch nicht widerstehen«, sagt Alex, wenn er genüßlich mit seinem Fuß Tischtennisbälle zerknackt –, verfällt er in eine Mechanik des Komischen und des Gags, der es mehr um den Effekt geht als um satirische Kritik. CHE? ist weniger dem Spott Buñuels *(Le charme discret de la bourgeoisie)* verwandt als den artifiziellen, die Raffinesse der Avantgarde mit der Trivialität von Comics vereinenden Filmen Alain Robbe-Grillets, deren morbiden Erotizismus Polanski freilich ins Derb-Komische wendet. Dem Nouveau Roman entlehnt ist die Technik der Wieder-

Che?

kehr von Szenen in leicht veränderter Form. Robbe-Grillet selbst hat sie in den Film transponiert, zuerst in seinem Drehbuch zu *L'année dernière à Marienbad* von Alain Resnais, um den Strukturen der Erinnerung, des Traums oder des Unterbewußten Rechnung zu tragen.

Polanskis Filme sind immer wieder psychoanalytisch interpretiert worden, als Ausdruck (oder Kommentar) sexueller Obsessionen und Frustrationen, von der Kastrationsthematik in NÓŻ W WODZIE über die verdrängte und ins Sadomasochistische verschobene Sexualität Carols in REPULSION bis zu den durch katholische Erziehung verursachten Schuldgefühlen und Schwangerschaftsphobien Rosemarys in ROSEMARY'S BABY. CHE? scheint diesen Interpretationen – die, ungeachtet ihrer Triftigkeit, einem kulturellen Reaktionsmuster der Moderne entspringen – einen parodistischen Spiegel vorhalten zu wollen. Die Amerikanerin Nancy, die, wie Carol mit ihrer neurotischen Übersensibilität, einer omnipräsenten Sexualität ausgesetzt ist, reagiert darauf mit psychologisch aufgeklärter Routine: der Zuhälter Alex habe bestimmt eine schwere Kindheit durchlitten. Nicht nur die Sexualthematik findet in CHE? einen parodistischen Reflex; der assoziative Verlauf des Films knüpft an die Struktur von CUL-DE-SAC an, und die Indifferenz als gesellschaftlicher Grundzug war Fluchtpunkt schon des Kurzfilms DWAJ LUDZIE Z SZAFA. Im Zitatenreigen von CHE? darf das Selbstzitat nicht fehlen. Das eleganteste ist in der Szene versteckt, in der Marcello Mastroianni und Sydne Rome mit einem Tretboot übers Meer fahren. Plötzlich späht er aufmerksam in die Tiefe; man könne, gibt er auf ihre erstaunte Frage zur Antwort, nie vorsichtig genug sein. Alex blickt in diesem Moment auf den Grund, von dem die zwei Männer mit ihrem Schrank auftauchen, von dem aus CUL-DE-SAC beginnt, auf den das Messer des Jungen aus NÓŻ W WODZIE sinkt, der in MACBETH zum Schlachtfeld wird: auf den schwankenden Grund, auf dem Polanski seine Filme errichtet hat.

Che?

Chinatown. 1974

Los Angeles, Sommer 1937. Eine Mrs. Mulwray beauftragt den auf »Eheangelegenheiten« spezialisierten Privatdetektiv J.J. (»Jake«) Gittes (Jack Nicholson) mit Nachforschungen über ihren Mann, den sie der Untreue verdächtigt. Gittes beobachtet, daß Mulwray sich mit einer jungen Frau trifft; seine Fotos von dieser Begegnung findet er anderntags im Rahmen einer Skandalstory auf den Titelseiten der Zeitungen. Mulwray, der Leiter der städtischen Wasserversorgung, ist öffentlichen Angriffen ausgesetzt, weil er sich weigert, für die unter periodischer Dürre leidende Stadt einen Staudamm bauen zu lassen. Eine zweite, die wirkliche Mrs. Mulwray (Faye Dunaway) taucht auf und droht Gittes mit einer Verleumdungsklage. – Gittes will die Intrige aufdecken, mit der man ihn übertölpelt hat, obwohl Evelyn Mulwray ihre Klage zurückzieht. Ihr Mann wird ertrunken in einem Wasserreservoir aufgefunden. Gittes entdeckt, daß Mulwray einer kriminellen Manipulation großen Stils auf der Spur war: einer künstlichen Wasserverknappung, in Verbindung mit spekulativen Landkäufen im nahegelegenen San Fernando Valley. Mulwray wurde unter Vortäuschung eines Selbstmordes umgebracht. Bei seinen Ermittlungen wird Gittes von einem kleingewachsenen Gangster (Roman Polanski) zur Warnung die Nase aufgeschlitzt. – Von Evelyn Mulwray, die ihn mit der Suche nach den Mördern ihres Mannes beauftragt hat, erhofft Gittes sich entscheidende Auskünfte; die für ihn undurchschaubare Frau gibt jedoch ihr Wissen nur zögernd preis. Ihr Vater, Noah Cross (John Huston), ein reicher alter Geschäftsmann, engagiert Gittes zur Auffindung der vermißten Freundin Mulwrays. Der Ermordete war früher sein Partner; ihnen gehörte die Wasserversorgung, bis Mulwray, nachdem ein fehlerhafter Staudamm gebrochen war und Hunderte von Menschenleben gefordert hatte, seine Anteile der Stadt übertrug. Nach einer gemeinsamen Liebesnacht, in der er von seiner Vergangenheit als Polizist in Chinatown, dem Chinesenviertel, erzählt, folgt Gittes Evelyn zu einem Haus, in dem sie das gesuchte Mädchen verbirgt. Zur Rede gestellt, erklärt sie ihm, es sei ihre Schwester. – Wegen Unterschlagung von Beweisen mit dem Entzug seiner Lizenz bedroht, will Gittes Evelyn Mulwray, von deren Schuld am Tod ihres Mannes er überzeugt ist, der Polizei ausliefern. Erst jetzt gesteht sie, daß ihr Vater sie zum Inzest gezwungen hat; ihre Schwester, Catherine, ist zugleich ihre Tochter, die sie vor dem Zugriff Cross' schützen will. Cross steckt auch hinter der Manipulation der Wasserversorgung und hat deshalb seinen Schwiegersohn und Ex-Partner eigenhändig ermordet. Während Evelyn und Catherine in Chinatown untergetaucht sind, stellt Gittes Cross zur Rede, der seine Verbrechen gelassen zugibt; seine Leibwächter zwingen Gittes, sie zum Versteck der beiden Frauen zu führen. Dort erwartet sie bereits Lieutenant Escobar, der Gittes' Erklärungen ignoriert. Evelyn schießt auf Cross, dessen Macht sie kennt, und flieht mit ihrer Tochter in einem offenen Cabriolet. Die Kugel eines Polizisten trifft sie in den Hinterkopf; Cross bemächtigt sich der schreienden Catherine. Der gebrochene Gittes wird von seinen beiden Mitarbeitern weggeführt.

Polanskis zweiter in Hollywood gedrehter Film nach ROSEMARY'S BABY kam wieder aufgrund eines Angebots des Paramount-Produzenten (und Vizepräsidenten) Robert Evans zustande, der ihm die Verfilmung des Originaldrehbuchs von Robert Towne vorschlug. Townes Script legte die Handlung in das Los Angeles der dreißiger Jahre, in die Zeit, die die Archetypen des amerikanischen Detektivs, Dashiell Hammetts Sam Spade und Raymond Chandlers Philip Marlowe, hervorgebracht hatte. Der Wasserskandal im Zentrum des plots wiederum verweist auf einen Korruptionsfall, der sich zu Anfang des Jahrhunderts in Los Angeles abgespielt hatte. Während einer Trockenperiode des Jahres 1904 wurde ein Aquaeduktsystem konzipiert, das die Stadt zuverlässig mit Wasser von den östlichen Ausläufern der Sierra Nevada versorgen sollte. In Kenntnis des noch nicht veröffentlichten Plans hatte ein Syndikat zu Spottpreisen umfangreiche Ländereien im San Fernando Valley aufgekauft, das nach dem Bau zu einer außerordentlich fruchtbaren und entsprechend wertvollen Region werden sollte. »Es war ... ein typisches Kapitel urbanen Wachstums, infiltriert von menschlicher Gier«, kommentiert William Walling, der auf diese historische Parallele hingewiesen hat.[90] Auf dem Boden städtischer Expansion wuchert ein mafioses Geflecht von Verwaltung, Polizei und Geschäftswelt, in das Towne seinen Privatdetektiv hineinstolpern läßt.

Die gesellschaftliche Realität hinter CHINATOWN deckt sich weitgehend mit der von Francesco Rosis *Le mani sulla città* (Hände über der Stadt, 1963). Auch Rosi bedient sich (nicht nur in diesem Film) der Thrillerkonventionen, um die destruktive Innen- und Kehrseite moderner Stadtentwicklung bloßzulegen. Aufschlußreicher als die Ähnlichkeiten sind jedoch die Unterschiede der beiden Filme. Sie erstrecken sich nicht nur auf ihren Schauplatz, das Neapel Süditaliens und das Los Angeles Kaliforniens, und sie sind auch mit der Einordnung als politisch engagierter Autorenfilm einerseits, Entertainment à la Hollywood andererseits nur ganz unzulänglich erfaßt. Der im Neorealismus wurzelnde Italiener beschreibt das Funktionieren der Macht, die Beziehungen der Mächtigen und das Kalkül ihrer Geschäfte. Der nomadisierende Polanski erzählt von den - psychischen und moralischen - Entstellungen des Lebens in einer Stadtlandschaft, die von einem nur erahnbaren Gespinst korrupter Machenschaften überzogen ist. Rosi öffnet, in einer Bewegung der Entmythologisierung, die Geheimkammern politischer Kriminalität; Polanski zerstört, indem er einen Mythos neu formuliert, das Gerüst aus sozialen Übereinkünften und psychischen Routinen, mit denen der einzelne sein Dasein in den Metropolen stabilisiert.

Mindestens darin ist Polanski sich treu geblieben. CHINATOWN läßt sich ja nur bedingt als Werk seines Regisseurs verstehen. Es ist ebenso ein Produkt der von Hollywood entwickelten Industrialisierung der Einbildungskraft. Zum erstenmal inszenierte Polanski einen Film, zu dem nicht er selbst das Drehbuch geschrieben hatte. So sehr er Townes Arbeit bewunderte - sie wurde später mit einem Academy Award ausgezeichnet -, so beklagte er doch Townes Mangel an visueller Inspiration. »Der Film ist offenkundig von jemandem geschrieben, der ein großes Talent für das Sprachliche, aber keines für das Visuelle hat, und irgendwie haderte ich beständig mit dem Material; ich konnte nicht genügend Interesse für die visuelle Seite des Films aufbringen. Immer wenn ich etwas Interessantes hineinzubringen versuchte, mußte ich einsehen, ... daß es der Anlage des Films zuwiderlief.«[91] Bildsprachlich benutzt CHINATOWN ein universelles, funktional erzählendes - und höchst souverän gehandhabtes Idiom. Zu den einschränkenden Vorgaben des Scripts treten noch die formbildenden Bezüge auf das klassische Genre des Detektivfilms hinzu. Ulrich Gregor formuliert einen typischen Einwand, wenn er schreibt: »So sehr man die hochprofessionelle Machart des Films goutieren mag, so haftet ihm doch das Merkmal der Industrieproduktion Hollywoods an, die Perfektion wird zur Glätte, es ist, als ob Polanskis Individualität sich über so viel Kalkulation von Details aufgelöst habe.«[92]

Gregors Beobachtung wird richtig, wenn man sie von der Voreingenommenheit für das Autorenprinzip löst. CHINATOWN ist durchaus der am wenigsten persönliche von Polanskis Filmen. Umgekehrt aber hat dem Regisseur die Bindung an ein fremdes Script und die von diesem erzwungene narrative

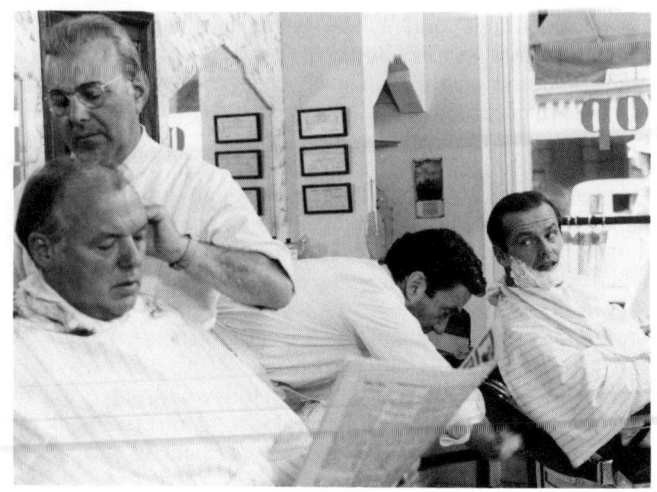

Chinatown

Ökonomie des Films eine so weitgespannte Formulierung seiner persönlichsten Impulse ermöglicht wie nie zuvor. Von NÓŻ W WODZIE bis CHE? hat Polanski immer wieder eng begrenzte Raumzellen inszeniert, Orte, die eine Zuflucht bieten und zur Falle wurden. In CHINATOWN dehnt sich der Raum zum Panorama einer Stadt, ebenso wie die Handlung in Zukunft und Vergangenheit ausgreift. Keiner der Filme Polanskis scheint so offen, allein schon durch das ständige Unterwegs-Sein seiner Hauptfigur. Und doch bleibt Gittes eingeschlossen in einen Zirkel, der ihn dorthin zurückführt, von wo er sich entronnen glaubte, zurück an einen Ort, der die Chiffre bildet für sein Scheitern, für die Vergeblichkeit seiner Anstrengungen: Chinatown. Der Titel des Films bezeichnet »einen subjektiven Ort, ein Ghetto im Kopf«[92a]. Bezeichnenderweise verzichtet Polanski in den Schlußszenen auf jede atmosphärische Schilderung des Chinesenviertels, zeigt nur die Straße, die aus ihm hinausführt – eine optisch suggerierte Illusion – und die asiatischen Passanten, die die Katastrophe verständnislos begaffen. Polanski hat diesmal das Ghetto nicht inszeniert: es ist das Resultat der Inszenierung.

Die Spannung zwischen Kosmopolitismus, einer Verwandlungs- und Assimilationsfähigkeit, die ihm die Arbeit in verschiedensten Ländern und Sprachen ermögliche, eben auch in der Hollywoods, und verinnerlichtem Ghetto, das in Form eines schon äußerlich bedingten oder unterschwelligen Eingeschlossensein alle seine Filme prägt: diese Konstellation ist für Polanski und sein Werk zentral – und einer von dessen spannendsten Aspekten. Es liegt nahe, darin den Niederschlag einer spezifisch jüdischen Erfahrung zu erkennen. Im warschauer Ghetto, so erzählt Polanski in seiner Autobiographie, wurden Filme für ihn zur »beherrschenden Leidenschaft – sie waren meine einzige Fluchtmöglichkeit vor Depression und Verzweiflung«[93]. In einem weniger psychologischen als metaphorischen Sinn läßt sich behaupten, daß Polanski immer Filme drehen wollte, die einem Ghettojungen wenigstens illusionäre Fluchtwege öffnen sollten – Fluchtwege, die zugleich unausweichlich ins Ghetto zurückführten.

Das Thema des »huis clos« ist nicht das einzige spezifisch polanskische Element von CHINATOWN. Nirgends auch hat er seine Wassermythologie so vielfältig, so komisch wie sinister ausgesponnen. Der den Namen des biblischen Patriarchen Noah tragende Erzgauner Cross ist ein kapitalistischer Dämon des Wassers, der sein Vermögen dem nassen Element verdankt; er ertränkt seinen Gegenspieler Mulwray, von dem

Chinatown

es einmal heißt, er habe nichts als Wasser im Kopf, in dessen selbstangelegtem Salzteich und zitiert ihn sardonisch mit den Worten, dort, im Wasser, entstünde das Leben. Mulwrays Tod, meint der Leichenbeschauer, sei »der Witz der Woche: Leiter der Wasserwerke ertrinkt mitten in der Trockenheit«, und Gittes widerfährt fast das gleiche Schicksal, als er bei seinen Recherchen in einem ausgetrockneten Kanal plötzlich von einem reißenden Wasserstrahl erfaßt wird. »Wir müssen alle im selben Wasser schwimmen«, antwortet Gittes Noah Cross, der einen mitsamt Kopf servierten Fisch verspeist, auf die Frage nach der Verläßlichkeit eines Polizisten. Schwimmen? Polanskis Figuren sind nicht nur Eingeschlossene, sondern zugleich virtuell Versinkende, für die keine Arche zur Rettung bereitsteht.

Unmittelbar greifbarer Ausdruck seines persönlichen Temperaments und Stilwillens sind die Veränderungen, die Polanski an Townes Vorlage vornahm. Zum einen hat er den ganzen Film konsequent auf den Erlebnishorizont Gittes' bezogen, eine semi-subjektive Erzählweise, die CHINATOWN mit ROSEMARY'S BABY verbindet: der Zuschauer erfährt nie mehr als der Privatdetektiv, the private eye – so könnte jetzt auch das Auge der Kamera heißen. Zum anderen hat Polanski gegen Autor und Produzenten einen tragischen Schluß durchgesetzt. Towne hatte ein happy end vorgesehen; Evelyn Mulwray sollte ihren Vater erschießen und nach einem kurzen Gefängnisaufenthalt freigelassen werden. Das hätte aus CHINATOWN, ganz im Sinne des Produzenten und einer zuletzt triumphierenden Moral, ein nostalgisches Spektakel, eine kunstvolle Huldigung an die Klassiker des Genres gemacht – und dabei die innere Konsequenz des Films zerstört. Erst Polanskis Veränderungen machen ihn zum genuinen film noir und »wohl definitiven private eye-Film der siebziger Jahre«[94].

In nostalgischen Empfindungen wiegen kann sich der Zuschauer zu Anfang des Films, zu dem Schmelz der Musik Jerry Goldsmiths, den hellen Art-Deco-Titeln auf dunklem Grund, dem durch Jalousien gedämpften Licht und einer Eingangssequenz, die den Beginn einer chandlerschen Marlowe-Geschichte zu zitieren scheint, mit dem Auftauchen einer geheimnisvollen Unbekannten im Büro des Detektivs, der sich

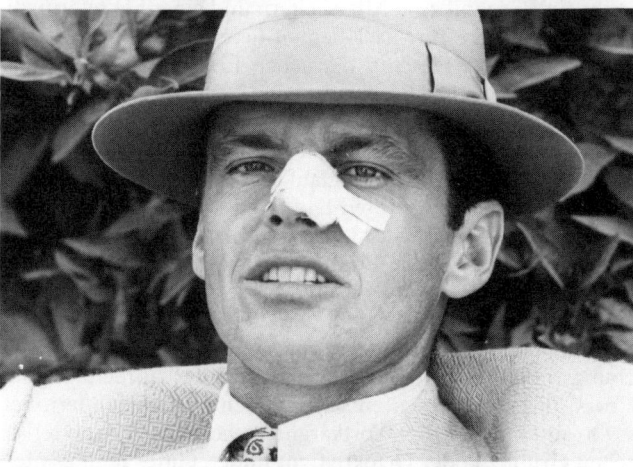

gerade einen Whisky genehmigt hat. Die bis ins Detail historisch getreue Ausstattung beschwört das Flair der New Deal-Ära Roosevelts herauf. Aber Gittes ist kein Marlowe (und Nicholson nicht Bogart, der Marlowe zum Filmmythos machte, wie er durch ihn zum Mythos wurde). Dessen Melancholie ist bei ihm Zynismus, eine déformation professionelle, die ihn das Verhältnis zwischen Mulwray und Catherine beharrlich mißverstehen läßt, und dessen Unbeugsamkeit ist bei ihm zur Furcht des Aufsteigers vor dem Verlust seiner sozialen Position geworden. Schritt für Schritt zerstört Polanski die Aura des Privatdetektivs, dieses Romantikers der Aufklärung, das Stereotyp des aufrechten Einzelkämpfers in der Großstadtwildnis, die Chimäre der souveränen Individualität. Gittes betreibt ein Büro mit zwei Mitarbeitern und einer Sekretärin, die Standardverträge für die Klienten bereithält; er kleidet sich mit stutzerhafter Eleganz, die neben Eitelkeit das Verlangen nach Respektabilität dokumentiert; er pflegt eine gehobene Ausdrucksweise mit unwillkürlichen Ausrutschern ins Vulgäre, die seine Herkunft als kleiner Cop aus Chinatown verraten, und statt eines Revolvers, auf den er verzichtet, bedient er sich, wie er seinem Gehilfen Duffy einmal bedeutet, einer gewissen »Finesse«. Polanski erspart es ihm (und uns), daß seine Käuflichkeit auf die Probe gestellt würde; es genügt, daß Cross an seine Honorigkeit appelliert, um ihn auch für sich einzuspannen. Zur falschen Zeit und vor den falschen Leuten renommiert er mit seinen mühsam gefundenen Untersuchungsergebnissen; er macht damit (bei der Abrechnung mit Cross) nicht nur einen entscheidenden Fehler, sondern verstößt auch gegen die Wortkargheit, die einen charakteristischen Grundzug der Detektivfigur bildet. Gittes fehlt es nicht an Cleverness, aber er entbehrt jener literarischen Sensibilität, die Chandler seinem Helden verlieh: eines physiognomischen Sinns, der die Stadt und ihre Bewohner zwang, ihm ihre Geheimnisse zu offenbaren.

Das Los Angeles Polanskis ist nicht nur deshalb eine andere Stadt als in den Filmen der dreißiger und vierziger Jahre, weil sie in Panavision statt in Normalformat, in Farbe statt in Schwarzweiß, in on location gedrehten Außenaufnahmen statt in Studiokulissen gezeigt wird: es ist eine Stadt, die ihre Lesbarkeit verloren hat. Ihre Undurchdringlichkeit läßt sich nur noch metaphorisch fassen, in einem enigmatischen Bild, wie es der Titel CHINATOWN bereithält. Das Chinesische, Leitmotiv für das dem analytischen Verstand Entgleitende, für eine Atmosphäre des Mysteriösen, für die Auflösung des Sinns in einem verzweigten, labyrinthischen Ornament – Wim Wenders in seinem *Hammett* und Sergio Leone in *Once Upon a Time in America,* wo die Handlung in einer chinesischen Opiumhöhle beginnt und endet, werden diesen Topos wieder aufgreifen –, sickert von den Rändern her ein in den Film, bis es sich als sein geheimes symbolisches Zentrum erweist: von einem obszönen Chinesenwitz, den Gittes seinen Partnern Duffy und Walsh erzählt, während Evelyn Mulwray unbemerkt hinter seinem Rücken auf das Ende seiner Tirade wartet, bis hin zu dem chinesischen Gärtner, durch dessen ethnisch bedingten Sprachfehler Gittes den Schlüssel des Falls entdeckt. »Bad for glass«, sagt der Mann und meint damit das Salzwasser in Mulwrays Gartenteich, das schlecht für das Gras sei. In diesem Tümpel aber findet der Detektiv tatsächlich »Gläser« – die Brille von Cross, die er bei dem Mord an Mulwray verlor. Gittes freilich zieht aus seinem Fund die falschen Schlüsse; er glaubt, die Brille des Ermordeten und damit den Beweis für Evelyn Mulwrays Schuld in Händen zu halten, und verrät deshalb das Versteck der Gesuchten der Polizei – nicht zuletzt aus gekränkter Wut über das raffinierte weibliche Täuschungsmanöver, als das er ihre gemeinsame Liebesnacht durchschaut zu haben meint. Und der Zuschauer, der sich wiederholt an John Hustons *The Maltese Falcon* und Mary Astors schöne Lügnerin Brigid O'Shaughnessy erinnert fühlt, teilt sein Mißtrauen.

Für die komplexe Dramaturgie des Films, die sich weit von dem typischen Muster des Genres, der Konfrontation von Detektiv und Gangster(n) und dem Gefälle von krimineller Tat und ihrer Auflösung, entfernt, für die enge Verflechtung der Handlungsstränge und die Überlagerung der Motive ist diese Szene, die Gittes eine Brille in die Hand spielt und damit seine Blindheit grotesk unterstreicht, exemplarisch. Im Zentrum des Dickichts von Vermutungen, Zweideutigkeiten und Irrtümern, in das er immer tiefer hineingerät, trifft Gittes auf ein erotisches Geheimnis, verkörpert in Faye Dunaways Evelyn Mulwray und ihrer neurotischen Sinnlichkeit. Er, der die erloschenen Dramen der Leidenschaft zu seinem Metier gemacht hat, findet für die Widersprüche dieser Frau keine Erklärung.

In ihrer schillernden Erscheinung, in ihrer manirierten Schönheit begegnet er dem Rätsel der Stadt. Hinter ihrer Maske irrlichtert eine Verstörung, die einer traumatischen Verletzung entsprungen ist. Es ist eine amorphe und desintegrierte, eine morbide und dekadente Welt, der dieses von Luxus umgebene Geschöpf entstammt.

Noah Cross, der seine eigene Tochter vergewaltigt hat, wird zur monströsen Inkarnation des Bösen erhoben, indem der Film ihn ein fundamentales Tabu überschreiten läßt. Das entspricht der mythischen Welt, in der CHINATOWN sich erzählend bewegt. Dennoch sind in die symbolische Struktur politisch-gesellschaftliche Erfahrungen eingegangen. Als Gittes Cross fragt, weshalb er sich bei seinem Reichtum auf dieses gefährliche Spiel eingelassen habe, antwortet ihm der alte Tycoon: es gehe ihm nicht um Geld, sondern um die Zukunft. Seine Kalkulation hat die künftige Expansion von Los Angeles im Blick, die sein Bewässerungsprojekt auslösen wird. Das ist nichts anderes als die Logik des Kapitals. Sie rückt auch die Perversion der Familie, die Cross vollzieht, indem er seine Tochter zur Frau nimmt, in ein »satirisches« Licht: »kapitalistische Gier als Inzest, als Selbsternährung und Selbstverdauung«[95]. Garrett Stewart, der diese Deutung vertritt, kommt in

Chinatown

seinem Vergleich von CHINATOWN und Robert Altmanns *The Long Goodbye* zu dem Ergebnis, daß Polanskis ein Jahr später geschaffener Film eben jenes Bild der Stadt voraussetzt, das Altmann in seiner in die Gegenwart verlegten Chandler-Adaption entwirft: das Bild einer Metropole, die ihre Bewohner in einen zusammenhanglosen Alptraum verstrickt.

Le locataire. 1976

Trelkovsky (Roman Polanski), ein ängstlicher Büroangestellter polnischer Abstammung, bezieht eine Wohnung im vierten Stock eines pariser Mietshauses, deren Vormieterin, ein Fräulein Simone Choule, sich aus dem Fenster gestürzt hat. Vor ihrem Tod besucht Trelkovsky sie im Krankenhaus; ihre Verbände lassen nur ein Auge und den geöffneten Mund frei, in dem ein Schneidezahn fehlt. Eine Freundin Simones, Stella (Isabelle Adjani), gesellt sich zu ihm; ein endloser Schrei der Sterbenden treibt die beiden Besucher aus dem Krankensaal.
– Umgeben von Simones Hinterlassenschaft und beständigen Anfeindungen der Nachbarn ausgesetzt, verkriecht sich Trelkovsky zunehmend in seine Abgeschiedenheit. Zufällig trifft

Le locataire

er Stella wieder und geht nach einer Party mit ihr ins Bett. Ein Fieberanfall stürzt ihn in eine akute Persönlichkeitskrise: zeitweise verwandelt er sich in eine Frau, die mit Perücke, Kleid und Stöckelschuhen vor dem Spiegel posiert; in seine alte Identität zurückfindend, glaubt er sich einem Komplott der Nachbarn ausgesetzt, das ihn zwingen soll, Simone Choule zu werden. – Als er eines Morgens mit ausgebrochenem Schneidezahn erwacht, flieht er in panischer Angst zu Stella, bei der er sich vorübergehend beruhigt, bis er auch in ihr eine Komplizin seiner Verfolger zu erkennen glaubt. In Paris umherirrend, wird er von einem Auto angefahren und gegen seinen Willen wieder nach Hause gebracht. Der Hof hat sich in einen Opernsaal verwandelt, in dem die Nachbarn erwartungsvoll zu seinem Fenster emporstarren. Trelkovsky balanciert sekundenlang auf der Brüstung und springt dann hinab. Schwer verletzt und die Hilfsbemühungen der verstört herbeigeeilten Nachbarn entsetzt abwehrend, schleppt er sich die Treppe hoch und stürzt sich ein zweites Mal aus dem Fenster. – Von Kopf bis Fuß bandagiert, erwacht Trelkovsky im Krankenhaus. Er erkennt Stella und sich selbst, die an seinem Bett stehen und ihn offenbar für Simone Choule halten. Ein endloser Schrei entringt sich seinem Mund.

Nach CHINATOWN nahm Polanski die Arbeit an der Abenteuerkomödie PIRATES auf. Als die Vorbereitungen wegen organisatorischer und finanzieller Schwierigkeiten ins Stocken kamen, entschloß sich Polanski, Roland Topors bereits 1964 erschienenen Roman *Le locataire chimérique* zu verfilmen. Das Drehbuch schrieb er wiederum mit Gérard Brach; der Film wurde in Paris gedreht und von dem französischen Ableger der Paramount, Marianne Productions, produziert. Mit LE LOCATAIRE kehrt Polanski zu Themen und Strukturen seiner Filme aus den sechziger Jahren zurück, zu der pathologisch gesteigerten Isolation Carols in REPULSION, dem psychischen Terror der Hausnachbarn in ROSEMARY'S BABY und in die zur Schreckenskammer werdenden eigenen vier Wände in beiden Filmen. Wieder hat Polanski eine fremde Vorlage so gründlich assimiliert, daß sie bruchlos mit seinen eigenen Intentionen verschmilzt. In dem Roman des frankopolnischen Zeichners und Schriftstellers Topor fand er freilich einen Stoff, der seinen Neigungen bereits weit entgegenkam.

Le locataire

LE LOCATAIRE rührt an die Angst, daß wir unseres Selbsts nicht sicher sein können, wenn wir es nicht von den anderen bestätigt finden. Trelkovsky, der schon seiner polnischen Abstammung wegen nie in die Gemeinschaft der Franzosen aufgenommen wird, empfindet die banale Gemeinheit der Welt als eine auf die Vernichtung seiner Person abzielende Verschwörung. Die Intoleranz seiner Nachbarn, die, obwohl er sich kaum zu rühren wagt, jedes von ihm verursachte Geräusch mit lautem Klopfen an die Wände und Rufen nach Ruhe quittieren, gibt seinem Verdacht immer wieder Nahrung. Durch grenzenlose Unterwürfigkeit und Anpassungsbereitschaft versucht er, die Feindseligkeit seiner Umgebung zu entschärfen; vergeblich. Sie steigert sich vielmehr noch, als er sich weigert, eine Beschwerde gegen eine mißliebige Mitbewohnerin und ihre behinderte Tochter zu unterstützen - ein fast heroischer Akt der Auflehnung, der einer gleichsam kreatürlichen Solidarität mit den Ausgestoßenen entspringt. Als die erfolgreich vertriebene Mieterin das Haus verläßt, scheißt sie sämtlichen Bewohnern vor die Tür - nur nicht vor die Trelkovskys, der damit naturgemäß in den Verdacht geriete, der Urheber oder mindestens Mitwisser der Schweinerei zu sein. So sieht er sich

gezwungen, eigenhändig ein wenig von der Scheiße vor seiner Tür zu verteilen.
Es ist nicht das einzige Mal, daß eine selbstlose Regung Trelkovskys sein Verhängnis nur noch steigert. So ergeht es ihm mit einem Unbekannten, der eines Abends an seine Tür klopft und Simone Choule zu sprechen wünscht. Er entpuppt sich als ein schüchterner Verehrer der Gestorbenen, der ihr seine Neigung nie zu gestehen wagte. Eine ganze Nacht begleitet Trelkovsky den Unglücklichen durch die Straßen und Kneipen der Stadt; am Morgen verläßt ihn der Getröstete dankend als seinen Lebensretter. Als Trelkovsky nach Hause zurückkehrt, ist seine gesamte persönliche Habe gestohlen, all das, was an seine Vergangenheit erinnert und seine Identität äußerlich bestätigt. Ähnlich verläuft die Begegnung mit einem Bettler, der Trelkovsky, der kein Kleingeld bei sich trägt, die entschuldigend vorgewiesenen Geldscheine kurzerhand entreißt. Durch die Gegenwart Stellas, die ihn begleitet, zusätzlich verwirrt, tritt Trelkovsky in einen Haufen Scheiße, die er, den Fuß schlenkernd, verstohlen abzustreifen versucht.
Diese Episode, wie später die der ins Treppenhaus scheißenden Mieterin, berührt die für LE LOCATAIRE bedeutsame Sphä-

re des Peinlichen und der Scham. Scham, die in nackte Angst umschlägt, ist der Trelkovsky beherrschende Affekt. Nicht nur in seiner düsteren Wohnung, auch in seinem Körper scheint dieser Mieter nur geduldet zu sein. Erst in der Verwandlung zu einer Frau betrachtet er ihn, mit hochgerafftem Rock vor dem Spiegel stehend, mit verbotener Lust, bis ihn die Angst wieder überwältigt. Der Körper ist für Trelkovsky mit destruktiven Fantasien besetzt. Wie einen Alptraum erlebt er die Predigt des Priesters bei der Totenmesse für Simone Choule; der Geistliche holt dabei zu einer fanatisch-begeisterten Ausmalung des Fäulnis- und Zerfallsprozesses des toten Fleisches aus. Die Zwangsvorstellung des körperlichen Zerfalls kehrt wieder in den Überlegungen, die er Stella mitteilt, während sie erwartet, daß er mit ihr schläft: »Mir wird ein Arm amputiert, gut. Ich sage: ich und mein Arm. Mir werden beide Arme amputiert. Ich sage: ich und meine beiden Arme. Mir werden beide Beine abgenommen. Ich sage: ich und meine Glieder. Der Magen, die Leber, die Nieren werden – angenommen, es sei möglich – entfernt. Ich sage: ich und meine Organe. Man haut mir den Kopf ab: was soll ich sagen? Ich und mein Körper oder ich und mein Kopf? Mit welchem Recht maßt sich mein Kopf, der doch auch nur ein Glied ist, den Titel ›ich‹ an?«[96]

Die ersten Anzeichen von Trelkovskys beginnender psychischer Verwirrung stehen in Zusammenhang mit einem Ort der Scham par excellence, der Toilette. Außerhalb seiner Wohnung gelegen, kann er sie von seinem Fenster aus einsehen. Dort beobachtet er immer wieder Gestalten, die stundenlang unbeweglich vor sich hinstarren, ein Schauspiel, von dem sich nicht entscheiden läßt, ob es real ist oder nur halluziniert. In der Nacht seines Fieberanfalls sieht er in der Toilette eine vermummte Frau, die Simone Choule gleicht; mit dämonischem Grinsen und lasziven Bewegungen beginnt sie, sich aus ihren Verbänden zu wickeln. Als Trelkovsky über die Treppen und Flure in die Toilette eilt, findet er sie leer und die Wände mit Hieroglyphen bedeckt. Gegenüber aber, im Fenster seiner Wohnung, gewahrt er sich selbst, angestrengt herüberstarrend. Es ist das erste deutliche Bild für seine Persönlichkeitsspaltung.

Diese Blick-Konstruktion offenbart als Pendant von Trelkovskys Scham den Voyeurismus. LE LOCATAIRE beginnt mit einem komplizierten Schwenk durch den Innenhof des Miethauses, in dem der Film zu großen Teilen spielt, über die Fenster und Kamine auf das Loch im Glasdach, das von Simone Choules Sturz zeugt; in einem der Fenster steht Trelkovsky, der sich in einer Überblendung in eine Frau verwandelt. Der Schwenk endet auf dem Hofeingang, in dem Trelkovsky auftaucht, der sich zur Loge der Concierge wendet und nach dem leerstehenden Appartement fragt. Dieser Anfang erinnert an den von Hitchcocks Film *Rear Window* (Das Fenster zum Hof. 1954), der den Voyeurismus zu seinem zentralen Thema und einen berufsmäßigen Voyeur – einen Fotoreporter, der durch einen Unfall an sein Zimmer gefesselt ist – zu seinem Helden macht. Es ist nicht der einzige Hitchcock-Film, auf den LE LOCATAIRE verweist. Ebenso auffällig sind seine Parallelen zu *Vertigo* (1958), mit den Motiven der Verwandlung eines Menschen in einen anderen – erst als Intrige zur Kaschierung eines Mordes, dann als Wunsch nach Wiederbelebung einer Toten – und eines doppelten Todessturzes. Der Blick in die Treppenhausschnecke zu Anfang von Polanskis Film

Le locataire

scheint James Stewarts Blick in den Schacht des Glockenturms, von dem Kim Novak abstürzen wird, ebenso zu zitieren wie der Hinterhofschwenk unter den Credits den Anfang von *Rear Window*. Wenn Hitchcock dort dem Blick folgt, der einen Mord sucht, so in *Vertigo* dem, der eine Tote begehrt. LE LOCATAIRE inszeniert die Logik des voyeuristischen Blicks in ganz ähnlicher Weise, nur gleichsam von der anderen Seite; die Kamera ist nicht Komplice des Blickenden, sondern des Angeblickten, und sie dient der Schaulust nur, indem sie die Blick-Angst enthüllt.

Wenn schon der Voyeurismus auf der Leinwand immer auch ein Spiel mit dem Zuschauer im Kino bedeutet, so gewinnt diese selbstreflexive Dimension von LE LOCATAIRE durch die Identität von Regisseur und Hauptdarsteller zusätzlich an Komplexität. Der Schauspieler ist ja Objekt des Blicks par excellence – und zugleich einer, der sich der Schaulust in immer neuen Rollen darbietet, die sein Selbst dem Blick des Zuschauers entziehen. Indem Trelkovsky sich in Simone Choule verwandelt, wird er gleichsam zu einem Schauspieler wider Willen. Die theatralischen Elemente des Films und seine auffälligen Verdoppelungen erhalten von daher einen genauen Sinn. Vor seinem Fluchtversuch beobachtet Trelkovsky, wie sich im Hof die Nachbarn versammeln; sie stoßen eine Gestalt herum, ein Kind mit einer Narrenkappe, das eine Trelkovsky-, also: eine Polanski-Maske trägt, eine zirkus- oder jahrmarktähnliche Szene mit einem Narren als Opfer des Publikums, der plötzlich auf den »wirklichen« Polanski im Fenster zeigt. Trelkovskys Flucht ist danach nur noch ein Aufschub. Als er nach seinem Unfall wieder nach Hause gebracht wird, ist kein Doppelgänger mehr da, auf den sich die Aufmerksamkeit seiner Verfolger lenken ließe. Der Hof hat sich in einen Zuschauersaal verwandelt, die Fenster sind zu rot ausgeschlagenen Theaterlogen geworden, Instrumente werden gestimmt wie vor dem Öffnen des Vorhangs. Trelkovskys Sprung in der »Rolle« der Simone Choule ist ein großer Auftritt – vor einem imaginären Publikum. Die schaurige Wiederholung des Todessprungs, mehrfach als überflüssiges Spektakel kritisiert, ist eben als Spektakel nur konsequent. »Einen schönen blutigen Mord wollt ihr haben!« schleudert Trel-

Le locataire

kovsky/Polanski, schon durch den ersten Sturz grauenhaft zugerichtet, seinen Zuschauern entgegen, eine Publikumsbeschimpfung, in der sich Bosheit und Verzweiflung zweideutig mischen.
Fast beiläufig entwickelt der Film ein Paris-Bild von bemerkenswerter Schäbigkeit, ein Stadtporträt, in dem nicht nur die glänzenden, sondern auch die pittoresken Züge, mit denen noch die Armseligkeit verklärt wird, getilgt sind. Es ist entworfen aus einer Perspektive, in der sich der Blick des Fremden, der in dieser Stadt zu leben gezwungen ist, und der des Deklassierten überschneiden. Polanski hat Paris einmal als seine »wahre Heimat« bezeichnet – doch nichts ist weniger heimatlich als das Paris von LE LOCATAIRE. Trelkovsky läuft an verödeten Seine-Quais entlang; am Standort der berühmten Hallen, des »Bauchs von Paris«, gähnt ein riesiges Loch, vom Louvre kennt der Film nur die tristen Archivbüros, in denen Trelkovsky arbeitet, unter amusischen, sadistischen Kollegen, und in der Bar nahe seiner Wohnung, die er zu besuchen pflegt, sind weder Kaffee noch Gauloises zu bekommen – er läßt sich statt dessen Schokolade und Marlboro aufdrängen und übernimmt damit eine Gewohnheit Simone Choules, ein erster Schritt zu seiner Verwandlung. Das würdige Zentrum dieser unwohnlichen Stadt bildet das Mietshaus mit den bösartigen, latent chauvinistischen Bewohnern und dem Hinterhof, bewacht von einer vulgären Concierge, die erst nach einer Bestechung bereit ist, Trelkovsky die leerstehende Wohnung zu zeigen, und die ihn mit lüsternem Behagen auf das Loch im Glasdach des Hofs hinweist, das Simone Choules Körper durchschlagen hat.
Eine obskure Funktion in der Topographie von Trelkovskys Paris hat die von ihm so inständig beobachtete Toilette, in der sich die Mitbewohner zu einsamer Meditation einfinden wie in einem Tempel. In ihr erfährt die Wassermetaphorik Polanskis eine weitere Verwandlung. Die Hieroglyphen, die Trelkovsky an ihren Wänden statt der üblichen Graffiti entdeckt, und die Erscheinung der mumienartigen Simone Choule im Fenster machen sie zu einer sinistren Grabstätte. Sie ist in Wahrheit eine Öffnung zu der urbanen Unter- und Todeswelt der Kanalisation, zu der verborgenen Kloake, über der die Stadt sich erhebt. Mit dem unaufhörlichen Tropfen einer undichten Wasserleitung, ein Geräusch, dessen entnervende

Eintönigkeit beim Öffnen des Hahns zu einem dröhnenden Geschepper anschwillt, scheint sie bis in Trelkovskys Behausung zu reichen.

In GDY SPADAJA ANIOŁY, Polanskis Diplomfilm, spielte eine Toilette eine ähnlich prominente Rolle: als Todesstätte der alten polnischen Toilettenfrau. Die strukturelle und motivische Ähnlichkeit der Todesszenen beider Filme (eine spiralförmige Aufwärtsbewegung der Kamera, gefolgt von einem Sturz durch ein Glasdach) gibt dieser Parallele zusätzliches Gewicht. Hat Polanski sich in keinem seiner Filme intensiver mit

Le locataire

dem Mythos Polen und polnischer Geschichte beschäftigt als in seiner Diplomarbeit, so betont er in keinem anderen das Polentum seiner Hauptfigur so sehr wie in LE LOCATAIRE – so eifrig Trelkovsky auf seine französische Staatsbürgerschaft pocht (die Polanski während der Dreharbeiten für sich beantragte). Über GDY SPADAJA ANIOŁY hinaus verweist das verborgene Motiv der Kloake auf Andrzej Wajdas Film *Kanał* (mit Polanski in einer Statistenrolle), der das Scheitern des Warschauer Aufstands und den Untergang der polnischen Partisanen in der Kanalisation, ihrem letzten Fluchtweg, schildert, einen Film, erfüllt von den glucksenden und gurgelnden, trop-

fenden und rauschenden Geräuschen des Abwassers, das seinen Helden zum Grab wird. Gewiß ist das ein eher spekulativer Bezug, nicht mehr als eine undeutliche Spur. Sie ist so verwischt, wie es die autobiografischen Züge sind, die sich hinter der Gestalt des zum Außenseiter und ewigen Fremdling gestempelten Mieters schattenhaft erahnen lassen.
Sie beschränken sich nicht auf die Wiederkehr von Motiven aus Polanskis vorangegangenen Filmen, also auf den engeren Bereich der Werkbiografie, und sie sind mit Trelkovskys bikultureller, frankopolnischer Identität nicht erschöpft. Sie kristallisieren sich vielmehr um das zentrale Thema des Rollenwechsels, der Verwandlung – die Trelkovsky unfreiwillig erleidet, wobei er sich vergeblich an seine zersplitternde Persönlichkeit klammert, während Polanski, der in einer (noch dazu mann-weiblichen) Doppelrolle diesen Prozeß der Ich-Auflösung darstellt, Verwandlung zu einer Triebfeder seines Daseins gemacht hat: dem klassischen Konzept der Persönlichkeit, der »Künstlerpersönlichkeit« zumal will er sich nicht fügen. Das ist kaum zufällig einem Beobachter aufgefallen, der Polanski bei den Dreharbeiten zu LE LOCATAIRE besucht hat. Polanski sei, so schreibt er, »das Gegenteil einer Persönlichkeit. Er würde unbemerkt in der Menge verschwinden, wäre er nicht berühmt. Er scheint zur Rasse der Flüchtlinge zu gehören, der Ungreifbaren, der Irreführenden: derer, die im Augenblick der Tragik eine amüsierte Miene aufsetzen, die sich weigern, sich preiszugeben, und die sich ihr Leben lang verwandeln.«[97]
In einem biografischen Essay über Stefan Zweig hat Hannah Arendt bemerkt, er, Zweig, habe in der Internationale des Ruhms seine Heimat gesucht. Sie erkennt darin eine für die jüdische Intelligenz Wiens vor dem Ersten Weltkrieg typische Disposition, Antwort auf den salonfähig gemachten Antisemitismus des 19. Jahrhunderts. Die Schule der Berühmtheit aber seien für sie die wiener Bühnen gewesen, auf denen, so Hannah Arendt, »das Starwesen vor seiner Verbreitung durch den Film bereits vollständig vorgebildet« war.[98] Diese Konfiguration läßt sich in Polanskis Leben unschwer wiedererkennen. In LE LOCATAIRE hat er ihre verheimlichte, angstbesetzte Kehrseite dargestellt.

Tess

Tess. 1979

Südengland, im 19. Jahrhundert. Zufällig erfährt der heruntergekommene Häusler Jack Durbeyfield, daß er der direkte Nachfahre des berühmten Adelsgeschlechts derer von d'Urberville ist. In der vagen Hoffnung auf Unterstützung schickt er seine älteste Tochter Tess (Nastassia Kinski) zu den reichen d'Urbervilles im benachbarten Tantridge, ohne zu ahnen, daß die vermeintlichen Verwandten den alten Namen nur käuflich erworben haben. Auf Betreiben des eleganten Stutzers Alec d'Urberville (Leigh Lawson) erhält Tess auf Tantridge eine Anstellung. Auf dem Rückweg von einem Tanzabend des Gesindes findet Alec Gelegenheit, Tess zu vergewaltigen; sie wird zu seiner Geliebten. Als sie ein Kind erwartet, flieht sie zurück zu ihrer Familie. Bald nach der Geburt stirbt das Kind. – Tess findet Arbeit als Magd in einer Meierei. Dort lernt sie den Pfarrerssohn Angel Clare (Peter Firth) kennen, der auf eine akademische Ausbildung verzichtet hat, um Landwirt zu werden. Sie verlieben sich ineinander. Angel drängt auf eine Heirat; nach langem Widerstreben willigt Tess ein; in einem Brief beichtet sie ihm ihre Vergangenheit. Zu spät entdeckt sie, daß Angel den Brief durch einen unglücklichen Zufall nicht gefunden hat. Erst am Abend nach der Hochzeit wagt Tess

endlich, Angel von Alec und ihrem Kind zu erzählen. Er, der in ihr nur das reine Naturkind gesehen haben will, kommt darüber nicht hinweg und beschließt, sich in Brasilien eine neue Existenz aufzubauen. Tess bleibt allein zurück. – Nach dem Tod ihres Vaters noch mit der Versorgung ihrer zahlreichen Geschwister belastet, schlägt sich Tess als Tagelöhnerin auf den Feldern durch. Wieder kreuzt Alec ihren Weg; er kann sie, die lange vergeblich auf ein Zeichen Angels gewartet hat, bewegen, zu ihm zurückzukehren. – Nach Jahren kehrt Angel krank nach England zurück und macht sich auf die Suche nach Tess, um ihre Verzeihung zu erbitten. Er findet sie in einem Seebad, wo sie mit Alec eine komfortable Pension bewohnt. Tess, die um ihre Fassung ringt, schickt ihn fort; wenig später verläßt auch sie das Haus. Die Pensionswirtin entdeckt, daß Tess Alec ermordet hat. – Tess und Angel verleben wenige Tage gemeinsam, auf der Flucht vor der Polizei. Die Flucht endet in Stonehenge, der prähistorischen Kultstätte, in der beide die Nacht verbringen. Bei Tagesanbruch wird Tess festgenommen.

Dem Film zugrunde liegt der 1891 erschienene Roman *Tess of the d'Urbervilles* von Thomas Hardy, dem der Autor, nachdem er sich für die Vorveröffentlichung in der Zeitschrift *The Graphic* dem viktorianischen Moralkodex gebeugt und Schlüsselszenen des Werks abgemildert, ja bis zur Unverständlichkeit des Ganzen verdunkelt hatte, den Untertitel *A Pure Woman* voranstellte. Damit ergriff Hardy unmißverständlich Partei für eine Heldin, deren Erfahrungen nur darzustellen bereits an Tabus rührte: Vergewaltigung, Geburt und eigenhändige Taufe eines unehelichen Kindes, zuletzt Mord an dem Verführer. Es belegt die Übergangsposition Hardys zwischen Spätviktorianismus und Moderne, daß sein »Plan, eine Erzählung in Übereinstimmung mit verschwiegenen Ansichten abzufassen, anstatt sie einfach den ausgesprochenen Regeln der Gesellschaft anzugleichen«[99], bei Kritik und Leserschaft nicht nur Entrüstung, sondern auch begeisterte Zustimmung auslöste.

Der zeitgebundene Skandal- und Signalwert des Romans ist verblaßt. Polanski verschiebt ihn ins Exemplarische, wenn er,

Tess

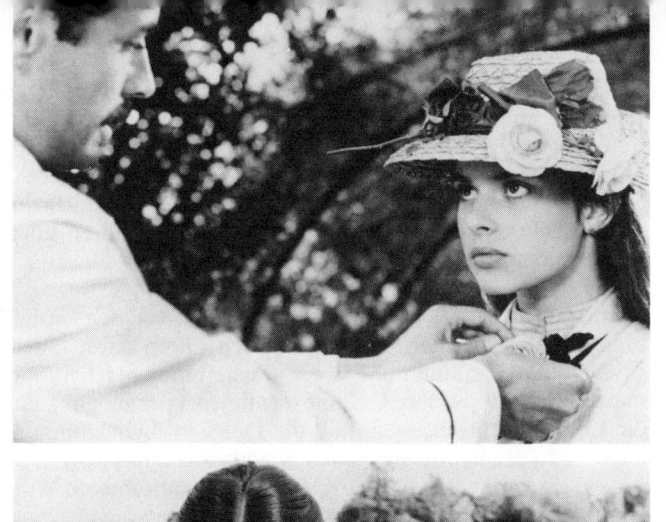

seine Absichten zusammenfassend, schreibt: »Hardys *Tess of the d'Urbervilles* ist die Geschichte der Unschuld in einer Welt, in der menschliches Verhalten durch Klassenschranken und moralisches Vorurteil geprägt wird.«[100] Damit gibt er bereits eine (fast) erschöpfende Interpretation des Films, der sich von seinen früheren so grundlegend unterscheidet, daß er jeden Versuch der Rekonstruktion einer Werkseinheit illusorisch macht.

In Interviews zu TESS hat Polanski die Abkehr von den Gestaltungsprinzipien seiner vorangegangenen Filme selbst unterstrichen. »Heute muß man sehr einfache Filme machen, Filme, die sich auf primäre Gefühle (sentiments principaux), auf die Emotion stützen; man muß die Dinge in ihrer Unmittelbarkeit (au premier degré) sehen. Ich glaube, daß die Welt so surreal geworden ist, so absurd, daß man zu bestimmten Wurzeln zurückkehren muß. Deshalb glaube ich, daß die Literatur vom Ende des 19. und Anfang des 20. Jahrhunderts heute wichtiger ist als Spielereien ohne jede Tiefe.«[101] Und weiter: »Ich möchte von einfachen Dingen erzählen, ich möchte Geschichten erzählen, ich will mich nicht mehr hinter einem gesuchten Stil verstecken, ich will mir nicht mehr den Kopf zerbrechen, um etwas zu erfinden, was originell erscheinen könnte. Ich bin nicht auf der Suche nach Originalität, ich bin auf der Suche nach mehr Einfachheit ...«[102] Und in den *Cahiers du cinéma,* die, wie die französische Filmkritik generell, TESS hohen künstlerischen Rang zuerkannten, rechnete er mit der selbsternannten Avantgarde ab, die immer noch und immer wieder *Un chien andalou* machen wolle: Pseudo-Intellektualität, Scheinpoesie und Prätention wirft er ihr vor.[103]

Die Einlösung dieses ästhetischen Programms unter dem Stichwort »Einfachheit« in der britisch-französischen Koproduktion TESS kostete nach Polanskis eigenen Angaben zwölf Millionen Dollar; es war der teuerste europäische, unabhängig von den amerikanischen major companies finanzierte Film bis zu diesem Zeitpunkt, mit drei Stunden Dauer zudem ein hohes kommerzielles Risiko für den Produzenten Claude Berri, der auf Kürzungen drang. Die hohen Kosten entstanden vor allem aus der Länge der Drehzeit; neun Monate reiste das Team umher, um Tess' Lebensweg über den Wandel der Jahreszeiten hinweg einfangen zu können. Teuer war die angestrebte Authentizität, die Detailtreue in Kostüm und Ausstattung. Polanski selbst erwog eine kürzere Parallelfassung, verwarf diese Absicht jedoch nach der Besichtigung einer um ganze fünfundvierzig Minuten geschnittenen Version, die ihm vorkam »wie ein Film, bei dem jede zweite Rolle fehlte«[104]. Derartige Kürzungen mußten den dem Film eigenen Rhythmus zerstören. Er macht stilistisch bereits einen wesentlichen Unterschied zu Polanskis früheren Filmen aus. Statt ihrer dramatischen, auf wenige Tage oder gar nur vierundzwanzig Stunden begrenzten Geschlossenheit weist TESS ein episch-getragenes Zeitmaß auf.

Auch die Erzählperspektive fügt sich dieser Episierung des Geschehens. Statt mit semisubjektiver Kamera, die den Blick an den Erlebnishorizont eines Beteiligten bindet, ist TESS aus der Sicht eines souveränen Beobachters entworfen, der auf seiten des Zuschauers eine Haltung verstehender Einfühlung entspricht. Über Landschaften und Innenräume, Mobiliar und Gerätschaften, Kleidung und Gesichter gleitet der Blick wie durch eine Galerie malerischer Ansichten. Noch die spektakulären Höhe- und Wendepunkte der Erzählung bettet Polanski in einen gemächlichen epischen Fluß, so Tess' Vergewaltigung im Wald von Tantridge: er nimmt ihr alles Brutalisierende und Schockierende, rückt sie in die Distanz, läßt sie hervorgehen aus einer Verkettung einzelner Momente, dem Helldunkel einer Mondnacht, im Sinne einer erzählerischen Diskretion, die dem Roman durchaus entspricht. Gleiches gilt für Alecs Ermordung, von der der Film überhaupt nur indirekt erzählt. Zuerst werden Alec und Tess im Streit gezeigt, dann wechselt die Perspektive zur lauschenden Pensionswirtin, die Tess fortgehen sieht und wenig später einen roten, sich ausbreitenden Fleck an der weißen Zimmerdecke entdeckt. Auf zwei weitere Szenen des Romans, die sich einer effektvoll-schaurigen Inszenierung anbieten, hat Polanski ganz verzichtet: auf den Tod des Pferdes der Durbeyfields, das nachts von der Deichsel eines entgegenkommenden Postwagens aufgespießt wird - ein Ereignis vom Beginn des Romans, mit dem das Unglück der Heldin einsetzt -, und schließlich auf Tess' Hinrichtung am Galgen, die schon von Hardy nur durch das Signal einer schwarzen Flagge angedeutet wird, von Angel aus der Ferne beobachtet.

Anteilnahme an seiner Hauptfigur erzeugt Polanski nicht durch die dramatische Intensität einzelner Szenen. Sie erhal-

Tess

ten Gewicht durch den Verlauf eines Schicksals, dessen Bogen der Film vom Maienreigen der Mädchen zu Beginn, bei dem Angel und Tess sich zum erstenmal begegnen, bis zum Kreis der Megalithen von Stonehenge spannt. Erst in der Summe, in der Zusammenschau der Stationen von Tess' Lebensweg begreift der Zuschauer die exemplarische Tragik einer Frauengestalt, die nur durch einen Mord für die Frist weniger Tage jenes Glück gewinnt, das ihr Zeit und Gesellschaft verweigern. Als einander ergänzende Protagonisten der herrschenden Moral bewirken ihr Verführer und ihr Ehemann gemeinsam ihren Untergang: Alec, der sich die sexuelle Gefügigkeit einer Untergebenen erzwingt, Angel, der sie mit der Unerbittlichkeit eines Puritaners verstößt. Polanski, der Alec sympathischer zeichnet als der Roman, rückt beide nahe zusammen. Nicht ihre Böswilligkeit, sondern die bewußtlose Befolgung von Konventionen stürzt Tess ins Unglück. Sie wird als Opfer gedeutet, ihr Mord an Alec als Tat einer Verzweifelten. Film wie Roman folgen darin einer säkular überformten christlichen Ethik – wobei Hardys Buch scharf antiklerikale Äußerungen enthält –, einem gesellschaftskritisch aufgeklärten Hu-

Tess

manismus, der in seiner reinsten, ganz und gar altruistischen Gestalt in einer hochpathetischen, schon ans Kitschige grenzenden Szene zum Ausdruck kommt: als die ebenfalls in Angel verliebte Izz Huett, ein Mädchen, das auch in der Meierei von Talbothays gearbeitet hat, die Größe und Unbedingtheit von Tess' Liebe bezeugt – und damit bewußt die Chance verspielt, mit Angel zusammen nach Brasilien auszuwandern, wie er es ihr angeboten hatte. Es ist diese Haltung selbstloser Anteilnahme, die der Roman vom Leser, der Film vom Zuschauer fordert.

MACBETH, die andere Verfilmung eines Textes der Weltliteratur, dessen Geschehen sich – von seinem rein zeitlichen Umfang her betrachtet – ebenfalls in epischen Dimensionen erstreckt, war einer Ästhetik des Schreckens und der Grausamkeit verhaftet. Mit jenem Film verglichen, der TESS auch darin verwandt ist, daß er eine vergangene Epoche rekonstruiert, wird Polanskis Wechsel zu einem Stil des epischen Gleichmaßes besonders auffällig. Er ist ihm vor allem von der deutschen Filmkritik verübelt worden. Ihrem Tenor folgt noch die Werkbiografie Paul Werners; nach Hinweisen auf die kulinarischen Aspekte von Polanskis Landschaftsschilderung, von Ausstattung und Kostümierung sowie auf die »melodramatische« Anlage des Films kommt er zu dem Urteil, Polanski laufe »ausgerechnet bei seiner Hardy-Verfilmung Gefahr, sein Publikum mindestens die Hälfte seines Drei-Stunden-Films zu langweilen«. TESS enttäusche »als eine überlange, aseptisch ›werkgetreue‹ Adaption eines episch-breiten Romans, die nur an wenigen Stellen etwas von Polanskis Persönlichkeit spüren läßt, gelegentlich sogar Reminiszenzen an die mittlerweile zu Recht so verpönten Literaturverfilmungen aufkommen läßt«[105].

Werners Kritik reibt sich am Typus der epischen Literaturverfilmung, am Verhältnis von literarischem Original und Film. Im Grunde aber reagiert sie auf die den Film beherrschende Stilintention: den Willen zu einem filmischen Klassizismus, den TESS in jeder Einstellung verrät. Die von Polanski proklamierte »Einfachheit« meint nichts anderes. Ein klassizistischer Impuls bestimmt bereits die Wahl eines Werks aus dem bildungsbürgerlichen Literaturkanon und seine möglichst getreue Umsetzung. In dieser Stilhaltung macht sich ein Konservativismus geltend, der schon Polanskis pessimistische Anthropologie, seinen Perfektions- und Unterhaltungsanspruch oder auch die parodistische Spiegelfechterei von CHE? insgeheim antreibt. Die in TESS enthaltene Sozialkritik steht dazu nicht im Widerspruch. War doch der vielleicht wirkungsvollste Anwalt eines klassizistischen Kunstverständnisses im 20. Jahrhundert ausgerechnet ein marxistischer Theoretiker: Georg Lukács. Es ist wohl deshalb kein Zufall, daß TESS innerhalb Polanskis Werk einzig zu seinem Diplomfilm GDY SPADAJA ANIOŁY stilistische Parallelen aufweist, den er einem Gremium vorlegen mußte, das mit Lukács' Überlegungen vertraut gewesen sein wird.

Ganz im Sinne dieses Klassizismus verzichtet TESS auf alle schroffen, kraß naturalistischen Elemente. Die Beobachtung, daß die penibel geschilderte schwere bäuerliche Arbeit, das Garbenbinden der Frauen, das Hacken von Rüben aus dem gefrorenen Ackerboden, die Schinderei bei der Bedienung einer dampfbetriebenen Dreschmaschine – Vorgänge, denen Hardy wie Polanski breiten Raum widmen – dennoch historisch entrückt, fast genrehaft idyllisiert erscheint, läßt sich auf eben diesen Antinaturalismus zurückführen, der noch den

Schweiß, den Dreck und die Erschöpfung in formvollendete Bilder faßt. Es ist der Klassizismus von TESS, der von der Academy of Motion Picture Arts and Sciences mit drei Oscars belohnt wurde – für die Kamera von Geoffrey Unsworth, der während der Dreharbeiten starb, und Ghislain Cloquet, der dessen Arbeit bruchlos fortsetzte, außerdem für Kostüm und Ausstattung.

Trotz des Verzichts auf persönliche Ausdrucksformen, auf einen individuellen Autorenstil, erweist sich Polanski auch in TESS als ein zutiefst europäischer Regisseur. Mit der in Hollywood gängigen Praxis der Literaturverfilmung, die nur an der Verwertung des Stoffes und dem Prestigewert des literarischen Originals orientiert ist, hat TESS nichts gemein. Eine Version des Hardyschen Romans à la Hollywood war – nach zwei frühen Stummfilmadaptionen, deren zweiter von 1924 der Filmtycoon Louis B. Mayer ein happy end verpaßt hatte – neben *Gone with the Wind* nach Margaret Mitchell lange Zeit das Lieblingsprojekt David O. Selznicks. Sein Plan scheiterte an dem Problem der Besetzung der Hauptrolle; seine (zweite) Frau Jennifer Jones, der er sie zugedacht hatte, war bereits zu alt. Erst Polanski fand in Nastassia Kinski eine glaubhafte Verkörperung von Hardys unschuldiger Mörderin.

Tess

Pirates. 1984/85 (Von Peter W. Jansen)

Der Ozean, auf dem Ozean ein Floß, von einem Hai umkreist, auf dem Floß zwei schiffbrüchige Piraten: Capitaine Red (Walter Matthau) und sein Schiffsjunge La Grenouille/The Frog/Frosch (Cris Campion). Da sie seit Wochen nichts zu essen haben, will Red seinen Hunger an dem Jungen stillen. Im letzten Augenblick entdeckt Frosch ein Schiff, das auf sie zuläuft. Es ist der Dreimaster »Neptun« aus der Flotte der spanischen Krone, unterwegs nach Europa. Red und Frosch stehlen sich auf die Galeone, wobei Red sein Schwert verliert - es bleibt in einem Haifisch stecken, der damit davonschwimmt -, die Tasche mit seiner Goldbeute aus 25 Jahren Piraterie sowie ein Stück seines Holzbeins: da es eingeklemmt ist, muß er es abhacken. An Bord der »Neptun« werden sie vom Zweiten Offizier Don Alfonso (Damien Thomas) bald in Ketten gelegt und zu dem aufrührerischen schwarzen Koch Boomako (Olu Jacobs) gesperrt, der Red auf die besondere Fracht des Dreimasters hinweist; es ist der Thron des Azteken-Königs Kapatec-Anahuac, ein voluminöser Sessel aus massivem Gold. - Indem er eine tote Ratte in die Suppe für die Mannschaft schmuggelt, löst Red eine Meuterei aus, die jedoch fehlschlägt. Er und Frosch müssen in der Messe je eine halbe Ratte verspeisen. Dabei muß ihnen unter anderen Dolores (Charlotte Lewis) zusehen, die reizvolle Nichte des Gouverneurs von Maracaïbo, die mit Frosch schon heimliche Blicke tauscht. Als sie aufgehängt werden sollen, entfesseln Frosch und Red einen turbulenten Kampf, der sie zu Herren über das Schiff macht; Don Alfonso - der Kapitän ist in der Zwischenzeit gestorben - und seine Offiziere werden gefangen genommen. - Gewitter über der Schildkröteninsel, Blitz und Donner, strömender Regen: Red findet seine alte Mannschaft in einer finsteren Spelunke wieder. Während die Piraten ein orgiastisches Fest feiern, kann Don Alfonso die »Neptun« nebst Besatzung zurückerobern; er läßt Kurs auf Maracaïbo nehmen. Red und die Seinen folgen mit einem kleinen Schiff unter roten Segeln. Im Gouverneurspalast droht Red die schöne Dolores vor den Augen ihres Onkels zu vergewaltigen, legt sich schließlich zu ihm ins Bett, quält seinen gichtigen Fuß und

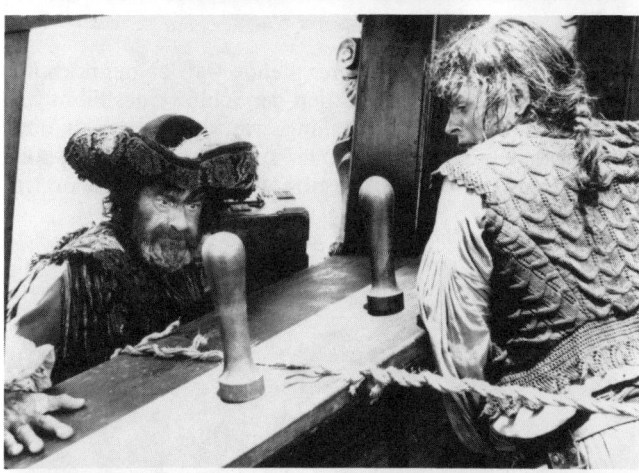

beißt ihm in den Zeh, bis der Gouverneur Don Alfonso den Befehl erteilt, Red den Azteken-Thron auszuhändigen. Doch noch einmal werden Red und Frosch gefangengesetzt, können mit Hilfe des Kochs und ihrer Komplizen befreit werden, verfolgen ein weiteres Mal die »Neptun« und entern sie bei Nacht auf hoher See. Red schießt das eigene Schiff auf Grund, damit die Piraten um alles oder nichts kämpfen müssen. Dann läßt er den Azteken-Thron auf ein Beiboot hieven, und Frosch muß ihm helfen und Dolores, die inzwischen mit Don Alfonso verlobt worden ist, im Stich lassen. – Der Ozean, auf dem Ozean ein Boot, von einem Hai umkreist, und auf dem Boot zwei Piraten mit einem Thron aus massivem Gold. (Sie werden bald nichts mehr zu essen haben.)

Der Film schließt mit einer Kreisblende – als ob das noch nötig wäre. Wieder einmal reflektiert der Schluß eines Films von Polanski ironisch auf den Anfang, wie NÓŻ W WODZIE oder REPULSION, wie CUL-DE-SAC oder DANCE OF THE VAMPIRES, CHE? oder LE LOCATAIRE. Wie NÓŻ W WODZIE, DANCE OF THE

Pirates

VAMPIRES und CHE? mit der Anreise beginnen und mit der Abreise enden, so auch PIRATES; wie DWAJ LUDZIE Z SZAFA und CUL-DE-SAC mit dem Blick auf das Meer anheben und mit dem Blick auf das Meer schließen, so legt sich das dramaturgische Muster auch um den Piratenfilm und wird zum Bild in einer Haifischflosse, die das Floß und die das Boot umkreist und regelrecht herausschneidet aus der Unendlichkeit des Ozeans wie ein Medaillon, ein Schmuckstück oder der ewig unentrinnbare huis clos, was ist da schon der Unterschied. Doch dann kommt, als sei die Haifischflosse so wenig sichtbar wie die Kongruenz von Anfang und Ende erkennbar, die Kreisblende, ein Punkt hinter dem Punkt, ein Ausrufezeichen hinter zwei anderen.

Wiederholungen und Verdoppelungen sind durchweg das Kennzeichen von PIRATES – wie die gekreuzten Säbel unter dem Totenkopf auf der schwarzen Fahne. Zweimal muß die »Neptun« geentert werden; zweimal geraten Red und Frosch in Gefangenschaft, zweimal droht ihnen die Exekution; zweimal soll Dolores vergewaltigt werden (beim erstenmal, beim ersten Sturm auf die »Neptun«, tötet Frosch den

Pirates

Dreharbeiten Pirates

Aggressor); zweimal liegen alte Männer zu Bett (Kapitän Linares, Vorgänger Don Alfonsos, stirbt in seiner Kajüte; der Gouverneur wird von Red fast zutode gepeinigt); zweimal schnitzt Red an seinem Holzbein herum (beim zweitenmal, um es zu verzieren); und wo etwas nur einmal existiert, wird es in zwei Hälften geteilt: die Ratte, die Red und Frosch essen müssen. Zwei sind schließlich auch Red und Frosch, zwei Prototypen korsarischer Existenz, wie die beiden Männer mit dem Schrank zwei waren oder Professor Abronsius und Alfred unter den Vampiren oder die Säugetiere (SSAKI) oder der Dicke und der Dünne (LE GROS ET LE MAIGRE) oder in ROSEMARY'S BABY Rosemary und Guy, die Castavets und die beiden Ärzte. Doch während in allen früheren Filmen zwischen den jeweils zwei eine Spannung waltet, die das Drama in Gang setzt; oder während es durch einen hinzukommenden Dritten aus der Latenz zum Ausbruch geführt wird (NÓŻ W WODZIE); oder während es sich aus einer Person in deren Aufspaltung entfaltet (LE LOCATAIRE) - bleibt die Beziehung Red-Frosch in PIRATES für den Fortgang der Geschichte und ihre Intensität ziemlich folgenlos. Natürlich möchte sich Frosch nicht von Red aufessen lassen, natürlich widersetzt er sich Reds Idee, Dolores zu vergewaltigen; aber ebenso selbstverständlich folgt er als Schiffsjunge dem Kommando seines Kapitäns. Zwischen den beiden herrscht weder die Solidarität der beiden mit dem Schrank noch die Parität der Säugetiere noch die Konkurrenz der Hähne von NÓŻ W WODZIE oder der Betrug, den Guy an Rosemary verübt, oder die Hoffnung (Utopie), zu der sich der Dünne von dem Dicken verführen läßt; Alfred (DANCE OF THE VAMPIRES) ist dem Spinner Abronsius, dem er gleichwohl dient, an Praxis und Liebesfähigkeit überlegen, weshalb er mit der längst vampirisch kontaminierten Sarah die Seuche aus den Karpathen in die Welt einführt – aber Frosch läßt die Krankheit Liebe mit Dolores dahinsegeln, weil er gegenüber Red keinen eigenen Charakter bildet: er ist von Anfang an so gut wie gegessen.

Die Idee, das Drehbuch, hatte das anders gedacht: »Im Zentrum des Films steht der Dualismus der beiden Männer«[106], erklärte Co-Autor Gérard Brach, und: »Die Aufspaltung ei-

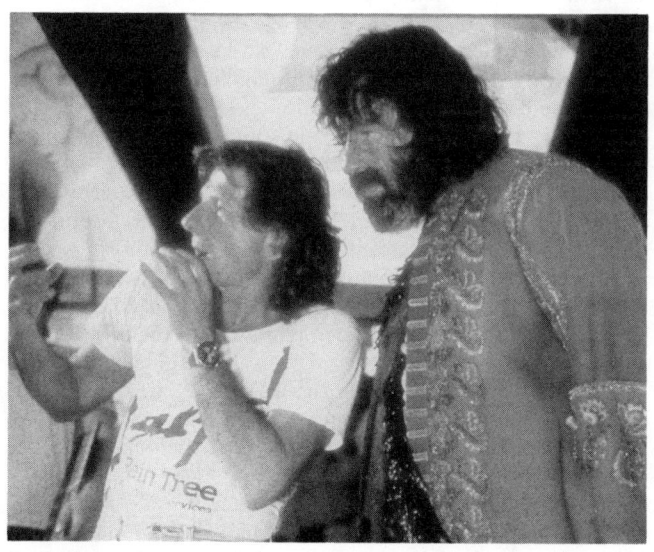

Dreharbeiten Pirates

ner Figur in zwei Personen ist Polański sehr vertraut«[107] – was man aus seinem Œuvre gewiß weiß, in PIRATES aber nicht inszeniert findet. Es ist eine der entscheidenden Schwächen des Films, »dieses Versäumnis, sich auf eine wirkliche Geschichte zwischen den beiden Personen zu stützen und sie zwischen ihnen kommunizieren zu lassen«[108]. Es ist nicht so, als ob Polański dieses Manko entgangen wäre; jedenfalls war ihm bewußt, daß er sein Augenmerk auf ganz andere Fragen und Details des Films gerichtet hatte: »Wenn ich weiß, daß die Form eines Schuhs nicht authentisch ist, fällt es mir schwer, ihn zu filmen ... Je länger die Vorbereitung dauert, desto mehr wird man zum Perfektionisten ... Durch die Anstrengung, die Recherchen zu vertiefen, das Dokumentarische zu vervollständigen, sich so dicht wie möglich der Authentizität eines Berichts, eines Kostüms oder eines Dekors zu nähern, riskiert man, sich zu verlieren und den Film zu vergessen.«[109]

Die Länge der Vorbereitungen, das Streben nach Genauigkeit: die zehn Jahre zwischen Entwurf und Verwirklichung, Sehnsucht und Erfüllung sind ebensowenig spurlos an PIRATES vorbeigegangen wie LE LOCATAIRE und TESS, die Polański nicht nur zwischendurch, sondern auch stattdessen realisierte. Mehrere Ansätze, auf der Woge des Erfolgs von CHINATOWN das Piratenstück vom Stapel zu lassen, scheiterten an den enormen Kosten, und als schließlich Tarak Ben Ammar die Bühne betrat und die 30 Millionen Dollar herbeischaffte, die PIRATES bis zum Schluß kosten sollten, da hatten sich wesentliche Voraussetzungen geändert. Jack Nicholson, der den Kapitän Red spielen sollte, war selbst für diese Superproduktion zu teuer geworden, zumal angesichts seiner Forderungen bei Überziehen der Drehzeit[110], womit bei den enorm wetterabhängigen Dreharbeiten auf offenem Meer allemal zu rechnen war, und Polański, der La Grenouille/The Frog hatte spielen wollen (und damit noch einmal die Polański-Nicholson-Konfrontation von CHINATOWN), fühlte sich mit inzwischen reichlich fünfzig Jahren zu alt für die Rolle des Jungen; »und dann habe ich mir klargemacht, daß ich, wenn ich diesen Film lebend beenden wollte, nicht auf beiden Seiten der Kamera würde stehen können«[111].

Doch zwischen 1974 und 1984 war nicht nur Polański älter geworden, sondern auch das Kino: indem es infantiler wurde. 1974 gab es noch nicht *Star Wars* (1977), *Close Encounters of*

Pirates

the Third Kind (1977), *Raiders of the Lost Ark* (1980), jene Sorte von Abenteuer- und Fantasy-Filmen, die sich mittlerweile mit Kunstfiguren oder Produkten der Maskenbildnerei oder Minuscharakteren parasitär an die Stelle der Fantasie gesetzt haben, die im traditionellen Kino von den Mantel-und-Degen-Helden Douglas Fairbanks jr. oder Erroll Flynn und

Konsorten besetzt waren, ihrerseits Kinokonfigurationen, denen die polanskische Fantasie zu folgen begierig war. 1974 gab es noch nicht die Kurzatmigkeit des Videoclips, der inzwischen mit seinen folgenlosen Minimalgeschichten und Discountarrangements die Schrumpfdramaturgie des Massenkinos diktiert. Polanski aber dreht 1984/85 seinen Beitrag zum »großen«, zum Massenkino, als habe es weder die eine noch die andere Entwicklung gegeben (und als sei der ähnlich opulent und »realistisch« ausgefütterte Mammut *The Bounty* von Roger Donaldson, 1984, kein fulminanter flop gewesen). So gewiß PIRATES unter allen Filmen seines Genres nicht nur der teuerste, sondern auch derjenige ist, der die genre-üblichen Aktionen am perfektesten vorführt, ohne Studiotricks wie Playback und andere Spiegelfechtereien, so gewiß ist dieser konservative Film der evidente Beweis für das rasche Altern des Kinos – und so gewiß auch ein grandioses Mißverständnis.

Die Kinofantasie interessiert nicht, daß die »Neptun« aus edlen Hölzern in der Bauzeit eines vollen Jahres für 8,2 Millionen Dollar gezimmert wurde und von Polanski sehr viel weniger exzessiv und werblich in Totalen präsentiert wird, als es der auf Amortisation des teuren Stücks bedachten Produktion genehm gewesen wäre; die Kinofantasie interessiert auch nicht die Authentizität der Schnallen, Gürtel, Schuhe, Schärpen, Säbel und Kanonen; sie interessiert nichts als die Fantasie selbst und ihre Orientierung oder Desorientierung durch das Kino. Mit PIRATES hat sich Roman Polanski einen Kindertraum erfüllt, aber erfüllt er damit auch die Träume anderer? »Polanski ist doch kein Kubrick«[112]: wo der noch seine persönlichste Obsession zu einer allgemeinverbindlichen zu formulieren versteht, vermutet der Polanski von PIRATES den Konsens mittenwegs, wie einst bei DANCE OF THE VAMPIRES. Der neue Film sollte ähnlich wie der von damals beides in einem sein: das Musterstück des Genres und gleichzeitig dessen Parodie. Doch was bei DANCE OF THE VAMPIRES leicht gelingen konnte, weil das filmgesättigte Genre nur noch zur Parodie taugt, konnte bei PIRATES schon deswegen nicht funktionieren, weil das Genre durch lange Vernachlässigung, Desinteresse und Ablenkung des Interesses auf die Fantasy-Abenteuerfilme Spielbergs und Lucas' und anderer so verbraucht gar nicht ist und anders als beim Vampirfilm für den Piratenfilm allererst eine neue Aufmerksamkeit zu wecken wäre. Das ist der interne Widerspruch von PIRATES: daß der Film erst für den Gegenstand werben und ihm eine gewisse Seriosität verleihen muß, bevor er den Gegenstand selbst dem Spott anheimgeben kann. Dieser Mangel an konstruktiver Klarheit ist dem Film von Anfang an einbeschrieben. »Während der Dreharbeiten«, so Polanski, »kann man sich nur noch entscheiden, ob man die satirische Seite hervorheben oder, im Gegenteil, den Anschein der Ernsthaftigkeit erwecken will. Ideal wäre für mich, wenn das Publikum glaubt, wir versuchten ernsthaft zu sein, und genau das es zum Lachen bringt.«[113]

1. Barbara Leaming: Polanski, a biography. The filmmaker as voyeur. New York 1981, Bildunterschrift S. 97
2. Roman Polanski: Roman Polanski. Autobiographie. Bern, München, Wien 1984, S. 407
3. Barbara Leaming, a.a.O., S. 23
4. Roman Polanski, a.a.O., S. 54
5. Andrew Sarris: The American Cinema. Directors and Directions 1929-1968. New York 1982, S. 151
6. Polanski, a.a.O., S. 103
7. Paul Werner: Roman Polanski. Frankfurt 1981, S. 20
8. Polanski, a.a.O., S. 104
9. Ivan Butler: The Cinema of Roman Polanski. New York, London 1970, S. 19
10. Boleslaw Sulik: Introduction. zu: Roman Polanski: Three Film Scripts, London 1975, S. 13
11. Wilfried Berghahn: Zwei Männer – Versuch über Polanskis Kurzfilme. in: Filmkritik Nr. 9, September 1963, S. 414
12. Butler, a.a.O., S. 22f.
13. Berghahn, a.a.O., S. 414f.
14. zitiert von Werner, a.a.O., S. 149
15. Polanski, a.a.O., S. 129
16. ebd., S. 128
17. Günter Peter Straschek: Handbuch wider das Kino. Frankfurt 1975, S. 16
18. zitiert von Gretchen Bisplinghoff/Virginia Wright Wexman: Roman Polanski, a guide to references and sources. Boston, Mass. 1979, S. 47
19. Polanski, a.a.O., S. 172
20. Gretchen Weinberg: Interview with Roman Polanski. in: Sight and Sound, Vol. 33, Nr. 1, Winter 1963/64, S. 33
21. wiedergegeben nach Polanski, a.a.O., S. 167 und Werner, a.a.O., S. 54
22. Werner, a.a.O., S. 54
23. Polanski, a.a.O., S. 167

24 ebd., S. 179
25 Bernard Cohn: Repulsion. Les chemins de la catatonie. in: Positif, Nr. 75, Mai 1966, S. 134
26 Raymond Durgnat: Repulsion. in: Films and Filming, Vol. 11, Nr. 11, August 1965, S. 28
27 Joseph Gelmis: The Film Director as Superstar. New York 1970, S. 146
28 zitiert von Leaming, a. a. O., S. 60
29 so Ulrich Gregor: Repulsion. in: Cinéma (Paris), Nr. 99, September/Oktober 1965, S. 132
30 Durgnat, a. a. O., S. 28
31 Gelmis, a. a. O., S. 146
32 Michael Delahaye, Jean-André Fieschi: Interview with Roman Polanski. in: Roman Polanski: Three Scripts. London 1975, S. 214
33 Polanski, a. a. O., S. 162
34 Michel Ciment/Michel Pérez/Roger Tailleur: Entretien avec Roman Polanski. in: Positif, Nr. 102, Februar 1969, S. 14
35 Gelmis, a. a. O., S. 147
36 Bosley Crowther, in: The New York Times, 8. 11. 1966, S. 44
37 The Times, 2. 6. 1966, S. 19 (anonym)
38 Brendan Gill, in: The New Yorker, 42, 12. 11. 1966, S. 115 (die zwei letzten Zitate nach Bisplinghoff/Wexman, a. a. O., S. 53 und S. 56)
39 Colin McArthur: Polanski. in: Sight and Sound, Vol. 38, Nr. 1, Winter 1968, S. 16
40 Frieda Grafe: Wenn Katelbach kommt. in: Filmkritik, Nr. 11, November 1966, S. 625
41 ebd., S. 626
42 Peter W. Jansen, in: Filmkritik, Nr. 8, August 1966, S. 431
43 Polanski, a. a. O., S. 195
44 z. B. Gelmis, a. a. O., S. 141
45 ebd., S. 148
46 Werner, a. a. O., S. 56
47 Polanski selbst spricht von einer Kürzung um zwanzig Minuten, entsprechend den Angaben in der Uraufführungskritik Bosley Crowthers in der New York Times vom 14. 11. 1967; dort ist eine Länge von 88 Minuten gegenüber einer Originallänge von 107 Minuten verzeichnet. Die filmografischen Angaben bei Bisplinghoff/Wexman, a. a. O., S. 25, und Werner, a. a. O., S. 265, geben 98 Minuten für die amerikanische Fassung an.
48 Polanski, a. a. O., S. 233
49 Mario Praz: Liebe, Tod und Teufel. Die schwarze Romantik. München 1981, S. 80
50 Siegfried Kracauer: Von Caligari zu Hitler. Frankfurt 1984, S. 86
51 Polanski, a. a. O., S. 208
52 Ciment/Pérez/Tailleur, a. a. O., S. 18
53 ebd., S. 14
54 Pascal Kané: Une démystification du vampirisme. in: L'Avant-Scène du Cinéma, Nr. 154, Januar 1975, S. 5
55 so in der deutschen Fassung; der englische Titel lautet: A Hundred Goodlie Ways of Avowing One's Sweet Love to a Comlie Damozel
56 Polanski, a. a. O., S. 210
57 Eine in der deutschen Fassung unverständlich gewordene Nuance. Dort heißt es, das Kreuz wirke nur gegen »ältere« Vampire.

58 Gordon Gow: Satisfaction – a most unpleasent feeling. in: Films and Filming, Vol. 15, Nr. 7, April 1969, S. 16
59 Nicht zufällig ist der Name des jüdischen Wirts lautgleich mit dem des Malers Marc Chagall; vgl. Ciment/Pérez/Tailleur, a.a.O., S. 18
60 Michel Delahaye/Jean Narboni: Entretien avec Roman Polanski. in: Cahiers du cinéma, Nr. 208, Januar 1969, S. 30
61 Michel Pérez: La petite accouchée de l'Amérique. in: Positif, Nr. 102, Februar 1969, S. 4
62 Polanski, a.a.O., S. 224
63 Gelmis, a.a.O., S. 153
64 ebd.
65 ebd.
66 ebd., S. 154. Die Produktionskosten, die im Interview mit Gelmis (offenbar fälschlich) mit 3,2 Mio $ angegeben sind, beliefen sich nach Polanski auf 2,3 Mio $: Polanski, a.a.O., S. 232
67 zitiert nach Harrison Engle: Polanski in New York. in: Film Comment, Vol. 5, Nr. 1, Herbst 1968, S. 6
68 Ciment/Pérez/Tailleur, a.a.O., S. 9
69 Polanski, a.a.O., S. 224
70 Gow, a.a.O., S. 18
71 Delahaye/Narboni, a.a.O., S. 25
72 Engle, a.a.O., S. 5
73 ausführlich kommentiert Polanski seine Arbeitsmethode in: Dialogue on Film, Vol. 3, Nr. 8, August 1974
74 Delahaye/Narboni, a.a.O., S. 62
75 Beverle Houston/Marsha Kinder: Rosemary's Baby. in: Sight and Sound, Vol. 38, Nr. 1, Winter 1968, S. 17ff.
76 Polanski, a.a.O., S. 298
77 ebd., S. 293
78 Jack J. Jorgens: Shakespeare on Film. Bloomington, London 1977, S. 166
79 vgl. Jan Kott: Shakespeare heute. München, Wien 1964
80 Gertrud Koch, in: Frankfurter Rundschau, 20.5. 1972
81 Werner, a.a.O., S. 128
82 Nigel Andrews: Macbeth. in: Sight and Sound, Vol. 41, Nr. 2, Frühjahr 1972, S. 108
83 Werner, a.a.O., S. 131
84 Jorgens, a.a.O., S. 162; Jorgens geht dem Netz der Verweisungen bis ins einzelne nach
85 in: Süddeutsche Zeitung, 8.2. 1973
86 Polanski, a.a.O., S. 300f.
87 ebd., S. 301
88 zitiert nach Werner, a.a.O., S. 148
89 in: Süddeutsche Zeitung, 8.2. 1973
90 William Walling: Chinatown. in: Film in Society, hg. v. Arthur Asa Berger. New Brunswick und London 1980, S. 41f.
91 in: Dialogue on Film: Roman Polanski, a.a.O., S. 2
92 Ulrich Gregor: Geschichte des Films ab 1960. Reinbek bei Hamburg 1983, S. 355
92a Garrett Stewart: The Long Goodby From Chinatown. in: Film Quarterly, Vol. 28, Nr. 2, Winter 1974/75, S. 28
93 Polanski, a.a.O., S. 30

94 Georg Seeßlen: Mord im Kino. Geschichte und Mythologie des Detektiv Films (Grundlagen des populären Films Bd. 8). Reinbek bei Hamburg 1981, S. 245
95 Stewart, a. a. O., S. 31
96 Roland Topor: Der Mieter. Zürich 1976, S. 51
97 Louis-Bernard Robitaille: Polanski tourne Le locataire. in: Ecran, Nr. 45, März 1976, S. 4
98 Hannah Arendt: Juden in der Welt von gestern. in: Die verborgene Tradition. Acht Essays. Frankfurt 1976, S. 81
99 Thomas Hardy: Tess von den d'Urbervilles. Vorwort zur fünften Ausgabe und späteren Ausgaben. Stuttgart 1979, S. 6
100 Polanski, a. a. O., S. 384
101 Dialogue avec Roman Polanski. Festival de Prades. in: Cinéma (Paris), Nr. 254, Februar 1980, S. 19 f.
102 ebd., S. 20
103 Entretien avec Roman Polanski. In: Cahiers du cinéma, Nr. 306, Dezember 1979, S. 7
104 Polanski, a. a. O., S. 396
105 Werner, a. a. O., S. 208
106 Danièle Parra/Pierre Laurenti: Propos de Gérard Brach. in: Revue du Cinéma, Mai 1986, S. 25
107 Alain Bergala: Entretien avec Gérard Brach. in: Cahiers du Cinéma, 384, Mai 1986, S. 28
108 Serge Toubiana. in: Cahiers du Cinéma, 385, Juni 1986, S. 23
109 Olivier Darmon: Entretien Roman Polanski. in: Cinématographe, 119, Mai 1986, S. 38
110 »Bob Evans [in einer der früheren Phasen der Vorbereitungen noch Produzent des Films, Anm. PWJ] warnte den Regisseur: ›... Für jeden Tag Überziehung mußt du Nicholson 50000 Dollar zahlen.‹« Danièle Heymann. in: Le Monde, 8. 5. 1986
111 Interview Darmon, a. a. O., S. 39
112 Wolfram Schütte. in: Frankfurter Rundschau, 10. 5. 1986
113 Pascal Mérigeau: Propos de Roman Polanski. in: Les Nouvelles Littéraires, Nr. 6, Mai 1986, Spécial Cannes, S. 3

Daten

Von Wolfgang Jacobsen

Biografie

Roman Polanski
geboren am 18. August 1933 in Paris.
Er wurde eigentlich von den Eltern Raymond genannt, in der Annahme, es handele sich dabei um die französische Form des polnischen Vornamens Roman. Die polnische Schreibweise des Nachnamens ist Polański.
Polanskis Eltern lebten als staatenlose jüdische Migranten in Frankreich. Der Vater, Ryszard Polański, aus Kraków gebürtig, versuchte – mit geringem Erfolg – den Lebensunterhalt der Familie als Kunstmaler zu verdienen. Die Mutter Bela, geb. Katz, war Jüdin russischer Abstammung. Nach Polanski haben seine Eltern den jüdischen Glauben nicht praktiziert. Wegen des auch in Frankreich stärker werdenden Antisemitismus kehren die Eltern 1937 nach Kraków zurück. Sie wohnen in Kazimierz, dem jüdischen Viertel der Stadt. Nach Ausbruch des Zweiten Weltkriegs fliehen sie 1939 nach Warszawa (Warschau), kehren aber nach der Bombardierung der Stadt 1940 nach Kraków zurück und wohnen in dem mittlerweile zum Getto gemachten jüdischen Stadtviertel. Roman Polanski muß nach kurzer Zeit die Grundschule wieder verlassen, da jüdischen Kindern der Schulbesuch verboten wird. Seine Mutter wird 1940 abtransportiert und später im KZ Auschwitz ermordet. Kurz vor der Liquidierung des Krakauer Gettos kann Polanski mit Hilfe von Vater und Onkel fliehen. Viele Familienmitglieder entkommen dem Pogrom nicht; seine Halbschwester Annete, Vater und Onkel überleben Auschwitz und das KZ Mauthausen. Polanski selbst findet zunächst Unterschlupf bei einer Familie in Kraków, wo er seinen Lebensunterhalt als Zeitungsjunge verdienen muß und heimlich im Kino deutsche Propagandafilme sieht, ohne ein Wort zu verstehen; später versteckt er sich bei Bauern in dem Dorf Wysoka.
Nach Kriegsende muß er in zwei Jahren die Grundschulbildung nachholen, ab 1947 lebt er nicht mehr bei seinem Vater, der wieder geheiratet hat. Er besucht für kurze Zeit eine Technikerschule, wechselt 1947 an das Liceum Sztuk Plastycznych, die Krakauer Kunstschule, wo er eine Grafik- und Malereiausbildung beginnt. In dieser Zeit erhält er auch Engagements für den Jugendhörfunk und tritt 1947 zum

erstenmal als Mitglied einer Jugendbühne auf. Er spielt Rollen in Valentin P. Kataevs *Syn polka* und in Anton S. Makarenkos *Romandramatisierung Pedagogičeskaja poèma*. Er zeigt starkes Interesse am Impressionismus und Surrealismus, was ihn in Gegensatz zur offiziellen Kunstauffassung bringt, knüpft einen losen Kontakt mit der literarischen Bewegung expatriierter polnischer Schriftsteller, beschäftigt sich mit westlicher Literatur und wird beeinflußt durch die Lektüre Kafkas und Witold Gombrowicz'. 1951 nimmt er mit anderen Studenten an einer Reise nach Wien teil. Bis 1953 studiert er an der Kunstschule und arbeitet regelmäßig als Schauspieler. An der Staatlichen Schauspielschule Kraków bewirbt er sich dreimal vergeblich. Um dem Militärdienst zu entgehen, muß er eine Hochschulimmatrikulation nachweisen; er erwägt ein Studium an einer Zirkusschule, plant sogar seine Flucht aus Polen. Schließlich erhält er 1953 eine kleine Rolle in einem Film von Studenten der Filmhochschule Łódź. Durch die Vermittlung von Antoni Bohdziewicz, Professor in Łódź, und Andrzej Wajda wird er 1954 in die Regieklasse der Państwowa Wyszsza Skoła Teatralna i Filmowa, Łódź, aufgenommen. 1955 realisiert er seinen ersten Kurzfilm ROWER, der auf einem autobiografischen Erlebnis beruht. Für sein Magisterexamen 1958 dreht er DWAJ LUDZIE Z SZAFA, für den er auf den Festivals in San Francisco und Brüssel (1958) sowie auf den Kurzfilmtagen Oberhausen (1959, Ehrendiplom) ausgezeichnet wird. Für GDY SPADAJA ANIOŁY erhält er 1959 sein Regiediplom. Polanski wird der Produktionsgruppe »Kamera« zugeteilt, assistiert den Regisseuren Andrzej Munk und Jean-Marie Drot bei einer französischen TV-Produktion über Polen.

Am 9. September 1959 heiratet Polanski die Schauspielerin Barbara Kwiatkowski, die auch unter dem Namen Barbara Lass arbeitet. Ein Jahr später wird die Ehe geschieden. Während eines Parisaufenthalts dreht er den Kurzspielfilm LE GROS ET LE MAIGRE (1961), der ebenfalls auf den Kurzfilmtagen Oberhausen 1962 (Ehrenvolle Anerkennung) ausgezeichnet wird. 1961/62 entsteht sein letzter Kurzfilm SSAKI, für den er Preise in Tours und Oberhausen (1963) erhält. Bereits in diesen ersten Regiearbeiten bildet sich Polanskis – oft autobiografisch geprägter – Themen- und Motivkatalog aus.

1961 reicht Polanski bei Jerzy Bossak, dem künstlerischen Leiter der Produktionsgruppe »Kamera«, das Exposé für seinen ersten Spielfilm NÓŻ W WODZIE ein. Ein zusammen mit Jakub Goldberg und Jerzy Skolimowski, der vor allem die Dialoge schreibt, erarbeitetes erstes Drehbuch wird von den Genehmigungsbehörden des polnischen Kultusminsteriums abgelehnt, die Neubearbeitung schließlich akzeptiert. Die Dreharbeiten gestalten sich schwierig, Polanski überschreitet den Produktionsetat und die vorgesehene Drehzeit. Nach der Uraufführung wird der Film von Władysław Gomulka, dem Ersten Sekretär des Zentralkomitees, öffentlich kritisiert, so daß Polanskis

Chancen, einen weiteren Film in Polen zu realisieren (geplant war die Verfilmung von Slawomir Mrożeks Einakter *Na pełnym morzu*), auf den Nullpunkt sinken. International wird der Film ein großer Erfolg und trägt wesentlich zum Renommee des neuen polnischen Films bei. U.a. wird der Film 1963 für den Academy Award als bester ausländischer Film nominiert.

Einen Parisaufenthalt im Frühsommer 1962 nutzt Polanski, um sich aus Polen abzusetzen. Zusammen mit Gérard Brach schreibt er das Drehbuch für eine Episode des Gemeinschaftsfilms *Les plus belles escroqueries du monde,* für den er auch die Gesamtmontage übernimmt. Das Projekt, Becketts *En attendant Godot* zu verfilmen, scheitert, auch der Plan, eine schwarze Komödie, *Cherchez la femme,* zu drehen, kann nicht realisiert werden. Gene Gutowski, ein in den USA und England lebender polnischer Produzent, gibt Polanski die Gelegenheit, seinen zweiten Spielfilm REPULSION zu inszenieren. Finanziert wird der Film von den Engländern Michael Klinger und Tony Tenser, die ihr Geld bisher in billige Sex and Crime-Filme investiert hatten. REPULSION wird ein Überraschungserfolg, festigt Polanskis Ansehen als Regisseur und wird auf den Filmfestspielen Berlin 1965 mit einem Silbernen Bären ausgezeichnet. Der endgültige Durchbruch gelingt mit seinem nächsten Film CUL-DE-SAC, dessen Fertigstellung - nicht zuletzt durch heftige Auseinandersetzungen innerhalb des Teams - immer wieder gefährdet scheint, und der auf den Filmfestspielen Berlin 1966 den Goldenen Bären erhält.

1967 schließt Polanski mit dem amerikanischen Produzenten Martin Ransohoff einen Vertrag über drei Filme. Aber schon um die erste Produktion DANCE OF THE VAMPIRES kommt es zum Bruch, da Ransohoff gegen den Widerstand Polanskis erhebliche Eingriffe in den Film vornimmt und in den USA und Kanada eine Version in die Kinos bringt, von der sich der Regisseur distanziert.

Polanski arbeitet an verschiedenen Stoffen: einem Western mit dem Titel *Half-Breed,* einer Komödie *There Is a Needle in My Soup* und einer Fortsetzung des Cat Ballou-Stoffs unter dem Titel *Kid Shareen.* Nach dem Bestseller *Rosemary's Baby* von Ira Levin entsteht sein nächster Film. Der Stoff wird ihm von Robert Evans angeboten, der ihm auch die Regie für einen Skifilm, *Downhill Racer,* der dann von Michael Ritchie realisiert werden wird, anbietet. Nach Polanskis Vorstellungen soll Robert Redford in ROSEMARY'S BABY die Hauptrolle spielen, auch Jack Nicholson ist im Gespräch. Die Pläne zerschlagen sich aber, so daß schließlich John Cassavetes engagiert wird. Von der Kritik hochgelobt, stößt der Film nach seiner Uraufführung besonders in kirchlichen Kreisen auf heftige Ablehnung, wird von dem National Catholic Office for Motion Pictures (NCOMP) mit dem Prädikat ‹Condemned› belegt; in England findet der Film keinen Verleih und fällt der Zensur zum Opfer.

Erneut nimmt Polanski Projekte in Angriff, die nicht realisiert werden, u.a. einen Science-Fiction-Film über Paganini. Er arbeitet an Adaptionen von Henri Charrières Roman *Papillon* (1973 von Franklin J. Schaffner inszeniert) und Robert Merles *The Day of the Dolphin* (1973 von Mike Nichols inszeniert). 1968 ist er Jury-Mitglied der Filmfestspiele in Cannes. Wegen der blutigen Straßenschlachten in Paris zwischen der Polizei und Studenten, tritt Polanski mit anderen aus Solidarität mit den Forderungen der Studenten aus der Jury aus, ein Schritt, den er wenig später in einer Polemik gegen Godard, Truffaut und andere wieder zurücknimmt.

In der Nacht vom 8. auf den 9. August 1968 werden in Bel Air, Hollywood, Polanskis zweite Frau Sharon Tate (die er am 20.1.1968 geheiratet hatte und die im achten Monat schwanger ist) und vier Freunde von Susan Denise Atkins, Patricia Krenwinkel und Linda Louise Kasabian, Mitgliedern einer okkulten Hippie-Kommune um Charles Manson, der als Anstifter der Tat gilt, ermordet. Der Prozeß gegen die Täter, die, bis auf die Kronzeugin Kasabian, zum Tode verurteilt werden (die Strafe wird dann in lebenslange Haft umgewandelt), erregt weltweites Aufsehen. Polanski verläßt die USA.

1970 verfilmt er in England, mit Geldern des Playboy-Konzerns, Shakespeares *Macbeth,* nach einem gemeinsamen Drehbuch mit Kenneth Tynan, für dessen Broadway-Revue *Oh! Calcutta!* Polanski eine Episode geschrieben haben soll. Der Film findet eine reservierte bis ablehnende Rezeption, ebenso wie der nächste Film, die internationale Co-Produktion CHE?, die auf dem Skript *The Magic Finger,* das Polanski und Brach für Jack Nicholson geschrieben hatten, beruht.

Der Detektivfilm CHINATOWN, bei dem die lang geplante Zusammenarbeit mit Jack Nicholson endlich gelingt und für den Polanski in die USA zurückkehrt, erhält elf Academy-Award-Nominierungen. 1975 arbeitet Polanski erstmals an einem Stoff mit dem Titel *The Pirate,* plant den Film *The Marathon Man* (1976 von John Schlesinger inszeniert) und das Remake von John Fords *The Hurricane* (1979 von Jan Troell realisiert), inszeniert in Spoleto Alban Bergs Oper *Lulu* und 1976 in München Verdis *Rigoletto*. Für das Modemagazin *Vogue* gestaltet er eine Fotoserie *Pirates*. 1976 verfilmt er Roland Topors Roman *Le locataire chimérique,* in dem er neben Isabelle Adjani die Hauptrolle spielt. Der Film wird bei Presse und Publikum kein großer Erfolg.

Am 11. März 1977 wird Polanski in Los Angeles unter dem Verdacht festgenommen, ein dreizehnjähriges Mädchen unter Drogen gesetzt und vergewaltigt zu haben. Am 24. März wird er, der den Tatvorwurf bestreitet, vor dem Santa Monica Superior Court in sechs Punkten angeklagt. Da er sich für nicht schuldig bekennt, wird die Hauptverhandlung zunächst vertagt. In einem »plea bargain«, einer Besonderheit des amerikanischen Strafrechts, die es ermöglicht, Anklagepunkte fallenzulassen, bekennt sich Polanski am 8. August im leichtesten Anklagepunkt (Geschlechtsverkehr mit einer Frau unter 18 Jahren) für schuldig. Der Vorsitzende Richter Laurence J. Rittenband ordnet eine psychiatrische Untersuchung in der geschlossenen Abteilung des Männergefängnisses von Chino an, die Polanski am 16. Dezember antritt. Nach seiner Entlassung am 27. Januar 1978 erscheint er nicht mehr zur Urteilsverkündung am 1. Februar, sondern verläßt die USA. Richter Rittenband muß auf Antrag der Verteidigung am 14. Februar wegen Weiterreichung von Prozeßinterna an die Presse, die das Verfahren weltweit ausschlachtet, zurücktreten. Polanski läßt sich nach seiner Flucht in Frankreich nieder, dessen Staatsbürgerschaft er 1975 angenommen hat.

Mit großem Budget verfilmt er 1979 Thomas Hardys Roman *Tess*. Polanski erklärt, daß dieser Film für ihn die Summe seiner filmischen Arbeit darstellt. Presse und Publikum nehmen den Film nicht an; auch der Versuch, eine stark gekürzte Fassung in den Kinos zu lancieren, bringt keinen Erfolg. Aufgrund dieses Mißerfolgs erhält Polanski keine Regieangebote mehr. 1981 kehrt er mit Peter Shaffers *Amadeus* als Regisseur und Schauspieler ans Theater zurück. 1984 veröffentlicht Polanski seine Autobiografie und beginnt mit den Dreharbeiten zu seinem neuen Film PIRATES.

Roman Polanski lebt in Paris.

Filmografie

Die Filmografie nennt Daten zu den Filmen, bei denen Roman Polanski Regie geführt hat; außerdem werden Hinweise gegeben zu den Filmen, an denen er als Drehbuchautor, Produzent, Regieassistent oder Schauspieler beteiligt war. Angaben zu seinen Opern- und Schauspielinszenierungen schließen die Filmografie ab.

Bei den polnischen Filmen wird, wenn es keinen deutschen Verleihtitel gegeben hat, eine deutsche Übersetzung des Originaltitels in Klammern genannt.

Für die Zusammenstellung der Angaben über den Stab, die Darsteller und ihre Rollennamen, über Produktions- und Aufführungsdaten wurden vor allem folgende Quellen benutzt: Gretchen Bisplinghoff/ Virginia Wright Wexman: Roman Polanski. A Guide to References and Resources. Boston, Mass 1979; Paul Werner: Roman Polanski. Frankfurt/M. 1981; die filmografischen Daten des American-Film-Institute-Katalogs, der Zeitschriften Variety und Monthly Film Bulletin; die Handbücher der Katholischen Filmkritik; die Filmografien der in der Bibliografie genannten Polanski-Monografien und die Kopien der Filme, soweit sie zur Verfügung standen.

Bei der Datierung – vor allem der polnischen Filme – gibt es z. T. Verschiebungen zu den vorliegenden Filmografien. Der Verfasser folgt: Jadwige Ślęzakiewicz (Red.): Kinematografia w polsce ludowej 1945-1980. Warszaw: Redakcja wydawnictw filmowych 1980. – Contemporary Polish Cinematography. Warsaw: Polonia Publ. House 1962.

Abkürzungen: R = Regie (wird genannt bei den Filmen, an denen Polanski als Drehbuchautor, Produzent, Regieassistent oder Schauspieler beteiligt war). – B = Buch. – K = Kamera. – K-F = Kameraführung. – Sch = Schnitt. – Sch-Ü = Schnittüberwachung. – T = Ton. – T-Ü = Tonüberwachung. – T-Sch = Tonschnitt. – T-M = Tonmischung. – M = Musik. – M-L = Musikalische Leitung. – Pro-Des = Production Design. – Ba = Bauten. – A = Ausstattung. – Ko = Kostüme. – Ma = Maske. – R-Ass = Regieassistenz. – D = Darsteller. – P = Produktionsgesellschaft. – Pd = Produzent. – Co-Pd = Co-Produzent. – Pl = Produktionsleitung. – Dz = Drehzeit. – Do = Drehort. – F = Format. – sw = schwarzweiß. – OL = Originallänge. – DL = Deutsche Länge. – U = Uraufführung. – DE = Deutsche Erstaufführung. – TV = Fernsehausstrahlungen in der Bundesrepublik. – V = derzeitiger Verleih in der Bundesrepublik.

1955-57 ROWER. (Das Fahrrad). – B: Roman Polański. – P: PWSTIF (Państwowa Wyższa Szkoła Teatralna i Filmowa, Łódź). – F: 35 mm.
Unvollendeter Kurzfilm.

1957 ŚMIECH. (Das Lächeln/Das falsche Lächeln). – B: Roman Polański. – P: PWSTIF (Państwowa Wyższa Szkoła Teatralna i Filmowa, Łódź). – F: 35 mm, sw.
Kurzfilm.

1957 ROZBIJEMY ZABAWE. (Abbruch des Tanzes/Lassen wir den Ball auffliegen). – B: Roman Polański. – K: Andrzej Galinski. – P: PWSTIF (Państwowa Wyższa Szkoła Teatralna i Filmowa, Łódź). – F: 35 mm, sw.
Kurzdokumentarfilm.

1957/58 MORDERSTWO. (Das Verbrechen). – B: Roman Polański. – P: PWSTIF (Państwowa Wyższa Szkoła Teatralna i Filmowa, Łódź). – F: 35 mm.
Kurzfilm.

1958 DWAJ LUDZIE Z SZAFA. Zwei Männer und ein Schrank. – B: Roman Polánski. – K: Maciej Kijowski. – K-F: Ryszard Borski. –

Sch: Roman Polański. - M: Krzysztof Trzciński-Komeda. - R-Ass: Andrzej Kostenko. - D: Henryk Kluba, Jakub Goldberg, Roman Polański (Halbstarker). - P: PWSTIF (Państwowa Wyższa Szkoła Teatralna i Filmowa, Łódź). - Pl: Jekuba Goldberga. - F: 35 mm, sw. - OL, DL: 15 min. - DE: 4.2. 1959, Kurzfilmtage Oberhausen. - V: Filmkundliches Archiv, Köln (16 mm).

1959 LAMPA. (Die Lampe). - B: Roman Polański. - K: A. Krzysztof. - P: PWSTIF (Państwowa Wyższa Szkoła Teatralna i Filmowa, Łódź). - F: 35 mm, sw.
Kurzfilm.

1959 GDY SPADAJA ANIOŁY. (Wenn Engel fallen). - B: Roman Polański. - K: Maciej Kijowski. - K-F: Henryk Kucharski. - Sch: Roman Polański. - A: Roman Polański, Kazimierz Wisniak. - M: Krzysztof Trzciński-Komeda. - D: Barbara Kwiatkowska, Jakub Goldberg, Andrzej Kondratiuk, Henryk Kluba, Roman Polański (in einer Szene als alte Frau). - P: PWSTIF (Państwowa Wyższa Szkoła Teatralna i Filmowa, Łódź). - F: 35 mm, sw und Farbe. - OL: 25 min.
Diplomfilm. - Die Rolle der alten Toilettenfrau wird nicht, wie in manchen Quellen angegeben, von Polański, sondern von einer Laiendarstellerin gespielt. Nur für eine Rückblende mit Szenen aus dem mittleren Lebensabschnitt hatte er die Rolle der Toilettenfrau übernommen.

1961 LE GROS ET LE MAIGRE. Der Dicke und der Dünne. - B: Roman Polanski, Jean-Pierre Rousseau. - K: Jean-Michel Boussaguet. - Sch: Roman Polanski, Jean-Pierre Rousseau. - M: Christophe Komeda (i.e. Krzysztof Trzciński-Komeda). - D: Roman Polanski, André Katelbach. - P: A.P.E.C., Paris. - Pd: Claude Joudioux. - F: 35 mm, sw. - OL, DL: 16 min. - DE: 26.2. 1962, Kurzfilmtage Oberhausen. - TV: 17.5.1966 (HR III). - V: Filmkundliches Archiv, Köln (16 mm).

1962 SSAKI. Säugetiere. - B: Roman Polański, Andrzej Kondratink. - K: Andrzej Kostenko. - Sch: Halina Prugar, Janina Niedzwiedźka. - M: Krzysztof Trzciński-Komeda. - D: Henryk Kluba, Michal Zołnierkiewicz (die beiden Männer), Wojtek Frykowski (Schlittendieb). - P: Studio Se-Ma-For (Studio Malych Form Filmowych), Łódź. - Pd: Wojtek Frykowski. - Pl: Stefan Adamek. - F: 35 mm, sw. - OL, DL: 11 min. - DE: 18.2. 1963, Kurzfilmtage Oberhausen. - V: Filmkundliches Archiv, Köln (16 mm).
Der Film wurde vor NÓŻ W WODZIE gedreht, aber erst nach dessen Fertigstellung geschnitten.

1961/62 NÓŻ W WODZIE. Das Messer im Wasser. - B. Roman Polański, Jakub Goldberg, Jerzy Skolimowski (Dialoge). - K: Jerzy Lipman. - Sch: Jerzy Szawlowski. - T: Halina Paszkowska. - M: Krzysztof T. (Trzciński-) Komeda. - Saxophon: Bert Rosengrend. - Ba: Bolesław Kamykowski. - D: Leon Niemczyk (Andrzej), Jolanta Umecka (Krystyna), Zygmunt Malanowicz (der Junge; Stimme des Jungen: Roman Polański). - P: ZRF »Kamera« (Zespóły Realizatorów Filmowych), Warszawa. - Pl: Stanisław Zylewicz. - Dz: Sommer 1961. - Do: Masurische Seenplatte. - F: 35 mm, sw. - OL: 94 min. - DL: 93 min. - U: 9.3. 1962, Warszawa. - DE: 18.10. 1963. - TV: 13.6. 1983 (ARD); 6.11.1985 (NDR, RB, SFB III). - V: Impuls (35 mm); Cinema actuell (16 mm).
Für den Schnitt wird in den credits kein Name angegeben. Der Verfasser folgt den Recherchen von Jacques Belmans und Paul Werner. Bisplinghoff/Wexman nennen Halina Prugar, Stefano Rulli nennt Jerzy Skolimowski.

1963 LA RIVIÈRE DES DIAMANTS. Das Diamantenhalsband. - Episode des Films *Les plus belles escroqueries du monde/Le piu belle truffe del mondo/De wereld wil bedrogen worden*. Die Frauen sind an allem schuld. - B: Roman Polanski, Gérard Brach. - K: Jerzy Lipman. - Sch: Rita von Royen. - M: Krzysztof Komeda. - D: Nicole Karen (die junge Frau), Jan Teulings (der Verführer), Arnold Gelderman (Vagabund). - P: Ulysse Productions, Paris/Primex Films, Marseille/Vides Cinematografica, Rom/Lux Films, Paris/Toho Company, Tokio/Caesar Films, Amsterdam. - Pd: Pierre Roustang. - Do: Amsterdam. - F: 35 mm, Francoscope, sw. - OL: 33 min. - OL des ganzen Films: 108 min. - DL: 92 min. - U: 14.8. 1964, Paris. - DE: 9.7. 1965. - V: -.
Die anderen Episoden stammen von Ugo Gregoretti, Claude Chabrol, Hiromichi Horikawa. - Eine von Jean-Luc Godard gedrehte Episode wurde vor der Uraufführung aus dem Film herausgeschnitten und 1967 unter dem Titel *Le grand excroc* in London uraufgeführt. - Die Polanski-Episode wurde 1970 als Kurzfilm neu in den Verleih gebracht. - Polanski war auch für die Montage des Gesamtfilms verantwortlich.

1965 REPULSION. Ekel. - B: Roman Polanski, Gérard Brach. - Englische Adaption: David Stone. - K: Gilbert Taylor. - K-F: Alan Hall. - Sch: Alastair McIntyre. - Sch-Ass: Karen Howard. - T-Ü: Stephen Dalby. - T: Gerry Humphreys. - T-Sch: Tom Priestly. - T-Mischung: Leslie Hammond. - M: Chico Hamilton. - Orchestrierung: Gabor Szabo. - Ba: Seamus Flannery. - Ma: Tom Smith. - R-Ass: Ted Sturgis. - D: Cathérine Deneuve (Carol), Ian Hendry (Michael), John Fraser (Colin), Yvonne Furneaux (Hélène), Patrick Wymark

(Hauswirt), Renée Houston (Miss Balch), Valerie Taylor (Madame Denise), James Villiers (John), Helen Fraser (Bridget), Hugh Futcher (Reggie), Mike Pratt (Arbeiter), Monica Merlin (Mrs. Rendlesham), Imogen Graham (Maniküre). – P: Compton-Tekli Films (Michael Klinger, Tony Tenser), London. – Pd: Gene Gutowski. – Co-Pd: Robert Sterne, Sam Waynberg. – Pl: Terry Glinwood. – Do: London; Twickenham Studios, London. – F: 35 mm, sw. – OL, DL: 105 min. – U: Mai 1965, Cannes. – DE: 7.7. 1965, Internationale Filmfestspiele Berlin; Kinostart: 20.8. 1965. – TV: 27.7. 1984 (ZDF). – V: Jugendfilm (35 mm).

1966   CUL-DE-SAC. Wenn Katelbach kommt ... – B: Roman Polanski, Gérard Brach; Übersetzung: John Sutro. – K: Gilbert Taylor. – K-F: Geoffrey Seaholme, Roy Ford. – Sch: Alastair McIntyre. – T-Ü: Stephen Dalby. – T-Sch: David Campling. – T-Mischung: George Stephenson. – M: Komeda (i. e. Krzysztof Komeda). – Pro-Des: Voytek (i. e. Voytek Roman). – Ba: George Lack. – Ko: Bridget Sellers. – Ma: Alan Brownie. – R-Ass: Ted Sturgis, Roger Simons. – D: Donald Pleasance (George), Françoise Dorléac (Teresa), Lionel Stander (Richard), Jack MacGowran (Albert), Iain Quarrier (Christopher), Geoffrey Sumner (Christophers Vater), Renée Houston (Christophers Mutter), Robert Dorning (Philip Fairweather), Marie Kean (Marion Fairweather), William Franklyn (Cecil Yorke), Jackie (i. e. Jacqueline) Bisset (Jacqueline), Trevor Delaney (Horace). – P: Compton-Tekli Films (Michael Klinger, Tony Tenser), London. – Pd: Gene Gutowski. – Executive Producer: Sam Waynberg. – Pd-Ü: Robert Sterne. – Pd-Kontrolle: Terry Glinwood. – Pl: Don Weeks. – Dz: 3 Monate. – Do: Holy Island, Northumberland, England. – F: 35 mm, sw. – OL, DL: 111 min. – U: Juni 1966, London. – DE: 30.6. 1966, Internationale Filmfestspiele Berlin; Kinostart: 20.9. 1966. – TV: 19.8. 1972 (ARD); 30.4. 1982 (ZDF). – V: –.

1967   DANCE OF THE VAMPIRES. Tanz der Vampire. – B: Gérard Brach, Roman Polanski; Übersetzung: Gillian Sutro, John Sutro. – K: Douglas Slocombe. – K-F: Chic Waterson. – Sch: Alastair McIntyre. – T: George Stephenson. – T-Sch: Lionel Selwyn. – M: Christopher (i. e. Krzysztof) Komeda. – Pro-Des: Wilfred Shingleton. – Ba: Fred Carter. – Ko: Sophie Devine. – Ma: Tom Smith. – Choreografie: Tutte Lemkow. – Titel-Design: André François. – Vampirgebisse: Dr. Ludwig von Krankheit. – R-Ass: Roy Stevens. – D: Jack MacGowran (Professor Abronsius), Roman Polanski (Alfred, sein Assistent), Alfie Bass (Shagal), Jessie Robins (Rebecca), Sharon Tate (Sarah), Ferdy Mayne (Graf von Krolock), Iain Quarrier (Herbert), Terry Downes (Koukol), Fiona Lewis (Magda), Ronald Lacey (Dorftrottel), Sydney Bromley (Schlittenkutscher), Andreas Malandrinos, Otto Diamant, Matthew Walters (Holzfäller). – P: Cadre Films-Filmways, London. – Pd: Gene Gutowski. – Executive Producer: Martin Ransohoff. – Pl: David W. Orton. – Dz: 7 Monate. – Do: Italienische Dolomiten; MGM British Studios und Associated British Picture Studios, London. – F: 35 mm, Panavision (z.T. umkopiert), Farbe (Metrocolor). – OL: 118 min., für den englischen Verleih auf 107 min. gekürzt, für den amerikanischen Verleih auf ca. 91 min. – DL: 108 min. – U: 13.11. 1967, London. – DE: 1.12. 1967. – TV: 3.12. 1973, 20.10. 1976, 25.10. 1980, 8.4. 1983 (ZDF). – V: UIP (35 mm, 16 mm).

Über die von Martin Ransohoff eigenmächtig vorgenommene Kürzung und Bearbeitung des Films (Veränderung der Musik, Neusynchronisation der Stimmen von MacGowran und Polanski, zusätzlicher Animationsvorspann) kam es zum Bruch mit Polanski, dem es aus rechtlichen Gründen nicht gelang, seinen Namen aus dem Vorspann zurückzuziehen. Die verstümmelte Fassung wurde in den USA und in Kanada unter dem Titel *The Fearless Vampire Killers Or. Pardon Me, But Your Teeth Are in My Neck* gezeigt.

1968 ROSEMARY'S BABY. Rosemaries Baby. – B: Roman Polanski, nach dem gleichnamigen Roman von Ira Levin. – K: William Fraker. – Sch: Sam O'Steen, Robert Wyman. – T: Harold Lewis, John Wilkinson. – M: Krzysztof Komeda. – Pro-Des: Richard Sylbert. – Ba: Joel Schiller. – A: Robert Nelson. – Ko: Anthea Sylbert. – Ma: Allan Snyder. – Special Effects: Farciot Edouart. – R-Ass: Daniel J. McCauley. – D: Mia Farrow (Rosemary Woodhouse), John Cassavetes (Guy Woodhouse), Ruth Gordon (Minnie Castavet), Sidney Blackmer (Roman Castavet), Maurice Evans (Hutch), Ralph Bellamy (Dr. Sapirstein), Angela Dorian (Terry), Patsy Kelly (Laura-Louise), Elisha Cook Jr. (Mr. Niklas), Emmaline Henry (Elise Dunstan), Marianne Gordon (Joan Jellicoe), Philip Leeds (Dr. Shand), Charles Grodin (Dr. Hill), Hope Summers (Mrs. Gilmore), Wende Wagner (Tiger), Gordon Connell (Guys Agent), Janet Garland (Sprechstundenhilfe), Joan Reilly (Schwangere), Tony Curtis (Stimme von Donald Baumgart), William Castle (Mann vor Telefonzelle), Walter Baldwin, Charlotte Boerner, Sebastian Brook, Ernest Harada, Natalie Masters, Elmer Modlin, Patricia O'Neal, Robert Osterlok, Almira Sessions, Bruno Sidar (Mitglieder des Hexenzirkels), Linda Brewerton (Nacktdouble für Mia Farrow). – P: Paramount/William Castle Enterprises. – Pd: William Castle. – Co-Pd: Dona Holloway. – Pl: William Davidson. – Do: Dakota-House, New York; Playa del Rey, California. – F: 35 mm, Farbe (Technicolor). – OL, DL: 137 min. – U: 12.6. 1968 (Release). – DE: 17.10. 1968. – V: UIP (35 mm).

Die erste Schnittfassung des Films betrug ca. 5 Stunden.

1971 MACBETH. Macbeth. – B: Roman Polanski, Kenneth Tynan, nach der Tragödie von William Shakespeare. – K: Gilbert Taylor. – K-F: Alec Mills. – Sch: Alastair McIntyre. – T: Simon Kaye. – T-Sch: Jonathan Bates. – T-M: Nolan Roberts. – Pro-Des: Wilfred Shingleton. – M: The Third Ear Band. – Ba: Fred Carter. – A: Bryan Graves. – Ko: Anthony Mendleson. – Ma: Tom Smith. – Künstlerische Beratung: Kenneth Tynan. – R des 2.Teams: Hercules Bellville. – R der Kampfszenen: William Hobbs. – Special Effects: Ted Samuels. – D: Jon Finch (Macbeth), Francesca Annis (Lady Macbeth), Martin Shaw (Banquo), Nicholas Selby (Duncan), John Stride (Ross), Stephan Chase (Malcolm), Paul Shelley (Donalbain), Terence Bayler (Macduff), Mark Digham (Macduffs Sohn), Diane Fletcher (Lady Macduff), Andrew Laurence (Lennox), Frank Wylie (Menteith), Bernard Archard (Angus), Bruce Purchase (Caithness), Keith Chegwin (Fleance), Noel Davis (Seyton), Noelle Rimmington (Junge Hexe), Maisie MacFarquhar (Blinde Hexe), Elsie Taylor (Erste Hexe), Vic Abbot (Cawdor), Richard Pearson (Arzt), Michael Balfour (Erster Mörder), Andrew McCulloch (Zweiter Mörder), Bill Drysdale (Reitknecht des Königs), Roy Jones (Zweiter Reitknecht des Königs), Patricia Mason (Kammerzofe), Ian Hogg (Erster jüngerer Thane), Geoffrey Reed (Zweiter jüngerer Thane), Nigel Ashton (Dritter jüngerer Thane), Sydney Bromley (Pförtner), William Hobbs (der junge Seyward), Alf Joint (der alte Seyward), Howard Lang (Erster alter Soldat), David Ellison (Zweiter alter Soldat), Terence Mountain (Soldat), Paul Hennen (Lehrling), Beth Owen, Maxine Skelton, Janie Kells, Olga Anthony, Roy Desmond, Pam Foster, John Gordon, Barbara Grimes, Aud Johansen, Dickie Martyn, Christina Paul, Don Vernon, Anna Willoughby (Tänzer). – P: Playboy Productions/Caliban Pictures, London. – Pd: Andrew Braunsberg. – Executive Producer: Hugh M.Heffner. – Co-Pd: Timothy Burrill. – Pl: David W.Orton. – Deutsche Synchronregie: Ottokar Runze. – Dz: 6 Monate. – Do: Bamburg Castle, Northumberland, England; Showdonia Park, Wales; Lindisfarne Castle, Holy Island, Northumberland; Shepperton Studios, London. – F: 35 mm, Todd AO, Farbe (Technicolor). – OL, DL: 140 min. – U: 8.12. 1971, London. – DE: 19.5. 1972. – V: Columbia (35 mm).

1972 CHE?/WHAT?/WAS? – B: Gérard Brach, Roman Polanski. – K: Marcello Gatti, Giuseppe Ruzzolini. – K-F: Otello Spila. – Sch: Alastaire McIntyre. – T: Piero Fondi. – T-Sch: Peter Keen. – T-M: Bernard Bats. – M: Sonate F-Dur für vier Hände, KV 497 von Wolfgang Amadeus Mozart, »Mondscheinsonate« von Ludwig van Beethoven, Streichquartett »Der Tod und das Mädchen« von Franz Schubert. – M-Beratung: Claudio Gizzi. – Pro-Des: Aurelio Crugnola. – Ba: Franco Fumagalli. – Ko: Adriana Berselli. – Ma: Giuseppe

Banchelli – R des 2 Teome: Hercules Dellville. R Ass. Antonio Brandt, Andreas Nasielski. – D: Sydne Rome (Nancy), Marcello Mastroianni (Alex), Hugh Griffith (Joseph Noblart), Romolo Valli (Giovanni), Guido Alberti (Priester), Roger Middleton (Jimmy), Roman Polanski (Mosquito), Henning Schlüter (Catone), Gianfranco Piacentini (Tony), Christine Barry (Doreen), Dieter Hallervorden (Erster Unbekannter), Mogens von Gadow (Zweiter Unbekannter), Elisabeth Witte (Krankenschwester), Cicely Brown (Ruth), John Karlsen (Edward), Richard McNamara (Charlie), Birgitta Nilsson (Nacktes Mädchen), Renée Langer (Nackte mit Hut), Pietro Tordi (Salvatore), Nerina Montagnani (Hausgestellte), Carlo Delle Piane, Livio Galassi, Mario Bussolino, Luigi Bonos, Franco Pesce, Alvaro Vitali. – P: C.C. (Compagnia Cinematografica) Champion, Rom/Les Films Concordia, Paris/Dieter Geißler Filmproduktion, München. – Pd: Carlo Ponti. – Co-Pd: Dieter Geißler. – Executive Producer: Andrew Braunsberg. – Pl: Mara Blasetti. – Dz: Juli/August 1972. – Do: Carlo Pontis Villa, Amalfi; Cinecittà Studios, Rom – F: 35 mm, Todd AO, Farbe (Eastmancolor). – OL, DL: 114 min. – U: 3.10. 1973. – DE: 25.12.1972. – V: atlas, Krauskopf (16 mm).

1974 CHINATOWN. Chinatown. – B: Robert Towne. – K: John A. Alonzo. – K-F: Hugh Gagnier. – Sch: Sam O'Steen. – T: Larry Jost. – T-Sch: Robert Cornett. – T-Mischung: Bud Grenzbach. – M: Jerry Goldsmith. – Songs: »I Can't Get Started« von Vernon Duke, Ira Gershwin, »Love Is Just Around the Corner« von Leo Robin, Lewis E. Gensler, »Easy Living« von Leo Robin, Ralph Rainger, »The Way You Look Tonight« von Jerome Kern, Dorothy Fields, »Some Day«/»The Vagabond King Waltz« von Rudolf Friml, Brian Hooker. – Pro-Des: Richard Sylbert. – Ba: W. Stewart Campbell. – A-Design: Gabe Resh, Robert Resh. – A: Ruby Levitt. – Special Effects: Logan Frazee. – R-Ass: Howard W. Koch Jr., Michele Ader. – D: Jack Nicholson (J.J. Gittes), Faye Dunaway (Evelyn Mulwray), John Huston (Noah Cross), Perry Lopez (Escobar), John Hillerman (Yelburton), Darrell Zwerling (Hollis Mulwray), Diane Ladd (Ida Sessions), Roy Jenson (Mulvihill), Roman Polanski (Mann mit Messer), Dick Bakalyan (Loach), Joe Mantell (Walsh), Bruce Glover (Duffy), Nandu Hinds (Sophie), James O'Reare (Rechtsanwalt), James Hong (Evelyns Butler), Beulah Quo (Mädchen), Jerry Fijikawa (Gärtner), Belinda Palmer (Katherine), Roy Roberts (Bürgermeister Bagby), Noble Willingham, Elliott Montgomery (Stadträte), Rance Howard (Zorniger Farmer), George Justin (Friseur), Doc Erickson (Kunde), Fritzi Burr (Mulwrays Sekretärin), Charles Knapp (Leichenbestatter), Claudio Martinez (Junge auf Pferd), Federico Roberto (Cross' Butler), Alan Warnick (Büroangestellter), John Holland, Jesse Vint, Jim Burke, Denny Arnold (Farmer im Tal), Burt Young (Curly), Elizabeth

Harding (Curlys Frau), John Rogers (Mr. Palmer), Cecil Elliott (Emma Dill), Paul Jenkins, Lee DeBroux, Bob Golden (Polizisten). – P: Long Road Productions/Paramount. – Pd: Robert Evans. – Co-Pd, Pl: C.O. Erickson. – Deutsche Synchronregie: Ottokar Runze. – F: 35 mm, Panavision, Farbe (Technicolor). – OL, DL: 131 min. – U: 17.6. 1974 (Release). – DE: 19.12. 1974. – V: UIP (35 mm).
Der erste Kameramann Stanley Cortez wurde nach zwei Wochen Drehzeit durch John A. Alonzo ersetzt.

1976 LE LOCATAIRE. Der Mieter. – B: Gérard Brach, Roman Polanski, nach dem Roman *Le locataire chimérique* von Roland Topor. – K: Sven Nykvist. – K-F: Jean Harnois. – Sch: Françoise Bonnot. – T-Sch: Michele Boehm. – T-Mischung: Jean-Pierre Ruh. – Re-recording: Jean Neny. – M: Philippe Sarde. – Orchestrierung: Hubert Rostaing, Carlo Savina. – Pro-Des: Pierre Guffroy. – Ba: Claude Moesching. – A: Eric Simon. – Ko: Mimi Gayo. – Ma: Jacques Levy. – Special Effects: Jean Fouché. – R-Ass: Marc Greenbaum, Jean Jacques Aublanc, Jean Pierre Poussin. – D: Roman Polanski (Trelkovsky), Isabelle Adjani (Stella), Shelley Winters (Concierge), Melvyn Douglas (M. Zy), Jo Van Fleet (Mme. Dioz), Bernard Fresson (Scope), Lila Kedrova (Mme. Gaderian), Claude Dauphin (Ehemann bei Autounfall), Claude Piéplu (Nachbar), Rufus (Badar), Romain Boutaille (Simon), Jacques Monod (Cafébesitzer), Patrice Alexandre (Robert), Jean-Pierre Bagot (Polizist), Josiane Balasko (Viviane), Michel Blanc (Scopes Nachbar), Florence Blot (Mme. Zy), Louba Chazel (Frau bei Autounfall), Jacques Chevalier (Polizist bei Autounfall), Jacky Cohen (Stellas Freund), Alain Davis (Arzt), Raoul Guylad (Priester), Maite Nahyr (Lucille), Jacques Rosny (Jean Claude), Vanessa Vaylord (Martine), Eva Ionesco (Mme. Gadérians Tochter), Bernard Donnadieu (Kellner), Alain Frérot (Bettler), Gérard Jugnot (Büroangestellter), Helena Manson (Oberschwester), André Penvern (Kellner im Café), Gérard Pereira (Betrunkener), Dominique Poulange (Simone Choule), Arlette Reinerg (Tramp), Serge Spira (Philippe), François Viaur (Polizei-Leutnant). – P: Marianne Productions, Paris. – Pd: Andrew Braunsberg. – Executive Producers: Hercules Bellville. – Co-Pd: Alain Sarde. – Pl: Marc Maurette. – Deutsche Synchronregie: Ottokar Runze. – Dz: 8 Monate. – Do: Paris; Studios in Epinay-sur-Seine. – F: 35 mm, Panavision, Farbe (Eastmancolor). – OL, DL: 125 min. – U: 24.5. 1976, Cannes. – DE: 8.10. 1976. – TV: 12.10. 1984 (ZDF). – V: Cinema International (35 mm).

1979 TESS. Tess. – B: Gérard Brach, Roman Polanski, John Brownjohn, nach dem Roman *Tess of the d'Urbervilles* von Thomas Hardy. – K: Geoffrey Unsworth, Ghislain Cloquet. – K-F: Jean Harnois. – Sch: Alastair McIntyre, Tom Priestley. – T: Jean-Pierre Ruh. –

T-Sch: Peter Horrocks, Jeremy Hume - T-Mischung: Jean Nény, Alex Pront. - M: Philippe Sarde; gespielt vom London Symphony Orchestra unter der Leitung von Carlos Savina. - Instrumentierung: Peter Knight. - Pro-Des: Pierre Guffroy. - Ba: Jack Stephens. - A: Pierre Lefait, Jean Claude Sevenet. - Ko: Anthony Powell. - Ma: Didier Lavergne. - R des 2. Teams: Hercules Bellville. - R-Ass: Thierry Chabert, Hugues de Laugardière, Romain Goupil. - D: Nastassia Kinski (Tess), Peter Firth (Angel Clare), Leigh Lawson (Alec Stoke d'Urberville), John Collin (John Durbeyfield), Rosemary Martin (Mrs. Durbeyfield), Fred Bryant (Bauer Crick), Richard Pearson (Pfarrer von Marlot), Carolyn Pickles (Marian), Suzanna Hamilton (Izz), Caroline Embling (Retty), Sylvia Coleridge (Mrs. Stoke d'Urberville), Josine Comellas (Mrs. Crick), David Markham (Reverend Clare), Gordon Richardson (Pfarrer bei der Trauung), Pascale des Boysson (Mrs. Clare), Tony Church (Pastor Tringham), Brigid Erin Bates, Jeanne Biras (Mädchen auf der Wiese), John Bett (Felix Clare), Tom Chadbon (Cuthbert Clare), Géraldine Arzul, Stéphane Treille, Elodie Warnod, Ben Reeks (Kinder), Jack Stephens (Trinker in der Taverne), Lesley Dunlop, Marilyne Even (Junge Bäuerinnen), Jean-Jacques Daubin (Verwalter), Jacob Weisbluth (Bauer auf dem Ball), Peter Benson (Propagandist), Jacques Mathon, Véronique Alain (Erntehelfer), John Barrett, Ann Tirard (Landarbeiter), Arielle Dombade (Mercy Chant), Patsy Smart (Gouvernante), Dicken Ashwood (Bauer Groby), Jimmy Gardner (Hausierer), Reg Dent (Fuhrmann), John Gill (Zimmervermieter), Forbes Collins (neuer Mieter), Keith Buckley, John Moore (Briefträger), Patsy Rowlands (Zimmervermieterin), Lina Rox (Wächterin), Graham Weston (Polizist). - P: Renn Productions, Paris/Burrill Productions, London. Mit Beteiligung der Société Française de Production. - Pd: Claude Berri. - Executive Producer: Pierre Grunstein. - Co-Pd: Timothy Burrill, Jean-Pierre Rassam. - Pl: Paul Maigret. - Deutsche Synchronregie: Ottokar Runze. - Dz: 9 Monate. - Do: Normandie, Bretagne. - F: 35 mm, Panavision, Farbe (Eastmancolor), Dolby Stereo. - OL, DL: 190 min.; gekürzte deutsche Fassung: 134 min. - U: 26.10.1979, München. - Französische EA: 31.10.1979, Paris. - V: -
Widmung: Sharon gewidmet.
Während der Dreharbeiten starb der Kameramann Geoffrey Unsworth. Bevor Ghislain Cloquet ihn ersetzte, übernahm Polanski für einige Tage die Kameraarbeiten.

1984/85 PIRATES. - B: Gérard Brach, Roman Polanski. - B-Mitarbeit: John Brownjohn. - K: Witold Sobocinski. - K-F: Jean Harnois. - Sch: Hervé de Luze, Bill Reynolds. - T: Jean-Pierre Ruh. - M: Philippe Sarde. - M-L: Bill Byers. - Pro-Des: Pierre Guffroy. - Ba: Taieb Jallouli, Bruno Cesari. - A: Roberto Magagnigni, Nourredine

Queslati, Raouf Jerbi, Bechir Ben Cheikh, Nebil Sahab Etabaa. – Ko: Anthony Powell. – Ma: Tom Smith. – Special Effects: John Evans. – R-Ass: Andrzej Kostenko (R des 2. Teams), Thierry Chabert, Daly El Okby, John Lvoff. – D: Walter Matthau (Kapitän Red), Cris Campion (Frosch), Damien Thomas (Don Alfonso), Olu Jacobs (Boomako), Ferdy Mayne (Kapitän Linares), David Kelly (Arzt), Anthony Peck, Anthony Dawson, Richard Dieux, Jacques Maury (Spanische Offiziere), José Santamaria (Polizeioffizier), Luc Jamati (Pepito Gonzales), Emilio Fernandez (Angelito), Wladyslaw Komar (Jesus), Georges Trillat (Pockennarbiger Seemann), Richard Pearson (Priester), Charlotte Lewis (Dolores), Georges Montillier (Anstandsdame), John Gill (Zimmermann), David Foxxe (Koch), Robert Dorning (Marineoffizier), Brian Maxine (Hochbootsmann), Raouf Ben Amor (Wachhabender), Eugeniusz Priwieziencew (Buckliger), Roger Ashton-Griffiths (Moonhead), Ian Dury (Meat-Hook), Bill Stewart (Ginge), Sydney Bromley (Diddler), Cardew Robinson (Anwalt), Roy Kinnear (Holländer), Daniel Emilfork (Hendrik), Carole Fredericks (Surprise), Allen Hoist (Geiger), Denis Fontayne (Seemann), Michael Elphick, Angelo Casadei (Wächter), Bill Fraser (Gouverneur), Antonio Spoletini (Palastwache), Bill Mac Cabe (Kerkermeister), Smilja Mihailovitch (Neue Anstandsdame), Bernard Musson (Passagier), Josine Comelas (Frau des Passagiers). – P: Carthago Films, Paris/Dino de Laurentiis. – Pd: Tarak Ben Ammar. – Executive Pd: Thom Mount. – Co-Pd: Marc Lombardo, Umberto Sambucco. – Gesamtorganisation: Mohamed Ali Cherif, Umberto Sambucco. – Pl: Alain Depardieu, Hamid Elleuch. – Dz: 26.11.1984-Mitte August 1985. – Do: Tunesien, Malta, Seychellen. – F: 35mm, Farbe. – OL: 126 min. – U: 8.5.1986, Filmfestspiele Cannes. – DE: 11.9.1986. – V: Tobis

Als Drehbuchautor und Produzent

1964 *Aimez-vous les femmes?* Jungfrau reich garniert. – R: Jean Léon. – B: Roman Polanski, nach einem Roman von Georges Bardawil. – K: Sacha Vierny. – D: Sophie Daumier, Guy Bedos, Edwige Feuillére, Grégoire Aslan, u. a. – P: Les Films Number One/Francoriz/Federiz.

1967 *La fille d'en face.* Das Mädchen von drüben. – R: Jean-Daniel Simon. – B: Gérard Brach, Roman Polanski. – K: Patrice Pouget. – D: Bernard Verley, Joel Barbuth, Marika Green, u. a. – P: Pathé Cinéma/Sirius, Paris/U.G.C., Paris/C.F.D.C. (Cie Française Distribution Cinématographique), Paris.

1969 *A Day at the Beach.* – R: Simon Hesera. – B: Roman Polanski, nach einem Roman von Heere Heresma. – D: Peter Sellers, Mark Burns, Fiona Lewis, u. a. – Pd: Roman Polanski, Gene Gutowski. Der Film, in Dänemark realisiert, kam nicht in den Verleih.

1971 *Weekend of a Champion.* Weekend eines Champion. – R: Frank Simon. – B: Roman Polanski, Frank Simon. – K: Bill Brayne. D: Jackie Stewart, Helen Stewart, Roman Polanski, Nina Rindt, Graham Hill. – P: Caliban Films, London. – Pd: Roman Polanski.

Als Regieassistent

1959 Regieassistent des französischen Regisseurs Jean-Marie Drot bei einem TV-Dokumentarfilm (ORTF) über Polen.

1960 *Zezowate szczęście.* Das schielende Glück. – R: Andrzej Munk. – B: Jerzy S. Stawiński. – K: Jerzy Lipman, Krzysztof Winiewicz. – D: Bogumił Kobiela, Aleksander Dzwonkowski, Barbara Kwiatkowska, u. a. – R-Ass: Roman Polański. – P: ZRF »Kamera« (Zespóły Realizatorów Filmowych), Warszawa.

Als Schauspieler

1953 *Trzy opowieści.* (Drei Erzählungen). – R: Czesław Petelski, Konrad Nałęcki, Ewa Petelska. – B: Andrzej Wajda, Antoni Bohdziewicz, Bohdan Czesko. – K: Andrzej Ancuta. – D: M. Rułka, L. Pietrasz, K. Łaniewska, Roman Polański, u. a. – P: PWSTIF (Państwowa Wyższa Szkoła Teatralna i Filmowa, Łódź).
Episodenfilm

1954 *Pokolenie.* Eine Generation. – R: Andrzej Wajda. – B: Bohdan Czeszko, nach seinem gleichnamigen Roman. – K: Jerzy Lipman. – D: Tadeusz Łomnicki, Urszula Modrzyńska, Janusz Paluszkiewicz, Roman Polański, u. a. – P: WFF 2 (Wytwórnia filmów fabularnych), Wrosław.

1955 *Zaczarowany rower.* (Das verzauberte Fahrrad). – R: Silik Sternfeld. – B: Jerzy Suszko, Bohdan Tomaszewski. – K: Tadeusz Korecki. – D: Józef Nalberczak, Teodor Gendera, Bernard Michalski, Roman Polański, u. a. – P: WFF 1 (Wytwórnia filmów fabularnych), Łódź.

1956/57 *Kanał.* Der Kanal. – R: Andrzej Wajda. – B: Jerzy Stefan

Stawiński, nach seiner gleichnamigen Erzählung. - K: Jerzy Lipman. - D: Wieńszysław Gliński, Teresa Iżewska, Tadeusz Janczar, Roman Polański, u.a. - P: ZRF »Kadr« (Zespóły Realizatorów Filmowych), Warszawa.

1957 *Wraki.* (Wracks). - R: Ewa Petelska, Czesław Petelski. - B: Janusz Meissner, Ewa Petelska, Czesław Petelski, nach dem gleichnamigen Roman von Janusz Meissner. - K: Karol Chodura. - D: Zbigniew Józefowicz, Zbiegniew Cybulski, Urszula Modrzyńska, Roman Polański, u.a. - P: ZAF »Studio« WFF 1 (Wytwórnia filmów fabularnych), Łódź.

1957 *Koniec nocy.* (Ende der Nacht). - R: Julian Dziedzina, Paweł Komorowski, Walentyna Uszycka. - B: Antoni Bohdziewicz, Bohdan Drozdowski, Julian Dziedzina, Marek Hłasko, Paweł Komorowski, Jerzy Wójcik. - K: Henryk Depczyk, Krzysztof Winiewicz, Jerzy Wójcik. - D: Zbigniew Cybulski, Ryszard Filipski, Adam Fiut, Roman Polański, u.a. - P: PWSTIF (Państwowa Wyszsza Szkoła Teatralna i Filmowa, Łódź).

1958 DWAJ LUDZIE Z SZAFA. Zwei Männer und ein Schrank

1958 *Zadzwońcie do mojej żony.* (Ruft meine Frau an). - R: Jaroslav Mach. - B: Jan Fethke, Vaclav Jelinek, Jaroslav Mach, nach einer Kurzgeschichte von Vaclav Jelinek. - K: Bogusław Lambach. - D: Barbara Połomska, Józef Bek, Hanna Bielicka, Roman Polański, u.a. - P: ZAF »Iluzjon«/Filmowe Studio Barrandov, Praha.

1959 GDY SPADAJA ANIOŁY. (Wenn Engel fallen).

1959 *Lotna.* Lotna. - R: Andrzej Wajda. - B: Andrzej Wajda, Wojciech Żukrowski, nach dessen gleichnamiger Erzählung. - K: Jerzy Lipman. - D: Jerzy Pichelski, Adam Pawlikowski, Jerzy Moes, Roman Polański, u.a. - P: ZRF »Kadr« (Zespóły Realizatorów Filmowych), Warszawa.

1960 *Zezowate szczęście.* Das schielende Glück. - R: Andrzej Munk. - B: Jerzy S. Stawiński. - K: Jerzy Lipman, Krzysztof Winiewicz. - D: Bogumił Kobiela, Aleksander Dzwonkowski, Barbara Kwiatkowska, Roman Polański, u.a. - R-Ass: Roman Polański. - P: ZRF »Kamera« (Zespóły Realizatorów Filmowych), Warszawa.

1960 *Do widzenia do jutra.* Auf Wiedersehen bis morgen. - R: Janusz Morgenstern. - B: Zbigniew Cybulski, Bogumił Kobiela, Wilhelm Mach. - K: Jan Laskowski. - D: Zbigniew Cybulski, Teresa Tuszyńska, Grażyna Muszyńska, Roman Polański, u.a. P: ZRF »Kadr« (Zespóły Realizatorów Filmowych), Warszawa.

1960 *Niewinni czarodzieje*. Die unschuldigen Zauberer. – R: Andrzej Wajda. – B: Jerzy Andrzejewski, Jerzy Skolimowski. – K: Krzysztof Winiewicz. – D: Tadeusz Łomnicki, Krystyna Stypułkowska, Wanda Koczewska, Roman Polański, u.a. – P: ZRF »Kadr« (Zespóły Realizatorów Filmowych), Warszawa.

1960/61 *Ostrożnie Yeti*. (Achtung – Yeti). – R: Andrzej Czekalski. – B: Andrzej Brzozowski, Andrzej Czekalski. – K: Henryk Depczyk, Jan Janczewski. – D: Jarema Stępowski, Stefan Bartik, Józef Nowak, Roman Polański, u.a. – P: ZRF »Syrena« (Zespoły Realizatorówa Filmowych), Warszawa/WFF 2 (Wytwórnia filmów fabularnych), Wrocław.

1961 LE GROS ET LE MAIGRE. Der Dicke und der Dünne.

1961 *Samson*. Samson. – R: Andrzej Wajda. – B: Andrzej Wajda, Kazimierz Brandys, nach dessen gleichnamigem Roman. – K: Jerzy Wójcik. – D: Serge Merlin, Alina Janowska, Elżbieta Kępińska, Roman Polański, u.a. – P: ZRF »Kadr« (Zespóły Realizatorówa Filmowych), Warszawa/ZRF »Droga«, Warszawa.

1967 DANCE OF THE VAMPIRES. Tanz der Vampire.

1969 *The Magic Christian*. Magic Christian. – R: Joseph McGrath. – B: Joseph McGrath, Peter Sellers, Terry Southern, nach dessen gleichnamigem Roman. – K: Geoffrey Unsworth. – D: Peter Sellers, Ringo Starr, Isabel Jeans, Roman Polanski, u.a. – P: Grand Film.

1972 *Weekend of a Champion*. Weekend eines Champion. – R: Frank Simon. – B: Roman Polanski, Frank Simon. – K: Bill Brayne. – D: Jackie Stewart, Roman Polanski, u.a. – P: Caliban Films, London. – Pd: Roman Polanski.

1972 CHE?/WHAT?/WAS?

1973 *Dracula vuole vivere: cerca sangue di vergine*. Andy Warhols Dracula. – R, B: Paul Morrissey. – K: Luigi Kuveiller. – D: Vittorio de Sica, Joe Dallessandro, Udo Kier, Roman Polanski, u.a. – P: C.C. (Compagnia Cinematografica), Rom.

1974 CHINATOWN. Chinatown.

1976 LE LOCATAIRE. Der Mieter.

Als Opern- und Schauspielregisseur

1974 *Lulu*. - Oper von Alban Berg. - Dirigent: Christopher Keene. - D: Slavka Taskova-Paoletti (Lulu). - U: 19.6.1974, Festival dei due Mondi, Spoleto.

1976 *Rigoletto*. - Oper von Giuseppe Verdi. - Dirigent: Carlo Franci. - Bühnenbild: Carlo Tommasi. - Ko: Maria de Matteis. - D: Peter Glossop (Rigoletto), Costanza Cuccaro (Gilda), Vasile Moldoveanu (Herzog von Mantua), Raimund Grumbach (Marullo), Karl Christian Kohn (Sparafucile), Liliana Nejtschewa (Maddalena). - U: 31.10.1976, Bayerische Staatsoper, München.

1981 *Amadeusz*. - Schauspiel von Peter Shaffer. - Bühnenbild, Ko: Lidia und Jerzy Skarżyńscy. - M: Wolfgang Amadeus Mozart. - Ergänzende M: Maciej Małecki. - Musikalische Beratung: Piotr Kamiński. - R-Ass: Przemysław Basiński, Paweł Lizut. - D: Tadeusz Łomnicki (Antonio Salieri), Maciej Borniński, Marek Dąbrowski, Marian Rułka, Wojciech Zagórski (Venticelli), Jerzy Kozłowski (Diener Salieres), Konrad Morawski (Koch Salieris), Przemysław Zieliński (Johann Kilian von Strack), Zygmunt Maciejewski (Franz Orsini-Rosenberg), Józef Fryźlewicz (Baron Gottfried van Swieten), Iwona Głębicka, Ewa Serwa (Konstanze Weber), Ryszard Dreger, Roman Polański (Wolfgang Amadeus Mozart), Leon Górecki (Majordomus), Jan Matyjaszkiewicz (Josef II.), Iwona Głębicka, Ewa Serwa (Katharina Cavalieri), Michał Anioł, Wojciech Machnicki (Edelmänner), Anna Borowiec, Barbara Burska, Krystyna Chmielewska, Danuta Nagórna, Jolanta Żółkowska, Seweryn Butrym, Adam Ferency, Krzysztof Kołbasiuk, Maciej Kujawski, Juliusz Lubicz-Lisowski, Zdzisław Szymański (Bürger von Wien). - U: 23.6.1981, Teatr na Woli, Warszawa.

1982 *Amadeus*. - Schauspiel von Peter Shaffer. - Bühenenbild, Ko: Anthony Powell. - M: Wolfgang Amadeus Mozart. - Ergänzende Musik: Maciej Małecki. - Musikalische Beratung: Piotr Kamiński. - R-Ass: Bertrand Gohaud. - D: François Périer (Antonio Salieri), Georges Atlas, Raymond Baillet, Bernard Musson, Jean-Pierre Rambal (Venticelli), Martin Rosenberg (Diener Salieris), Georges Guéret (Koch Salieris), Marc Dudicourt (Baron Gottfried van Swieten), Jacques Maury (Franz Orsini-Rosenberg), Guy Kerner (Johann Kilian von Strack), Sonia Vollereaux (Konstanze Weber), Roman Polanski (Wolfgang Amadeus Mozart), Georges Montillier (Josef II.), Naël Kervoas (Katherina Cavalieri), Etienne Lefoulon, Gilles Pugliese (Edelleute), René Bernan (Majordomus), Stephen Back, Pierrot Gaspard, Peter Shub, Anthony Travostino, Jürgen Zwingel (Lakaien), Blanche Golbert, Georges Landier, Jacqueline Jako-Mica, Guy Perrot. Edward Sanderson, Claude van Wilder, Nadia Wolinski (Düıgeı von Wien) Pl: Daniel Cauchy. U: 27.1.1982, Théâtre Mailguy, Paris.

Bibliografie

Die Bibliografie enthält zunächst Angaben zu den wenigen Veröffentlichungen von Roman Polanski und den Drehbuchausgaben zu seinen Filmen. Es folgen Angaben zu den Veröffentlichungen über Polanski. Es werden genannt: Bücher, Broschüren, Spezialnummern von Fachzeitschriften, ausgewählte Aufsätze und Buchkapitel sowie allgemeine Interviews. Es schließen sich bibliografische Hinweise zu den einzelnen Filmen an: Drehbücher, literarische Vorlagen, Materialien, spezielle Interviews, Aufsätze/Analysen und Kritiken. Soweit es recherchiert werden konnte, wird auf Nachdrucke und Übersetzungen verwiesen. Bei den Interviews kann es zu Doppelnennungen kommen, wenn allgemeine Interviews ausführliche Passagen zu einzelnen Filmen enthalten. Festivalkritiken sind durch Nennung des Festivalorts besonders gekennzeichnet. Die Angaben zu Veröffentlichungen in polnischen Zeitschriften und Zeitungen stützen sich im wesentlichen auf die Recherchen von Bisplinghoff/Wexman; aufgenommen wurden allerdings nur solche Publikationen, bei denen erkennbar war, daß es sich um ausführliche Kritiken oder andere Materialien handelt. Soweit es die Bestände der Bibliothek der Deutschen Film- und Fernsehakademie, Berlin zuließen, wurden die Angaben überprüft und ergänzt. Die Bibliografie wird abgeschlossen durch Hinweise auf Fernsehportraits.

Die bibliografischen Angaben sind in die Sprachbereiche polnisch, englisch, französisch, deutsch unterteilt; innerhalb dieser Kategorien sind die Texte chronologisch nach dem Erscheinungsdatum geordnet.

Quellen: Mel Schuster: Motion Picture Directors: A Bibliography of Magazine and Periodical Articles, 1900-1972. Metuchen, N.J.: Scarecrow Press 1973. – FIAF: International Index to Film Periodicals 1972ff. New York and London 1973ff. – Stephen E. Bowles: Index to Critical Film Reviews in British and American Film Periodicals. New York: Burt Franklin & Co. 1974. – John C. Gerlach, Lana Gerlach: The Critical Index. A Bibliography of Articles on Film in English, 1946-1973, Arranged by Names and Topics. New York, London: Teachers College Press, Columbia University 1974. – Film Literature Index. Albany, New York: Filmindex 1973ff. – Linda Batty: Retrospective Index to Film Periodicals 1930-71. New York, London: R. R. Bowker 1975. – The New York Times Film Reviews. New York: The New York Times & Arno Press 1970ff. – Ferner wurde ausgewertet die Bibliografie in: Gretchen Bisplinghoff/Virginia Wright Wexman: Roman Polanski. A Guide to References and Resources. Boston, Mass.: G. K. Hall 1979; die bibliografischen Angaben in den genannten Polanski-Monografien und die Sammlungen von Zeitungskritiken der Bibliothek der Deutschen Film- und Fernsehakademie, Berlin und der Landesbildstelle Berlin.

Für Hilfeleistungen danke ich: den Mitarbeitern der Bibliothek der Deutschen Film- und Fernsehakademie, der Bibliothek der Landesbildstelle Berlin und der Bibliothek des John F. Kennedy-Instituts der Freien Universität Berlin, sowie Hans Helmut Prinzler (Privatarchiv).

Fast alle genannten Materialien können im Original oder als Fotokopie in der DFFB eingesehen werden.

Texte/Drehbuchpublikationen von Roman Polanski

Das Messer im Wasser. in: Film (Velber), Heft 3, August/September 1963 (deutscher Text). - Ekel. Protokoll. Hamburg: Marion von Schröder Verlag 1965. Cinemathek 14. Hrsg. v. Enno Patalas (deutscher Text nach der Originalkopie protokolliert von Helmut Färber, Herbert Linder). - Brief an die Cahiers du Cinéma. in: Cahiers du Cinéma, Nr. 161/62, Januar 1965 (Umfrage unter Regisseuren nach neuen Projekten). - Wenn Katelbach kommt ... in: Film (Velber), Heft 11, November 1966. - Brief an Alfred Bauer. in: Film (Velber), Jahresheft 1967 (Antwort auf die Einladung des Berliner Festspielleiters, DANCE OF THE VAMPIRES auf den IFB zu zeigen.). - What? London: Lorrimer 1973 (Text nach dem Originaldrehbuch von Gérard Brach, Roman Polanski). - Three Film Scripts. Knife in the Water, Repulsion, Cul-de-Sac. London: Lorrimer 1975. Modern Film Scripts 44 (englische Texte). - Le Bal des Vampires. Texte intégral. in: L'Avant-Scène du Cinéma, Nr. 154, Januar 1975. - Fotoserie »Pirates«. Gestaltung der Zeitschrift *Vogue*. Fotos: Harry Benson. in: Vogue, Weihnachtsausgabe 1976. - Roman. London: Heinemann 1984; Taschenbuch-Ausgabe: London: Pan Books 1985. Dt. Ausgabe: Roman Polanski. Bern, München, Wien: Scherz 1984; Taschenbuch-Ausgabe: München: Heyne 1985 (Autobiografie).

Über Roman Polanski

Bücher

Ivan Butler: The Cinema of Roman Polanski. New York: A. S. Barnes & Co; London: A. Zwemmer 1970. The International Film Guide Series. 191 S. - Gretchen Bisplinghoff/Virginia Wright Wexman: Roman Polanski. A Guide to References and Resources. Boston: G. K. Hall 1979. 116 S. - Thomas Kiernan: Repulsion. The Life and Times of Roman Polanski. New York: Grove Press 1980; engl. Ausgabe: Sevenoaks, Kent: New English Library 1981; Taschenbuch-Ausgabe: Sevenoaks, Kent: New Englisch Library 1982. Biography 52648. 288 S.; dt. Ausgabe: Roman Polanski. Sein Leben, seine Filme, seine Affären. München: Moewig 1980. Playboy Report 6608. 256 S. - Barbara Leaming: Polanski. His Life And Films. London: Hamish Hamilton 1982. 153 S. - Virginia Wright Wexman: Roman Polanski. Boston: Twayne Publishers 1985. 149 S.

Pascal Kané: Roman Polanski. Paris: Les éditions du cerf 1970. 122 S. Filmografie. - Jacques Belmans: Roman Polanski. Paris: Editions Sehers 1971. Cinéma d'aujourd'hui 67. 185 S. Bio-, Filmo-, Bibliografie.

Stefano Rulli: Polanski. Firenze: La Nuova Italia 1975. Il castoro cinema 15. 126 S. Filmo-, Bibliografie. - Enrico Magrelli: Roman Polanski. Milano: Edizioni il Formichiere 1979. 143 S. Filmo-, Bibliografie.

Marius Giphardt: Roman Polanski. Leiden 1967. Film Art 2.

Marion Kroner: Roman Polanski. Seine Filme und seine Welt. Schlondorf/Ammersee: Roloff & Seeßlen 1981. Filmstudien 6. 183 S. Bio-, Filmo-, Bibliografie. - Paul Werner: Roman Polanski. Frankfurt/M.: Fischer 1981. Fischer Cinema 3671. 282 S. Filmografie.

Broschüren/Zeitschriften

Cinéma (Paris), Nr. 254, Februar 1980 (mit Beiträgen von Mireille Amiel, Huguette Maurin).

Neuer polnischer Film. Cinema (Zürich), Nr. 35, 1964 (mit Beiträgen von Karl Aeschbach, Fritz Schaub, Walter Tecklenburg; u. a. über Polanski). - Ansgar Zelfel (Red.): Roman Polanski. Filmforum der Volkshochschule Düsseldorf 1976. 35 S. Bio-, Filmografie. (Nachdrucke zahlreicher Kritiken). - Filmstelle VSETH/ETH Zürich, Abt. XII (Hrsg): Formen des Absurden/Roman Polanski/Jerzy Skolimowski. Zürich 1985. 200 S.

Buchkapitel/Aufsätze

Peter Cowie: Roman Polanski. in: P.C. (Hrsg.): International Film Guide 1967. Bio-, Filmografie. - Gabriel Yorke: The Slavic Odyssey of Roman Polanski. in: The Village Voice, Vol. 12, Nr. 31, 18. 5. 1967. - anon.: Polanski: Truffaut, Lelouch, Godard: Little Kids Playing at Revolution. in: Variety, Vol. 247. Nr. 4, 14. 6. 1967. - Colin McArthur: Polanski. in: Sight and Sound, Vol. 38, Nr. 1, Winter 1968/69. - John Alan McCarty: The Polanski Puzzle. in: Take One, Vol. 2, Nr. 5, Mai/ Juni 1969. - anon.: Nothing but bodies. in: Time, Vol. 94, Nr. 24, 15. 8. 1969. - anon.: Hollywood murders. in: Newsweek, Vol. 74, Nr. 28,

18.8. 1969. – anon.: Night of horror. in: Time, Vol. 94, Nr. 16, 22.8. 1969. – anon.: Tate set. in: Newsweek, Vol. 74, Nr. 24, 25.8. 1969. – Kenneth Tynan: Polish Imposition. in: Esquire, Vol. 76, Nr. 3, September 1971. – Bernard Weintraub: »If You Don't Show Violence the Way It Is«, Says Roman Polanski, »I Think That's Harmful. If You Don't Upset People Then That's Obscenity.« in: The New York Times Magazine, 12.12. 1971. – Philip Strick: Clubs. in: Films and Filming, Vol. 18, Nr. 7, April 1972. – Peter Cowie: Roman Polanski. in: P.C.: 50 Major Film Makers. South Brunswick, New York: Barnes; London: Tantivy Press 1975. – Mitch Tuckman: Exiled on Main Street. in: The Village Voice, Vol. 21, Nr. 30, 26.7. 1976. – anon.: Roman Polanski's Tawdry Troubles. in: Time, Vol. 109, Nr. 13, 28.3. 1977. – James Leach: Notes on Polanski's Cinema of Cruelty. in: Wide Angle, Vol. 1, Nr. 4, 1977; Vol. 2, Nr. 1, 1978. – John Tuska: Roman Polanski, in: J.T.: Close-Up: The Contemporary Director. Metuchen, London: Scarecrow Press 1981. – Anna M. Lawton: The double ... a Dostoevskian theme in Polanski. in: Literatur/Film Quarterly, Vol. 9, Nr. 2, 1981. – J.P. Telotte: Roman Polanski. in: The Macmillan Dictionary. Vol. II: Directors/Filmmakers. Hrsg. v. Christopher Lyon. London: Macmillan 1984.

Philippe Haudiquet: Roman Polanski. in: P.H.: Nouveaux cinéastes Polonais. Premier Plan, Nr. 27, Februar 1963. – M.M. (Marcel Martin): Le Rimbaud du court-métrage. in: Cinéma (Paris), Nr. 73, Februar 1963. – Philippe Haudiquet: Roman Polanski. in: Image et Son/La Revue du Cinéma, Nr. 170/71, Februar/März 1964. – Gérard Brach: Polanski via Brach. in: Cinéma (Paris), Nr. 93, 1966 (mit Interviewpassagen). – Yvette Romi: Le papa de Rosemary. in: Le Nouvel Observateur, 4.11. 1968. – Claude Michel Cluny: Roman Polanski. in: Jean-Louis Bory, C.M.C. (Hrsg.): Dossiers du Cinéma. Cinéastes I. Tournai: Casterman 1971. – Jacques G. Perret: Biofilmographique Roman Polanski. in: L'Avant-Scène du Cinéma, Nr. 154, Januar 1975. – Guy Abitan: Polanski-la-Tendresse. in: G.A.: Hollywood aujourd'hui. Une légende américaine. Paris: Editions de la Table Ronde 1976. – Christian Oddos: Le cas Polanski. in: C.O.: Le cinéma fantastique. Paris: Editions Guy Authier 1977. – Freddy Buache: Roman Polanski. in: F.B.: Cinéma anglais autour de Kubrick et Losey. Lausanne: L'Age d'homme 1978. – Charles Denou: Roman Polanski le maudit. in: Le Figaro, 2.2. 1978. – Mireille Amiel: Le cinéma selon Polanski: »Un passionnant métier de fou« mais aussi »un moyen de survivre«. in: Cinéma (Paris), Nr. 254, Februar 1980. – Huguette Maurin: Les relations des personnages et des lieux dans les films de Polanski. in: Cinéma (Paris), Nr. 254, Februar 1980. – Jacques Valot: Roman Polanski. in: Image et Son/La Revue du Cinéma, Nr. 416, Mai 1986.

Martin Schlappner: Spiegel des Absurden. in: M.S.: Filme und ihre Regisseure. Bern, Stuttgart: Verlag Hans Huber o.J. – Frédéric Gaussen· Roman Polanski. Ein bedeutender Vertreter des polnischen Films. in: Neue Zürcher Zeitung, 22.6. 1963. - Wilfried Berghahn: Zwei Männer - Versuch über Polanskis Kurzfilme. in: Filmkritik, Nr. 9, September 1963. - Ingeborg Weber: Im Osten wie im Westen zu Hause. in: Der Tagesspiegel, 22.3. 1964. - anon.: Bloß und kalt. in: Der Spiegel, Nr. 36, 2.9. 1964. - L. M.: Filmbriefe aus aller Welt. London: Eine Sphinx erzählt ein Märchen. in: Die Tat (Zürich), 4.3. 1967. - Bert Reisfeld: Polanski à l'américaine. in: Stuttgarter Zeitung, 3.11. 1967. - ms. (Martin Schlappner): Polanski und die Politik. in: Neue Zürcher Zeitung, 15.3. 1969. - Brigitte Jeremias: Roman Polanski und Sharon Tate. Ihr Leben und ihre Arbeit. in: Frankfurter Allgemeine Zeitung, 12.8. 1968. - Hellmuth Karasek: Die Toten von Hollywood. Polanski - oder die Rache der Wirklichkeit. in: Die Zeit, 15.8. 1969. - anon.: Nur Tote. in: Der Spiegel, Nr. 34, 18.8. 1969. - Jean Améry: Spiel mit dem Teufel. Filmregisseur Roman Polanski. in: Nationalzeitung (Basel), 20.9. 1969. - Wolf Donner: Polanski. in: Zeit-Magazin, 12.2. 1971. - Brigitte Jeremias: Café und »Mousse au Chocolat«. Polanski in Cannes. in: Frankfurter Allgemeine Zeitung, 15.5. 1972. - Jane McKerran: »Ich bin ein Hagestolz«. Besuch bei Roman Polanski. in: Pardon, Nr. 5, Mai 1976. - anon.: Strafe nach Wahl. in: Der Spiegel, Nr. 34, 15.8. 1977. - Ulrich Gregor: Polanski, Skolimowski, Borowczyk. in: U.G.: Geschichte des Films ab 1960. München: Bertelsmann 1978; Taschenbuch-Ausgabe: Reinbek b. Hamburg: Rowohlt 1983. rororo 6293. - Peter Kremski: Das Notwendige und das Mögliche. Roman Polanski - Der Nonkonformist und die Zwänge der Gesellschaft. in: Film + Ton-Magazin, Nr. 3, März 1980.

Interviews

Jerzy Troszcyński: Miedzy Londynem i Hollywoodem. in: Film, Nr. 46, 1966. - Wajda, Polański: Reżyser filmowy in swiat wspólczesny. Andrzej Wajda w rozmowie z Romanem Polańskim. in: Kino, Nr. 2, Februar 1972; frz. nachgedruckt in: jeune cinéma, Nr. 91, Dezember 1975. - Zbigniew Rogowski: Łódzkiej Szkole Zawdzieczan Wszystko. in: Przekrój, Nr. 1587, 1975. - Maciej Kuczewski: Film jest historiq mego życia. in: Gazeta Południowa, Nr. 296, 12.12. 1976. - Janusz Glowacki: Polo Potrafi. in: Kultura, Nr. 3, 16.1. 1977. - J. Biernacki: Powrót do spraw elementarnych: rozmowa z Romanim Polanskim. in: Kino, Nr. 9, September 1981.

A. H. Weiler: View From a Local Vantage Point. in: The New York Times, 27.10. 1963. - Gretchen Weinberg: Interview with Roman Polanski. in: Sight and Sound, Vol. 33, Nr. 1, Winter 1963/64. - Harrison Engle: Polanski in New York. in: Film Comment, Vol. 5, Nr. 1, Herbst 1968 (mit Bio-, Filmografie von Jonathon Hoops). - Mary Blume: Go West, Young Polanski. in: International Herald Tribune, 3.1. 1969; dt. nachgedruckt: Ich habe Opfer einfach satt. in: Die Welt, 18.1. 1969. -

Joel Reisner, Bruce Kane: An Interview with Roman Polanski. in: Cinema (Los Angeles), Vol. 5, Nr. 2, 1969. - Gordon Gow: Satisfaction: A Most Unpleasant Feeling. in: Films and Filming, Vol. 15, Nr. 7, April 1969. - Joseph Gelmis: Roman Polanski. in: J. G.: The Film Director as Superstar. Garden City, New York: Doubleday & Company 1970. - Larry DuBois: Playboy Interview: Roman Polanski. in: Playboy, Nr. 12, Dezember 1971. - Charles Higham: Polanski: ROSEMARY'S BABY and After. in: The New York Times, 23.9. 1973. - Andy Warhol, P. Hackett: Andy Warhol tapes Roman Polanski. in: Interview, Nr. 38. November 1973. - Tom Burke: The Restoration of Roman Polanski. in: Rolling Stone, Nr. 165, 16.7. 1974; nachgedruckt in: T. B.: Burke's Steerage. New York: G. P. Putnam 1976. - American Film Institute: Dialogue on Film. Roman Polanski. Vol. 3, Nr. 8. August 1974. - Richard Ballad: Penthouse Interview: Roman Polanski. in: Penthouse, Nr. 5, August 1974. - David Brandes: Roman Polanski on Acting. in: Cinema Papers, Nr. 11, Juni 1977. - E. Behr: Perils of Polanski. in: Newsweek, Vol. 93, Nr. 20, 14.5. 1979. - M. Glazer: On the Lam with Roman Polanski. in: Rolling Stone, Nr. 340, 2.4. 1981. - Neil Sinyard: Roman Polanski. in: Cinema Papers, Nr. 35, November/Dezember 1981.

Claude Costes: Entretien avec Raymond Polanski. in: Positif, Nr. 33, 1960. - Michel Delahaye/Jean-André Fieschi: Paysage d'un cerveau. in: Cahiers du Cinéma, Nr. 175, Februar 1966; dt. nachgedruckt in: Film (Velber), Heft 7, Juli 1966. - Pierre Loubière/Gilbert Salachas: Roman Polanski: libre cours. in: Téléciné, Nr. 147, November 1968. - Gérard Langlois: Le sourir diabolique du nouveau »bébé« de Polanski. in: Les lettres françaises, 13.11. 1968. - Michel Delahaye/Jean Narboni: Entretien avec Roman Polanski. in: Cahiers du Cinéma, Nr. 208, Januar 1969. - Michel Ciment/Michel Pérez/Roger Tailleur: Entretien avec Roman Polanski. in: Positif, Nr. 102, Februar 1969. - Serge Daney/Pascal Kané/Serge Toubiana: Entretien avec Roman Polanski. in: Cahiers du Cinéma, Nr. 306, Dezember 1979. - Max Tessier: Entretien avec Roman Polanski. in: Ecran, Nr. 86, Dezember 1979. - Henri Béhar: Gros plan sur Gérard Brach. in: Image et Son/La Revue du Cinéma, Nr. 345, Dezember 1979 (Interview mit G. Brach; u. a. über Zusammenarbeit mit Polanski). - Dialogue avec Roman Polanski. in: Cinéma (Paris), Nr. 254, Februar 1980 (Auszüge der Pressekonferenz auf dem Festival de Prades, Juli 1979). - Mireille Amiel/Huguette Maurin: Entretien avec Pierre Guffroy, décorateur (LE LOCATAIRE, TESS). in: Cinéma (Paris), Nr. 254, Februar 1980. - Dominique Maillet: Roman Polanski. in: Cinématographe, Nr. 66, März/April 1981. - Piotr Kaminski: Roman Polanski. in: L'Avant-Scène du Cinéma, Nr. 317/18, Dezember 1983. - Franz-Olivier Giesbert: Le roman de Roman. in: Le Nouvel Observateur, 13.4. 1984.

Axel Madsen; Ein Pole in Hollywood in: Die Welt (Berlin), 23.3. 1968; nachgedruckt in: Saarbrücker Zeitung, 14.4. 1968. – Albert Krogmann: Ich habe resigniert. in: Frankfurter Rundschau, 28.12. 1971. – wo-: Wenn Polanski kommt. in: Stuttgarter Zeitung, 15.2. 1972. – Frauke Hanck: Zum Debüt nicht zugelassen. Gespräch mit Jerzy Bossack über Roman Polanski. in: Der Tagesspiegel, 2.7. 1972. – Thomas Petz/Dietmar Henke: Botschaften schickt man besser mit der Post. in: Basler Nachrichten, 13.5. 1972; nachgedruckt in: Stuttgarter Zeitung, 20.5. 1972. – Thomas Petz: Zehn Prozent Wahrheit auf der Toilette gelesen. in: Abendzeitung (München), 13.7. 1972. – S.Sch. (Siegfried Schober): »Was?« ist Wie und nicht Warum. in: Süddeutsche Zeitung, 8.2. 1973. – Armin Halstenberg: Polanski ist auch ganz gut. in: Kölner Stadt-Anzeiger, 24.2. 1973.

Zu einzelnen Filmen

DWAJ LUDZIE Z SZAFA. Zwei Männer und ein Schrank
Kritiken: Karel Reisz in: Sight and Sound, Vol. 27, Nr. 5, Sommer 1958 (Brüssel; u.a. über DWAJ LUDZIE Z SZAFA). – Jonathan Harker in: Film Quarterly, Vol. 12, Nr. 3, Frühjahr 1959.
Jean Queval in: Téléciné, Nr. 75/76, Juni/Juli 1958 (Brüssel). – Jean Delmas in: jeune cinéma, Nr. 45, März 1970.

GDY SPADAJA ANIOŁY. (Wenn Engel fallen)
Kritiken: Philippe Haudiquet in: Image et Son/La Revue du Cinéma, Nr. 170/71, Februar/März 1964 (auch über LE GROS ET LE MAIGRE, SSAKI, NÓŻ W WODZIE). – Bernard Cohn in: Positif, Nr. 60, April/Mai 1964 (Oberhausen). – Jacques Bontemps in: Cahiers du Cinéma, Nr. 176, März 1966. – J.D. (Jean Delmas) in: jeune cinéma, Nr. 11, Januar 1966.

LE GROS ET LE MAIGRE. Der Dicke und der Dünne
Kritiken: anon. in: Monthly Film Bulletin, Vol. 37, Nr. 435, April 1970. – Raymond Durgnat in: Films and Filming, Vol. 17, Nr. 8, Mai 1971.
Jacques Chevalier in: Image et Son/La Revue du Cinéma, Nr. 147, Januar 1962 (Tours).
Wilfried Berghahn in: VIII. Westdeutsche Kurzfilmtage. Bericht 1962. Hrsg. v. Hilmar Hoffmann. Oberhausen: Verlag Karl Maria Laufen 1962.

SSAKI. Säugetiere
Kritiken: anon. in: Monthly Film Bulletin, Vol. 32, Nr. 378, Juli 1965.

Jean Douchet in: Cahiers du Cinéma, Nr. 140, Februar 1963 (Tours). - Jean-Paul Torok in: Positif, Nr. 53, Juni 1963 (Tours).
Wilfried Berghahn in : IX. Westdeutsche Kurzfilmtage. Bericht 1963. Hrsg. v. Hilmar Hoffmann. Oberhausen: Verlag Karl Maria Laufen 1963. - Wolf Rosenthal in: Vorwärts, 27.2.1963 (Oberhausen).

Mit Polanskis Kurzfilmen befassen sich auch folgende drei Aufsätze: M.M. (Marcel Martin): Le Rimbaud du court-métrage. in: Cinéma (Paris), Nr. 73, Februar 1963. - Frédéric Gaussen: Roman Polanski. Ein bedeutender Vertreter des polnischen Films. in: Neue Zürcher Zeitung, 22.6. 1963. - Wilfried Berghahn: Zwei Männer - Versuch über Polanskis Kurzfilme. in: Filmkritik, Nr. 9, September 1963.

NÓŻ W WODZIE. Das Messer im Wasser
Drehbuch: Three Film Scripts. Knife in the Water, Repulsion, Cul-de-Sac. London: Lorrimer 1975. Modern Film Scripts 44.
Das Messer im Wasser. in: Film (Velber), Heft 3, August/September 1963.
Material: Maria Oleksiewicz: Troje ludzi na jachcie. Reportaz z Realizacji filmu NÓŻ W WODZIE. in: Film, Nr. 36, 1961.
Illustrierte Film-Bühne, Nr. 6628. - Wanda Bronska-Pampuch: Die Tragödie des Wohlstandes. in: Stuttgarter Zeitung, 6.4. 1962. - Werner Zurbuch: Polanski und »Das Messer im Wasser«. in: Der Mittag (Düsseldorf), 28.9. 1963.
Interview: Maria Oleksiewicz: O Polskim »Nóżu W Wodzie« na tle Francuskiej »Nowej Fali«. in: Film, Nr. 12, 1962.
Aufsätze/Analysen: Dr. Donald J. Marcuse: Mailed Opinions. in: The New York Times, 17.11. 1963. - Guy Merhaut: NÓŻ W WODZIE. in: The Macmillan Dictionary. Vol. I: Films. Hrsg. v. Christopher Lyon. London: Macmillan 1984.
François Weyergans: Les certitudes sensibles. in: Cahiers du Cinéma, Nr. 144, Juni 1963. - Frédéric Gaussen: Le couteau dans l'eau. in: Téléciné, Nr. 113/14, Dezember/Januar 1963/64.
Uwe Nettelbeck: Die Revolution ist verkommen. in: Die Zeit, 8.11. 1963.
Kritiken: Andrzej Braun in: Film, Nr. 12, 1962. - Stanislaw Grzelecki in: Życie Warszawy, Nr. 60, 1962. - Zygmunt Kalużyński in: Polityka, Nr. 11, 1962. - Zbigniew Klaczyński in: Trybuna Ludu, Nr. 69, 1962. - Bolesław Michałek in: Nowa Kultura, Nr. 12, 1962. - Krzysztof Teodor Toeplitz in: Świat, Nr. 12, 1962.
Mosk. (Gene Moskowitz) in: Variety, Vol. 228, Nr. 3, 12.9. 1962. - Peter John Dyer in: Sight and Sound, Vol. 32. Nr. 1, Winter 1962/63. - PGB (Peter G. Baker) in: Films and Filming, Vol. 9, Nr. 5, Februar 1963. - B.D. in: Monthly Film Bulletin, Vol. 30, Nr. 350, März 1963. - Bosley Crowther in: The New York Times, 29.10. 1963. - Andrew

Sarris in: The Village Voice, Vol. 9, Nr. 2, 31.10. 1963. – Brendan Gill in: The New Yorker, Vol. 39. Nr. 37, 2.11. 1963. – Stanley Kauffmann in: The New Republic, Vol. 149, Nr. 18, 2.11. 1963; nachgedruckt in: S. K.: A World on Film. New York: Harper & Row 1966. – anon. in: Newsweek, Vol. 62, Nr. 37, 4.11. 1963.

Jean Douchet in: Cahiers du Cinéma, Nr. 136, Oktober 1962. – Jeanine Marroncle in: Téléciné, Nr. 107, Oktober/November 1962. – Jean-Paul Torok in: Positif, Nr. 50/51/52, März 1963. – Jean de Baroncelli in: Le Monde, 26.4. 1963. – René Gilson in: Cinéma (Paris), Nr. 77, Juni 1973. – Philippe Haudiquet in: Image et Son /La Revue du Cinéma, Nr. 170/71, Februar/März 1964. – Laurent Cugny in: Cinématographe, Nr. 40, 1978. – H.G. (Hervé Guibert) in: Cinématographe, Nr. 40, 1978.

Volker Baer in: Der Tagesspiegel, 19.10. 1963. – anon. in: Der Spiegel, Nr. 43, 23.10. 1963. – bgh. (Wilfried Berghahn) in: Filmkritik, Nr. 11, November 1963; nachgedruckt in: Jahrbuch der Filmkritik. Bd. V. Hrsg. v. d. Arbeitsgemeinschaft der Filmjournalisten. Emsdetten/Westf.: Verlag Lechte 1964/65. – Hans-Dieter Roos in: Süddeutsche Zeitung, 14.11. 1963. – Günter Seuren in: Deutsche Zeitung, 21.11. 1963. – Klaus U. Reinke in: Der Mittag (Düsseldorf), 22.11. 1963. – -wo- in: Evang. Film-Beobachter, Folge 47, 23.11. 1963. – USE. (Ulrich Seelmann-Eggebert) in: Film-Dienst, Nr. 48, 27.11. 1963 (FD-Nr. 12379). – Harald Dieter Budde in: Die Andere Zeitung (Hamburg), 28.11. 1963. – anon. in: Die Welt (Hamburg), 28.12. 1963. – Manfred Delling in: Film (Velber), Heft 5, Dezember 1963/Januar 1964. – Else Goelz in: Stuttgarter Zeitung, 8.2. 1964. – Peter W. Jansen in: Frankfurter Allgemeine Zeitung, 15.6. 1964. – Heinz Ungureit in: Frankfurter Rundschau, 16.6. 1964. – ms. (Martin Schlappner) in: Neue Zürcher Zeitung, 2.2. 1965. – H.H. (Henning Harmssen) in: Stuttgarter Zeitung, 27.4. 1972.

LA RIVIÈRE DES DIAMANTS. Das Diamantenhalsband (Episode)

Kritiken: Beau. in: Variety, Vol. 248, Nr. 11, 1.11. 1967.

Pierre Billard in: Cinéma (Paris), Nr. 89, September/Oktober 1964. – J(acques) Bontemps in: Cahiers du Cinéma, Nr. 159, Oktober 1964. – Raymond Lefèvre in: Image et Son/La Revue du Cinéma, Nr. 180/81, Januar/Februar 1965. – Max Tessier in: Cinéma (Paris), Nr. 146, Mai 1970.

-sch- (Franz Everschor) in: Film-Dienst, Nr. 29, 21.7. 1965 (FD-Nr. 13504). – hdr (Hans-Dieter Roos) in: Süddeutsche Zeitung, 13.8. 1965. – A. W. in: Evang. Film-Beobachter, Nr. 34, 21.8. 1965. – F.G. (Frieda Grafe) in: Filmkritik, Nr. 10, Oktober 1965. – -th. in: Der Tagesspiegel, 28.8. 1966. – Lucie Schauer in: Die Welt (Berlin), 2.9. 1966.

REPULSION. Ekel
Drehbuch: Three Film Scripts. Knife in the Water, Repulsion, Cul-de-Sac. London: Lorrimer 1975. Modern Film Scripts 44.
Ekel. Protokoll. Hamburg: Marion von Schröder Verlag 1965. Cinemathek 14. Hrsg. v. Enno Patalas (nach der Originalkopie protokolliert von Helmut Färber, Herbert Linder).
Material: Programmheft Nr. 57. Atlas Filmverleih, Duisburg. Red.: Klaus U. Reinke. (mit Beiträgen von Klaus U. Reinke, Enno Patalas, Heinz Ungureit). – Friedrich Luft: Von der Anziehungskraft des Abstoßenden. in: Die Welt (Berlin), 17.4. 1965. – Enno Patalas: Die Ermordeten sind schuldig. in: Filmkritik, Nr. 5, Mai 1965; dazu Stellungnahme von Uwe Nettelbeck in: Filmkritik, Nr. 10, Oktober 1965. – W(olfgang) Längsfeld: Marginalien zu Polanskis »Ekel«. Nach der Pressekonferenz mit dem Regisseur. in: Film (Velber), Heft 10, Oktober 1965.
Interview: Howard Thompson: The Road to REPULSION. in: The New York Times, 14.11. 1965.
Aufsätze/Analysen: Ivan Butler: Polanski and REPULSION. in: I. B.: The Horror Film. London: A. Zwemmer; New York: A. S. Barnes 1967. International Film Guide Series. – Leon Lewis, William David Sherman: REPULSION. in: L. L., W. D. S.: The Landscape of Contemporary Cinema. Buffalo, New York: Buffalo Spectrum Press 1967. – T. J. Ross: Roman Polanski. REPULSION and the New Mythology. in: Film Heritage, Vol. 4, Nr. 2, Winter 1968. – Nora Sayre: Films From the Past That Still Have the Power to Panic. in: The New York Times, 31.7. 1977.
Kritiken: Jerzy Płażewski in: Film, Nr. 27, 1965. – Konrad Eberhardt in: Film, Nr. 27, 1967. – Jacek Fuksiewicz in: Kultura, Nr. 28, 1967. – Stanislaw Grzelecki in: Życie Warszawy, Nr. 166, 1967. – Jacek Hamilton in: Kultura, Nr. 27, 1967. – Zygmunt Kalużyński in: Polityka, Nr. 28, 1967.
Rich. (Richard Gold) in: Variety, Vol. 239, Nr. 4, 16.6. 1965. – Peter John Dyer in: Sight and Sound, Vol. 34, Nr. 3, Sommer 1965. – T. M. (Tom Milne) in: Monthly Film Bulletin, Vol. 32, Nr. 378, Juli 1965. – Raymond Durgnat in: Films and Filming, Vol. 11, Nr. 11, August 1965. – Peter van Bagh in: Movie, Nr. 14, Herbst 1965. – Charles Barr in: Movie, Nr. 14, Herbst 1965. – Bosley Crowther in: The New York Times, 4.10. 1965. – Andrew Sarris in: The Village Voice, Vol. 10, Nr. 51, 7.10. 1965; nachgedruckt in: A.S.: Confessions of a Cultist. New York: Simon and Schuster 1970. – Kenneth Tynan in: Life, Vol. 39, Nr. 59, 8.10. 1965. – anon. in: Time, Vol. 86, Nr. 15, 8.10. 1965. – Brendan Gill in: The New Yorker, Vol. 41, Nr. 34, 9.10. 1965. – Dwight Mac Donald in: Esquire, April 1966; nachgedruckt in: D. MacD.: On Movies. Englewood Cliffs, N.J.: Prentice Hall 1969. – Albert Johnson in: Film Quarterly, Vol. 19, Nr. 3, Frühjahr 1966.

J.-A. F. (Jean-André Fieschi) in: Cahiers du Cinéma, Nr. 168, Juli 1965 (Cannes). – Ulrich Gregor in: Cinéma (Paris), Nr. 99, September/Oktober 1965 (Berlin). – Michel Delahaye in: Cahiers du Cinéma, Nr. 171, Oktober 1965 (Berlin). – J. L. (Jaqueline Lajeunesse) in: La saison cinématographique, Nr. 190/91, Januar/Februar 1966. – Gilbert Salachas in: Téléciné, Nr. 127, Januar/Februar 1966. – Claire Clouzot in: Cinéma (Paris), Nr. 103, Februar 1966; dazu Stellungnahme von Marcel Martin in: Cinéma (Paris), Nr. 104, März 1966. – Dominique Dherbecourt in: jeune cinéma, Nr. 12, Februar 1966. – Michel Caen in: Cahiers du Cinéma, Nr. 176, März 1966. – Philippe Haudiquet in: Image et Son/La Revue du Cinéma, Nr. 192, März 1966. – Bernard Cohn in: Positif, Nr. 75, Mai 1966. – Jean de Baroncelli in: Le Monde, 9. 10. 1966.

H. W. in: Neue Zürcher Zeitung, 10. 4. 1965. – Brigitte Jeremias in: Frankfurter Allgemeine Zeitung, 21. 5. 1965 (Cannes). – -ft. (Friedrich Luft) in: Die Welt (Hamburg/Berlin), 28. 6. 1965 (Berlin). – Volker Baer in: Der Tagesspiegel, 29. 6. 1965 (Berlin). – anon. in: Der Spiegel, Nr. 27, 30. 6. 1965 (Berlin). – Peter W. Jansen in: Frankfurter Allgemeine Zeitung, 1. 7. 1965 (Berlin). – E. K. (Eva Krause) in: Evang. Film-Beobachter, Nr. 29, 17. 7. 1965. – e. w. (Ernst Wendt) in: Film (Velber), Heft 8, August 1965 (Berlin). – Ev. (Franz Everschor) in: Filmdienst, Nr. 34, 25. 8. 1965 (FD-Nr. 13553). – Hans-Dieter Roos in: Süddeutsche Zeitung, 28./29. 8. 1965. – Helmut Färber in: Filmkritik, Nr. 9, September 1965; dazu Stellungnahme von Uwe Nettelbeck in: Filmkritik, Nr. 10, Oktober 1965. – Carl Heins in: Die Andere Zeitung (Hamburg), 9. 9. 1965. – Heinz Ungureit in: Frankfurter Rundschau, 9. 9. 1965. – Günter Seuren in: Handelsblatt, 25. 9. 1965. – Günther Kriewitz in: Stuttgarter Zeitung, 20. 11. 1965. – -xb- in: Neue Zürcher Zeitung, 11. 5. 1966.

CUL-DE-SAC. Wenn Katelbach kommt ...
Drehbuch: Three Film Scripts. Knife in the Water, Repulsion, Cul-de-Sac. London: Lorrimer 1975. Modern Film Scripts 44.
Wenn Katelbach kommt ... in: Film (Velber), Heft 11, November 1966.
Material: Illustrierter Film-Kurier, Nr. 145.
Aufsätze/Analysen: Gilles Jacob: CUL-DE-SAC. in: Cinéma (Paris), Nr. 112, Januar 1967.
Ernst Wendt: Tod und Liebe und Jugend. Filme von Polanski, Forman, Bellochio, Luntz und Van der Heyde auf der Berlinale. in: Film (Velber), Heft 8, August 1966; dazu Stellungnahme von Georg Alexander in: Film (Velber), Heft 11, November 1966. – Ernst Wendt: Das Kino ist das Kino ist das Leben? in: Film (Velber), Jahresheft 1966.
Kritiken: Stanislaw Grzelecki in: Życie Warszawy, Nr. 166, 1967. – Aleksander Jackiewicz in: Życie Literackie, Nr. 31, 1967. – Zygmunt

Kałużyński in: Polityka, Nr. 32, 1967. – Anna Tatarkiewicz in: Polityka, Nr. 9, 1967.
Rich. (Richard Gold) in: Variety, Vol. 243, Nr. 3, 8.6. 1966. – Raymond Durgnat in: Films and Filming, Vol. 12, Nr. 10, Juli 1966. – D. W. (David Wilson) in: Monthly Film Bulletin, Vol. 33, Nr. 390, Juli 1966. – Tom Milne in: Sight and Sound, Vol. 35, Nr. 3, Sommer 1966. – Bosley Crowther in: The New York Times, 8. 11. 1966. – Brendan Gill in: The New Yorker, Vol. 42, Nr. 38, 12. 11. 1966. – anon. in: Time, Vol. 88, Nr. 21, 18. 11. 1966. – J. M. (Joseph Morgenstern) in: Newsweek, Vol. 68, Nr. 21, 21. 11. 1966. – Andrew Sarris in: The Village Voice, Vol. 12, Nr. 7, 1. 12. 1966. – Richard Schickel in: Life, Nr. 61, 9. 12. 1966. – Bruce Martin in: Take One, Vol. 1, Nr. 5, Juni 1967.
Ulrich Gregor in: Cinéma (Paris), Nr. 109, 1966. – J.-A. F. (Jean-André Fieschi) in: Cahiers du Cinéma, Nr. 183, Oktober 1966 (Venedig). – Robert Benayoun in: Positif, Nr. 79, Oktober 1966 (Venedig). – Michel Ciment in: Image et Son/La Revue du Cinéma, Nr. 199, November 1966 (Venedig). – Jean-Louis Bory in: Le Nouvel Observateur, 30. 11.–6. 12. 1966. – Jean de Baroncelli in: Le Monde, 6. 12. 1966. – Jean Delmas in: jeune cinéma, Nr. 19, Dezember 1966/Januar 1967. – Pascal Kané in: Cahiers du Cinéma, Nr. 187, Februar 1967. – Gilbert Salachas in: Téléciné, Nr. 133, Februar/März 1967. – H. A. (Hubert Arnault) in: La saison cinématographique 1967.
Heinz Ungureit in: Frankfurter Rundschau, 2. 7. 1966 (Berlin); nachgedruckt in: Jahrbuch der Filmkritik. Bd. VII. Hrsg. v. d. Arbeitsgemeinschaft der Filmjournalisten. Emsdetten/Westf.: Verlag Lechte 1967. – Peter W. Jansen in: Frankfurter Allgemeine Zeitung, 2. 7. 1966 (Berlin). – Ulrich Gregor in: Spandauer Volksblatt, 2. 7. 1966 (Berlin). – Karena Niehoff in: Der Tagesspiegel, 2. 7. 1966 (Berlin); nachgedruckt in: Süddeutsche Zeitung, 4. 7. 1966. – -ft. (Friedrich Luft) in: Die Welt (Berlin), 2. 7. 1966. – Michael Lentz in: Handelsblatt, 6. 7. 1966 (Berlin). – Uwe Nettelbeck in: Die Zeit, 8. 7. 1966 (Berlin). – anon. in: Neue Zürcher Zeitung, 9. 7. 1966 (Berlin). – e. ho. in: Evang. Film-Beobachter, Nr. 30, 23. 7. 1966. – -ft. (Friedrich Luft) in: Die Welt (Berlin), 21. 9. 1966. – anon. in: Die Zeit, 14. 10. 1966. – Joachim von Mengershausen in: Süddeutsche Zeitung, 22./23. 10. 1966. – anon. in: Der Spiegel, Nr. 45, 31. 10. 1966. – Frieda Grafe in: Filmkritik, Nr. 11, November 1966. – Bas. (Günther Bastian) in: Film-Dienst, Nr. 46, 16. 11. 1966 (FD-Nr. 14378). – ms. (Martin Schlappner) in: Neue Zürcher Zeitung, 13. 1. 1967. – Jürg Federspiel in: Die Weltwoche (Zürich), 20. 1. 1967.

DANCE OF THE VAMPIRES. Tanz der Vampire
Drehbuch: Le Bal des Vampires. Texte intégral. in: L'Avant-Scène du Cinéma, Nr. 154, Januar 1975.
Material: Illustrierte Film-Bühne, Nr. 7743.

Aufsätze/Analysen: Claude Michel Cluny: Le bal des vampires. in: Jean-Louis Bory, C.M.C. (Hrsg.): Dossiers du Cinéma. Cinéastes I, Tournai: Casterman 1971. – Pascal Kané: Une demystification du vampirisme. in: L'Avant-Scène du Cinéma, Nr.154, Januar 1975. – Christian Oddos: Fantastique et politique. Un cas unique: Le bal des vampires. in: C.O.: Le cinéma fantastique. Paris: Editions Guy Authier 1977.

Kritiken: Jay Cocks in: Take One, Vol.1, Nr.8, September 1967. – Bosley Crowther in: The New York Times, 14.11.1967. – Whit. in: Variety, Vol.248, Nr.13, 15.11.1967. – anon. in: Time, Vol.90, Nr.21, 24.11.1967. – Brendan Gill in: The New Yorker, Vol.43, Nr.40, 25.11.1967. – Joseph Morgenstern in: Newsweek, Vol.70, Nr.22, 27.11.1967. – Andrew Sarris in: The Village Voice, Vol.13, Nr.9, 14.12.1967. – Richard Roud in: Guardian Weekly, 12.12.1968. – Allen Eyles in: Films and Filming, Vol.15, Nr.4, Januar 1969.

Jean de Baroncelli in: Le Monde, 3.2.1968. – anon. in: Les lettres françaises, 7.2.1968. – J.N. (Jean Narboni) in: Cahiers du Cinéma, Nr.199, März 1968 (Kurzkritik). – Gilbert Salachas in: Téléciné, Nr.140, März 1968. – Guy Braucourt in: Cinéma (Paris), Nr.125, April 1968. – Jean-Loup Passek in: jeune cinéma, Nr.30, April 1968. – Guy Mollet in: Positif, Nr.94, April 1968. – Paul-Louis Thirard in: Positif, Nr.94, April 1968. – Michel Delahaye in: Cahiers du Cinéma, Nr.200/201, April/Mai 1968. – Philippe Haudiquet in: Image et Son/La Revue du Cinéma, Nr.218, Juni/Juli 1968. – J.L. (Jaqueline Lajeunesse) in: La saison cinématographique, Nr.219, September/Oktober 1968.

anon. in: Der Spiegel, Nr.26, 19.6.1967. – Joachim von Mengershausen in: Süddeutsche Zeitung, 5.12.1967. – -wo- in: Evang. Film-Beobachter, Nr.49, 9.12.1967. – Rüdiger Dilloo in: Die Welt, 16.12.1967. – Klaus Eder in: Westdeutsche Allgemeine, 23.12.1967. – Alf Brustellin in: Film (Velber), Heft 1, Januar 1968. – Harald Greve in: Filmkritik, Nr.1, Januar 1968. – BHR. in: Film-Dienst, Nr.1, 3.1.1968 (FD-Nr.15156). – Klaus Hellwig in: Frankfurter Rundschau, 3.1.1968. – Klaus U. Reinke in: Handelsblatt, 3.1.1968. – Karena Niehoff in: Der Tagesspiegel, 6.1.1968. – Christa Maerker in: Spandauer Volksblatt, 22.1.1968. – Brigitte Jeremias in: Frankfurter Allgemeine Zeitung, 5.2.1968. – ms. (Martin Schlappner) in: Neue Zürcher Zeitung, 10.4.1968. – Alexander J. Seiler in: Die Weltwoche (Zürich), 11.4.1968.

ROSEMARY'S BABY. Rosemaries Baby
Literarische Vorlage: Ira Levin: Rosemary's Baby. London: Michael Joseph Ltd. 1967; dt. Ausgabe: Hamburg: Hoffmann und Campe 1968; Taschenbuch-Ausgabe: München: Heyne 1970, Nr.978.
Material: anon.: ROSEMARY'S BABY Given a ›C‹ Rating By Catholic

Office. in: The New York Times, 21.6. 1968. – Jack Hamilton: From Best Seller to Movie Chiller. in: Life, Nr. 32, 25.6. 1968. – anon.: ROSEMARY'S BABY Censored in London. in: The New York Times, 14.1. 1969. – anon.: The Times Diary. in: The Times, 15.1. 1969 (über Zensur in London). – Martha Gies: William A. Fraker, ASC Conducts a Seminar in Seattle. in: American Cinematographer, Vol. 63, Nr. 9, September 1982 (u. a. über ROSEMARY'S BABY).

Illustrierter Film-Kurier, Nr. 227. – K. H. (Kurt Habernoll): Ärger um Rosemary. in: Frankfurter Rundschau, 16.7. 1968. – Bert Reisfeld: Polanski auf alter Welle? in: Stuttgarter Zeitung, 30.7. 1968.

Interviews: Michel Ciment/Michel Pérez/Roger Tailleur: Entretien avec Roman Polanski. in: Positif, Nr. 102, Februar 1969.

Axel Madsen: Ein Pole in Hollywood. in: Die Welt (Berlin), 23.3. 1968; nachgedruckt in: Saarbrücker Zeitung, 14.4. 1968.

Aufsätze/Analysen: Robert Chappetta: ROSEMARY'S BABY. in: Film Quarterly, Vol. 22, Nr. 3, Frühjahr 1969. – Ray Bradbury: A New Ending to ROSEMARY'S BABY. in: Films and Filming, Vol. 15, Nr. 11, August 1969; nachgedruckt in: Roy Huss, T. J. Ross (Hrsg.): Focus on the Horror Film. Englewood Cliffs, N. J.: Prentice Hall 1972. – Marsha Kinder, Beverle Houston: ROSEMARY'S BABY. in: M. K., B. H.: Close-Up. A Critical Perspective on Film. New York, Chicago, San Francisco, Atlanta: Harcourt Brace Jovanovich 1972. – William Castle: Step Right Up! I'm Gonna Scare the Pants Off America. New York: Putnam 1976. S. 185-217 (Erinnerungen des Produzenten). – W. H. Rokkett: The door ajar: structure and convention in horror films that would terrify. in: Journal of Popular Film and Television, Vol. 10, Nr. 3, Herbst 1982 (u. a. über ROSEMARY'S BABY). – Ray Narducy: ROSEMARY'S BABY. in: The Macmillan Dictionary. Vol. I: Films. Hrsg. v. Christopher Lyon. London: Macmillan 1984.

Michel Pérez: La petite accouchée de l'Amérique. in: Positif, Nr. 102, Februar 1969.

Karin Schrader-Klebert: Verbrechen und Ritual. I: Rosemaries Baby – Ein Mord, der täglich geschieht. II: Sharon Tate – oder: Wir sind die Hölle. in: Annegret Kirchhoff (Red.): Ästhetik und Gewalt. Gütersloh: Bertelsmann Kunstverlag 1970. – Jens Malte Fischer: Phantastischer Film und phantastische Literatur. Mit einem Exkurs über ROSEMARY'S BABY. in: Helmut Kreuzer (Hrsg.): Film- und Fernsehforschung. Göttingen: Vandenhoek & Ruprecht 1978. LiLi. Zeitschrift für Literaturwissenschaft und Linguistik. Heft 29.

Kritiken: Murf. (Arthur D. Murphy) in: Variety, Vol. 251, Nr. 2, 29.5. 1968. – Stanley Kauffmann in: The New Republic, Vol. 158, Nr. 24, 15.6. 1968; nachgedruckt in: S. K.: Figures of Light. New York: Harper & Row 1971. – Penelope Gilliatt in: The New Yorker, Vol. 44, Nr. 17, 15.6. 1968; nachgedruckt in: P. G.: Unholy Fools. New York: Viking Press 1973. – Paul D. Zimmerman in: Newsweek, Vol. 71,

Nr. 25, 17.6. 1968. - anon. in: Time, Vol. 91, Nr. 25, 21.6. 1968. Andrew Sarris in: The Village Voice, Vol. 13, Nr. 41, 25.7. 1968; nachgedruckt in: A. S.: Confessions of a Cultist. New York: Simon and Schuster 1970. - H. H. (Henry Hart) in: Films in Review, Vol. 19, Nr. 7, August/September 1968. - Beverle Houston/Marsha Kinder in: Sight and Sound, Vol. 38, Nr. 1, Winter 1968. - John Russell Taylor in: The Times, 23.1. 1969. - Gordon Gow in: Films and Filming, Vol. 15, Nr. 6, März 1969.
Ginette Gervais in: jeune cinéma, Nr. 34, November 1968. - G. S. (Gilbert Salachas) in: Téléciné, Nr. 147, November 1968. - Jean de Baroncelli in: Le Monde, 5.11. 1968. - Pascal Kané in: Cahiers du Cinéma, Nr. 207, Dezember 1968. - Philippe Haudiquet in: Image et Son/La Revue du Cinéma, Nr. 224, Januar 1969. - Marcel Martin in: Cinéma (Paris), Nr. 133, Februar 1969. - G. A. (Guy Allombert) in: La saison cinématographique, Nr. 230/31, September/Oktober 1969.
Bert Reisfeld in: Stuttgarter Zeitung, 30.7. 1968. - Hans Sahl in: Die Welt, 14.9. 1968; gekürzt nachgedruckt in: Die Welt, 21.10. 1968. - Volker Baer in: Der Tagesspiegel, 17.10. 1968. - Oliver Molov jr. in: Frankfurter Rundschau, 19.10. 1968. - Brigitte Jeremias in: Frankfurter Allgemeine Zeitung, 24.10. 1968. - Lbv. (Eberhard Laubvogel) in: Evang. Film-Beobachter, Nr. 43, 26.10. 1968. - anon. in: Der Spiegel, Nr. 44, 28.10. 1968. - Helmut Färber in: Stuttgarter Zeitung, 29.10. 1968. - Klaus Hellwig in: Filmkritik, Nr. 11, November 1968. - Dieter E. Zimmer in: Die Zeit, 1.11. 1968. - Richard Kaufmann in: Christ und Welt, 8.11. 1968. - Leo Schönecker in: Film-Dienst, Nr. 46, 12.11. 1968 (FD-Nr. 15794). - Joachim von Mengershausen in: Film (Velber), Heft 12, Dezember 1968; dazu Stellungnahme von Uwe Timm in: Film (Velber), Heft 2, Februar 1969. - Klaus U. Reinke in: Handelsblatt, 12.12. 1968. - ms. (Martin Schlappner) in: Neue Zürcher Zeitung, 15.3. 1969.

MACBETH. Macbeth
Literarische Vorlage: William Shakespeare: Macbeth. Stuttgart: Reclam 1977. Universal Bibliothek 9870 (englisch/deutsch).
Material: anon.: MACBETH by Daylight. in: Time, Vol. 97, Nr. 45, 25.1. 1971. - Mark Shivas: They're Young, They're in Love, They're the Macbeths. in: The New York Times, 28.2. 1971. - John Russell Taylor: Polanski's MACBETH. in: Sight and Sound, Vol. 40, Nr. 2, Frühjahr 1971. - Kenneth Tynan: Polish Imposition. in: Esquire, Vol. 76, Nr. 3, September 1971. - anon.: The Making of MACBETH. in: Playboy, Vol. 19, Nr. 2, Februar 1972.
J. V.: Polanski face à Macbeth. in: Cinéma (Paris), Nr. 157, Juni 1971.
Hella Boschmann: Wie Polanski einen König ermorden läßt oder Warum Macbeth mit Dreck beworfen wird. in: Welt am Sonntag,

17.1.1971. – Michael Naumann: Schlag zu, Polanski! Macbeth wird verfilmt – mit Blut und Spektakel. in: Zeit-Magazin, 12.2.1971.

Aufsätze/Analysen: William Johnson: King Lear and Macbeth. in: Film Quarterly, Vol.25, Nr.3, Frühjahr 1972. – Kenneth S. Rothwell: Roman Polanski's MACBETH: Golgathe Triumphant. in: Literature/Film Quarterly, Vol.1, Nr.1, Januar 1973. – Vernon Young: Fat Shakespeare, ›Fat City‹, Lean Wilderness. in: The Hudson Review, Vol.26, Nr.1, Frühjahr 1973. – Norman Berlin: Macbeth: Polanski and Shakespeare. in: Literature/Film Quarterly, Vol.1, Nr.4, Herbst 1973. – Michael Mullin: Macbeth on Film. in: Literature/Film Quarterly, Vol.1, Nr.4, Herbst 1973. – John Reddington: Film, Play and Idea. in: Literature/Film Quarterly, Vol.1, Nr.4, Herbst 1973. – Norman Silverstein: The Opening Shot of Roman Polanski's MACBETH. in: Literature/Film Quarterly, Vol.2, Nr.1, Winter 1974. – Kenneth S. Rothwell: A Reply to Mr. Silverstein. In: Literature/Film Quarterly, Vol.2, Nr.1, Winter 1974. – Jack J. Jorgens: The Opening Scene of Polanski's MACBETH. in: Literature/Film Quarterly, Vol.3, Nr.3, Sommer 1975. – Jack J. Jorgens: Roman Polanski's MACBETH. in: J.J.J.: Shakespeare on Film. Bloomington & London: Indiana University Press 1977.

Raimund Borgmeier: Ein Filmdrehbuch von William Shakespeare? Polanskis MACBETH und die Probleme der Shakespeare-Verfilmung. in: Herbert Grabes (Hrsg.): Literatur in Film und Fernsehen: Von Shakespeare bis Beckett. Königstein/Ts.: Scriptor 1980. Monographien: Literaturwissenschaft, Bd. 48. – Gottfried Schröder: Polanskis MACBETH im Englischunterricht. in: Paul G. Buchloh, Jens Peter Bekker, Ralf J. Schröder (Hrsg.): Literatur und Film. Studien zur englischsprachigen Literatur und Kultur in Buch und Film (II). Kiel: Kieler Verlag für Wissenschaft und Bildung 1985.

Kritiken: Jan Zbigniew Slojewski in: Perspektywy, Nr.19, 1972. – Tomasz Hellen in: Fakty, Nr.52, 1973. – Zygmunt Kałużyński in: Polityka, Nr.52, 1973. – Anna Tatarkiewicz in: Tygodnik Kulturalny, Nr.52/53, 1973. – Jacek Fuksiewicz in: Kultura, Nr.5, 1974. – Aleksander Jackiewicz in: Życie Literackie, Nr.2, 1974.

Murf. (Arthur D. Murphy) in: Variety, Vol.265, Nr.5, 15.12.1971. – Roger Greenspun in: The New York Times, 21.12.1971. – Molly Haskell in: The Village Voice, Vol.16, Nr.52, 30.12.1971. – Stanley Kauffmann in: The New Republic, Vol.166, Nr.1/2, 1.1.1972; nachgedruckt in: S.K.: Living Images. New York: Harper & Row 1975. – Paul D. Zimmerman in: Newsweek, Vol.79, Nr.2, 10.1.1972. – J.C. (Jay Cocks) in: Time, Vol.99, Nr.2, 10.1.1972. – C.P.R. (Charles Phillips Reilly) in: Films in Review, Vol.23, Nr.2, Februar 1972. – John Russell Taylor in: The Times, 4.2.1972. – Pauline Kael in: The New Yorker, Vol.47, Nr.51, 5.2.1972; nachgedruckt in: P.K.: Deeper into Movies. Boston, Toronto: Little, Brown and Company 1973. – Nigel

Andrews in: Sight and Sound, Vol. 41, Nr. 2, Frühjahr 1972. – Philip Strick in: Monthly Film Bulletin, Vol. 39, Nr. 458, März 1972. – Gordon Gow in: Films and Filming, Vol. 18, Nr. 7, April 1972. Philip Strick in: Films and Filming, Vol. 18, Nr. 7, April 1972. – David Bartholomew in: Cinefantastique, Vol. 2, Nr. 2, 1973. – John Allan McCarty in: Cinefantastique, Vol. 2, Nr. 2, 1973.
Claude Sarraute in: Le Monde, 25. 5. 1972. – R. L. (Raymond Lefèvre) in: Cinéma (Paris), Nr. 167, Juni 1972. – J(acques) Zimmer in: Image et Son/La Revue du Cinéma, Nr. 262, Juni/Juli 1972. – M. C. (Michel Ciment) in: Positif, Nr. 140, Juli/August 1972. – G. A. (Guy Allombert) in: La saison cinématographique, Nr. 263/64, September/Oktober 1972.
Hans Sahl in: Die Welt (Berlin), 5. 1. 1972. – Koc (Gertrud Koch) in: Frankfurter Rundschau, 20. 5. 1972. – e. h. in: Film-Dienst, Nr. 11, 30. 5. 1972 (FD-Nr. 17841). – anon. in: Die Welt (Berlin), 15. 6. 1972. – Volker Baer in: Der Tagesspiegel, 20. 6. 1972. – Benjamin Henrichs in: Süddeutsche Zeitung, 17. 7. 1972. – Werner Waldmann in: Deutsches Allgemeines Sonntagsblatt, 23. 7. 1972. – Else Goelz in: Stuttgarter Zeitung, 1. 9. 1972. – Klaus-U. Ebmeyer in: Deutsche Zeitung/Christ und Welt, 8. 9. 1972.

CHE?/WHAT?/WAS?

Drehbuch: WHAT? London: Lorrimer 1973.
Interviews: Claude Fléouter: Roman Polanski: je sais que les cloches sonnent mais j'ignore dans quelles églises elles sonnent. in: Le Monde, 30. 3. 1973.
S. Sch. (Siegfried Schober): ›Was?‹ ist Wie und nicht Warum. in: Süddeutsche Zeitung, 8. 2. 1973.
Kritiken: Werb. (Hank Werba) in: Variety, Vol. 269, Nr. 9, 10. 1. 1973. – Richard Combs in: Sight and Sound, Vol. 42, Nr. 4, Herbst 1973 (Edinburgh). – Vincent Canby in: The New York Times, 4. 10. 1973. – Andrew Sarris in: The Village Voice, Vol. 18, Nr. 41, 11. 10. 1973. – Stanley Kauffmann in: The New Republic, Vol. 169, Nr. 22, 13. 10. 1973. – anon. in: Time, Vol. 102, Nr. 19, 5. 11. 1973. – Jan Dawson in: Monthly Film Bulletin, Vol. 41, Nr. 484, Mai 1974. – Derek Elley in: Films and Filming, Vol. 20, Nr. 9, Juni 1974.
Jean de Baroncelli in: Le Monde, 25./26. 3. 1973. – Claude Michel Cluny in: Cinéma (Paris), Nr. 175, April 1973. – Raymond Lefèvre in: Image et Son/La Revue du Cinéma, Nr. 272, Mai 1973. – Jean Delmas in: jeune cinéma, Nr. 71, Juni 1973. – L. C. (Lorenzo Codelli) in: Positif, Nr. 151, Juni 1973. – G. A. (Guy Allombert) in: La saison cinématographique, Nr. 276/77, Oktober 1973.
Brigitte Jeremias in: Frankfurter Allgemeine Zeitung, 9. 2. 1973. – Wolf Donner in: Die Zeit, 9. 2. 1973. – anon. in: Der Spiegel, Nr. 7, 12. 2. 1973. – Uta Gote in: Die Welt (Berlin/Hamburg), 12. 2. 1973. –

Wolfgang Limmer in: Süddeutsche Zeitung, 13.2. 1973. – Günther Kriewitz in: Stuttgarter Zeitung, 16.2. 1973. – Hans C. Blumenberg in: Kölner Stadt-Anzeiger, 17./18.2. 1973. – Hellmut Haffner in: Deutsches Allgemeines Sonntagsblatt, 18.2. 1973. – V. B. (Volker Baer) in: Der Tagesspiegel, 18.2. 1973. – Wolfram Schütte in: Frankfurter Rundschau, 20.2. 1973. – CM (Christa Maerker) in: Spandauer Volksblatt, 20.2. 1973. – Eckhart Schmidt in: Medium, Nr. 3, März 1973. – JZ in: Konkret, Nr. 10, 1.3. 1973. – G. P. in: Film-Dienst, Nr. 5, 6.3. 1973 (FD-Nr. 18213). – Günther Kriewitz in: Stuttgarter Zeitung, 16.3. 1973. – Wolfram Knorr in: Die Weltwoche (Zürich), 19.9. 1973. – Gerhart Weeger in: Zoom, Nr. 19, 4.10. 1973; Leserbrief in: Zoom, Nr. 22, 22.11. 1973. – chs. in: Neue Zürcher Zeitung, 10.10. 1973.

CHINATOWN. Chinatown
Material: Stephen Farber: Movies That Reflect Our Obsession With Conspiracy and Assassination. in: The New York Times, 11.8. 1974.
Interviews: Tom Burke: The Restoration of Roman Polanski. in: Rolling Stone, Nr. 165, 16.7. 1974; nachgedruckt in: T. B.: Burke's Steerage. New York: G. P. Putnam 1976. – Martin Kasindorf: Hot Writer. in: Newsweek, Vol. 84, Nr. 16, 14.10. 1974 (Interview mit Robert Towne). – J. A. Alonzo: Behind the Scenes of CHINATOWN. in: American Cinematographer, Vol. 26, Nr. 5, Mai 1975 (Interview mit John A. Alonzo). – Dialogue on Film: Robert Towne. in: American Film, Vol. 1, Nr. 3, Dezember 1975 (u. a. über CHINATOWN).
Thomas Kielinger: Hollywoods neue Zauberkünstler. Gespräch mit Jack Nicholson. in: Die Welt, 10.12. 1974 (u. a. über CHINATOWN). – anon.: Der Inzest ist aufregend. in: Der Spiegel, Nr. 51, 16.12. 1974.
Aufsätze/Analysen: Nora Sayre: New Films Focus on California and Californians. in: The New York Times, 1.9. 1974 (über CHINATOWN und *California Split*). – Murray Sperber: Do as little as possible. Polanski's Message and Manipulation. in: Jump Cut, Nr. 3, September/Oktober 1974. – William Walling: CHINATOWN. in: Society, Nr. 12, November 1974. – Garrett Stewart: ›The Long Goodbye‹ from CHINATOWN. in: Film Quarterly, Vol. 28, Nr. 2, Winter 1974/75. – W. D. McGinnis: CHINATOWN: Roman Polanski's contemporary Oedipus Story. in: Literature/Film Quarterly, Vol. 3, Nr. 3, Sommer 1975. – B. Oliver: *The Long Goodbye* and CHINATOWN: Debunking the Private Eye Tradition. in: Literature/Film Quarterly, Vol. 3, Nr. 3, Sommer 1975. – R. Barton Palmer: CHINATOWN and the Detective Story. in: Literature/Film Quarterly, Vol. 5, Nr. 2, Frühjahr 1977. – William Walling: CHINATOWN. in: Arthur Asa Berger (Hrsg.): Film in Society. New Brunswick, London: Transaction Books 1980. – Tony Slade: CHINATOWN. in: The Macmillan Dictionary. Vol. I: Films. Hrsg. v. Christopher Lyon. London: Macmillan 1984.

Kritiken: M. M. in: Życie Literackie, Nr 4 1975. - Bolesław Michałek in: Kino, Nr. 6, Juni 1975. - Jerzy Płażewski in: Kino, Nr. 6, Juni 1975. - Zygmunt Kaluzyński in: Polityka, Nr. 36, 9.4. 1976. - Krzysztof Metrak in: Kultura, Nr. 32, 8.8. 1976. - Cezary Wiśniewski in: Film, Nr. 33, 15.8. 1976. - Mirosław Winiarczyk in: Ekran, Nr. 34, 22.8. 1976. - Jerzy Niecikowski in: Film, Nr. 34, 22.8. 1976. - Andrzej Lipiński in: Ekran, Nr. 38, 19.9. 1976.
Frederic Kaplan in: Cineaste, Vol. 6, Nr. 3, 1974. - Murf. (Arthur D. Murphy) in: Variety, Vol. 275, Nr. 6, 19.6. 1974. - Vincent Canby in: The New York Times, 21.6. 1974. - M. S. Cohen in: Take One, Vol. 4, Nr. 4, Juli 1974. - Paul D. Zimmerman in: Newsweek, Vol. 84, Nr. 1, 1.7. 1974. - Penelope Gilliatt in: The New Yorker, Vol. 50, Nr. 19, 1.7. 1974. - Jay Cocks in: Time, Vol. 103, Nr. 26, 1.7. 1974. - Stanley Kauffmann in: The New Republic, Vol. 171, Nr. 16, 20.7. 1974; nachgedruckt in: S. K.: Before My Eyes. New York: Harper & Row 1974. - D. Elliott in: Film Heritage, Vol. 10, Nr. 1, Herbst 1974. - Tom Milne in: Sight and Sound, Vol. 43, Nr. 4, Herbst 1974. - Richard Combs in: Monthly Film Bulletin, Vol. 41, Nr. 487, August 1974. - Andrew Sarris in: The Village Voice, Vol. 19, Nr. 31, 1.8. 1974. - Penelope Houston in: The Times, 9.8. 1974. - C. P. R. (Charles Phillips Reilly) in: Films in Review, Vol. 25, Nr. 7, August/September 1974. - James Kavanagh in: Jump Cut, Nr. 3, September/Oktober 1974. - John Simon in: Esquire, Vol. 82, Nr. 4, Oktober 1974. - Gordon Gow in: Films and Filming, Vol. 21, Nr. 1, Oktober 1974. - P. Cook in: Films in Review, Vol. 25, Nr. 9, November 1974. - Stephen Farber, Richard T. Jameson, Jonathan Rosenbaum in: Film Comment, Vol. 10, Nr. 6, November/Dezember 1974. - Barbara Halpern Martineau in: Jump Cut, Nr. 4, November/Dezember 1974 (Stellungnahme zu Sperber/Kavanagh); nachgedruckt in: Karyn Kay, Gerald Peary (Hrsg.): Women and the Cinema. New York: E. P. Dutton 1977. - J. Thinvall in: Cinefantastique, Vol. 4, Nr. 1, 1975. - M. Randall in: Cinema Papers, Nr. 2, März/April 1975.
Jacques Segond in: Positif, Nr. 164, Dezember 1974. - Jean de Baroncelli in: Le Monde, 20.12. 1974. - Claude Michel Cluny in: Cinéma (Paris), Nr. 194, Januar 1975. - M. T. (Max Tessier) in: Ecran, Nr. 32, Januar 1975. - D. O. (Denis Offroy) in: Cinématographe, Nr. 11, Januar/Februar 1975. - Raymond Lefèvre in: Image et Son/La Revue du Cinéma, Nr. 293, Februar 1975. - Claude Benoit in: jeune cinéma, Nr. 84, Februar 1975. - Pascal Kané in: Cahiers du Cinéma, Nr. 256, Februar/März 1975. - Michèle Grangé in: Téléciné, Nr. 197, März 1975. - R. L. (Raymond Lefèvre) in: La saison cinématographique, Nr. 299, Oktober 1975.
Fgl. (Peter Figlestahler) in: Neue Zürcher Zeitung, 3.8. 1974; nachgedruckt in: Der Tagesspiegel, 4.8. 1974; Stuttgarter Zeitung, 16.8. 1974. - Barry Graves in: Die Welt (Berlin), 12.8. 1974. - Eckhart Schmidt

in: Deutsche Zeitung/Christ und Welt, 13.12. 1974. - Hellmuth Karaseck in: Der Spiegel, Nr. 51, 16.12. 1974. - liv. in: Neue Zürcher Zeitung, 20.12. 1974. - Günther Kriewitz in: Stuttgarter Zeitung, 20.12. 1974. - Wolf Donner in: Die Zeit, 20.12. 1974. - Hans C. Blumenberg in: Kölner Stadt-Anzeiger, 21./22.12. 1974. - Wilfried Wiegand in: Frankfurter Allgemeine Zeitung, 23.12. 1974. - Helmut Schmitz in: Frankfurter Rundschau, 23.12. 1974. - BHR. in: Film-Dienst, Nr. 26, 24.12. 1974 (FD-Nr. 19120). - Wolfgang Limmer in: Süddeutsche Zeitung, 31.12. 1974/1.1. 1975. - Andreas Meyer in: Medium, Nr. 1, Januar 1975. - Wolfgang Ruf in: Deutsches Allgemeines Sonntagsblatt, 5.1. 1975. - Edgar Wettstein in: Zoom, Nr. 1, 8.1. 1975. - Heiko R. Blum in: Deutsche Volkszeitung, 9.1. 1975. - Peter W. Jansen in: Kirche und Film, Nr. 3, März 1975 (Kino-Notizen I). - Wilhelm Roth in: Spandauer Volksblatt, 10.4. 1975. - Volker Baer in: Der Tagesspiegel, 13.4. 1975.

LE LOCATAIRE. Der Mieter

Literarische Vorlage: Roland Topor: Le locataire chimérique. Paris: Buchet/Castel 1964; dt. Ausgabe: Der Mieter. Zürich: Diogenes 1976. detebe 126.

Material: David Overbey: Polanski as Actor. in: Sight and Sound, Vol. 45, Nr. 2, Frühjahr 1976.

Louis-Bernard Robitaille: Polanski tourne LE LOCATAIRE. in: Ecran, Nr. 45, März 1976.

George W. Herald: Gruseln, aus dem Alltag destilliert. in: Welt am Sonntag, 7.3. 1976.

Interviews: Aleksander Ledochòwski: Życiorys z Nożem. in: Film, Nr. 3, 1974. - anon.: Lokator w Pułapce. in: Film, Nr. 4, 15.2. 1976.

A. Alvarez: Will Polanski Make a Star of Polanski? in: The New York Times, 22.2. 1976. - Mary Blume: Roman Polanski and the ›Cinema of Lies‹. in: International Herald Tribune, 6./7.3. 1976. - David Brandes: Roman Polanski on Acting. in: Cinema Papers, Nr. 11, Juni 1977.

Aufsatz/Analyse: Linda Williams: Film Madness. The Uncanny Return of the Repressed in Polanski's ›The Tenant‹. in: Cinema Journal, Vol. 20, Nr. 2, Frühjahr 1981.

Kritiken: Aleksander Ledochòwski in: Film, Nr. 35, 1976. - Jerzy Skolimowski in: Kulisy, Nr. 3, 16.1. 1977. - Janusz Kijowski in: Kultura, Nr. 46, 13.11. 1977. - Tadeusz Robak in: Życie Literackie, Nr. 46, 13.11. 1977. - Jerzy Górzanski in: Film, Nr. 48, 27.11. 1977. - Jerzy Niecikowski in: Film, Nr. 44, 30.10. 1977. - Witold Rumel in: Ekran, Nr. 49, 4.12. 1977. - Edward Balcerzam in: Kino, Nr. 3, März 1978. David Bartholomew in: Cinefantastique, Vol. 5, Nr. 3, 1976. - Mosk. (Gene Moskowitz) in: Variety, Vol. 283, Nr. 4, 2.6. 1976. - Vincent Canby in: The New York Times, 21.6. 1976; 27.6. 1976. - J. M. (Joseph Morgenstern) in: Newsweek, Vol. 87, Nr. 26, 28.6. 1976. - John Simon in: New York Magazine, 28.6. 1976. - Penelope Gilliatt in: The New Yorker, Vol. 52, Nr. 20, 5.7. 1976. - Jay Cocks in: Time, Vol. 108, Nr. 4, 26.7. 1976. - Andrew Sarris in: The Village Voice, Vol. 21, Nr. 27, 12.7. 1976. - Jonathan Rosenbaum in: Sight and Sound, Vol. 45, Nr. 4, Herbst 1976. - Stanley Kauffmann in: The New Republic, Vol. 175, Nr. 6/7, 7./14.8. 1976. - C.P.R. (Charles Phillips Reilly) in: Films in Review, Vol. 27, Nr. 7, August/September 1976. - Tom Milne in: Monthly Film Bulletin, Vol. 43, Nr. 512, September 1976. - Richard Combs in: The Times, 3.9. 1976. - Gordon Gow in: Films and Filming, Vol. 23, Nr. 1, Oktober 1976. - K. Connolly in: Cinema Papers, Nr. 11, Januar 1977.

Pierre Maraval in: Cinématographe, Nr. 19, Juni 1976 (Cannes). - Gérard Frot-Coutaz in: Cinéma (Paris), Nr. 211, Juli 1976. - Claire Clouzot in: Ecran, Nr. 49, Juli 1976. - Jean Delmas in: jeune cinéma, Nr. 96, Juli/August 1976. - L.C. (Lorenzo Codelli) in: Positif, Nr. 183/84, Juli/August 1976 (Cannes). - Jacques Grant in: Cinéma (Paris), Nr. 212/13, August/September 1976. - François Chevassu in: Image et Son/La Revue du Cinéma, Nr. 308, September 1976. - Évelyne Caron-Lowins in: Positif, Nr. 185, September 1976. - J.C.G. (Jean-Claude Guignet) in: La saison cinématographique, Nr. 309/310, Oktober 1976.

Peter W. Jansen in: Kirche und Film, Nr. 8, August 1976 (Kino-Notizen XVI). - Hanspeter Bundi in: Zoom, Nr. 19, 6.10. 1976. - Gottfried Knapp in: Süddeutsche Zeitung, 9./10.10. 1976. - Franz Ulrich in: Film-Dienst, Nr. 21, 12.10. 1976 (FD-Nr. 19973). - Eckhart Schmidt in: Deutsche Zeitung/Christ und Welt, 15.10. 1976. - Sibylle Mai in: Die Welt (Berlin), 23.10. 1976. - Andreas Meyer in: Medium, Nr. 11, November 1976. - Axel Winterstein in: Filmbeobachter, Nr. 3, 1.11. 1976. - Gertrud Koch in: Frankfurter Rundschau, 1.11. 1976. - Michael Schwarze in: Frankfurter Allgemeine Zeitung, 4.11. 1976. - Günther Kriewitz in: Stuttgarter Zeitung, 12.11. 1976. - Wolfram Knorr in: Die Weltwoche (Zürich), 17.11. 1976. - Hans C. Blumenberg in: Kölner Stadt-Anzeiger, 27./28.11. 1976. - V.B. (Volker Baer) in: Der Tagesspiegel, 28.11. 1976. - Richard Winckler. in: Die Welt (Berlin), 1.12. 1976. - wg. (Gerhart Waeger) in: Neue Zürcher Zeitung, 27.12. 1976.

TESS. Tess
Literarische Vorlage: Thomas Hardy: Tess of the d'Urbervilles. London 1891; New York: Penguin Books 1978.
dt. Ausgabe: Tess von den d'Urbervilles. Eine reine Frau. Stuttgart: Reclam 1979. Universal-Bibliothek 9935.
Material: Harlan Kennedy: TESS: Polanski in Hardy Country. in: American Film, Vol. 5, Nr. 1, Oktober 1979. - Herman Weinberg: Tess

of the d'Urbervilles. Both Neilan and Polanski. in: Films in Review, Vol. 32, Nr. 5, Mai 1981.

Michel Grisolia: Portrait de l'artiste en lutin. in: Nouvel Observateur, 29. 10.–4. 11. 1979.

anon.: Nie wieder. in: Der Spiegel, Nr. 46, 13. 11. 1978. – Marion Kroner: Der Tragik eine Grimasse schneiden. in: Stuttgarter Zeitung, 26. 10. 1979. – Will Tremper: Der Film ist Sharon Tate gewidmet. in: Welt am Sonntag, 28. 10. 1979.

Interviews: Claire Devarrieux: Toutes les histoires d'amour sont tristes. in: Le Monde, 1. 11. 1979. – Serge Daney/Pascal Kané/Serge Toubiana: Entretien avec Roman Polanski. in: Cahiers du Cinéma, Nr. 306, Dezember 1979. – Max Tessier: Entretien avec Roman Polanski et Philippe Sarde. in: Ecran, Nr. 86, Dezember 1979.

Vivian Naefe: Sehnsucht nach der wahren, großen Liebe. in: Abendzeitung (München), 17. 5. 1979. – Frauke Hanck: Eine reine Mörderin. in: Stuttgarter Zeitung, 14. 9. 1979. – Frauke Hanck: Ein Geschichtenerzähler. in: Der Tagesspiegel, 7. 10. 1979.

Aufsätze/Analysen: William V. Costanzo: Polanski in Wessex: filming ›Tess of the d'Urbervilles‹. in: Literature/Film Quarterly, Vol. 9, Nr. 2, 1981. – J. Marcus: A Tess for child molestors. in: Jump Cut, Nr. 26, Dezember 1981.

Pascal Bonitzer: D'un récit l'autre. in: Cahiers du Cinéma, Nr. 306, Dezember 1979. – Nathalie Heinich: La politique des hauteurs. in: Cahiers du Cinéma, Nr. 306, Dezember 1979.

Kritiken: Jerzy Płażewski in: Kino, Nr. 5, Mai 1980.

Len. (Lenny Borger) in: Variety, Vol. 297, Nr. 1, 7. 11. 1979. – C. Rickey in: The Village Voice, Vol. 25, Nr. 50, 10. 12. 1980. – Janet Maslin in: The New York Times, 12. 12. 1980. – D. A. (David Ansen) in: Newsweek, Vol. 96, Nr. 25, 22. 12. 1980. – R. S. (Richard Schickel) in: Time, Vol. 116, Nr. 25, 22. 12. 1980. – Pauline Kael in: The New Yorker, Vol. 56, Nr. 50, 2. 2. 1981; nachgedruckt in: P. K.: Taking It All In. New York: Holt, Rinehart and Winston 1984. – David Ansen in: Newsweek, Vol. 97, Nr. 8, 23. 2. 1981. – C. Michener in: Newsweek, Vol. 97, Nr. 8, 23. 2. 1981. – Marsha McCreadie in: Films in Review, Vol. 32, Nr. 3, März 1981. – Tom Milne in: Monthly Film Bulletin, Vol. 48, Nr. 568, Mai 1981.

L(ouis) Audibert, G. Gourdon in: Cinématographe, Nr. 52, November 1979. – Mireille Amiel in: Cinéma (Paris), Nr. 251, November 1979. – Jean de Baroncelli in: Le Monde, 3. 11. 1979. – Michel Cournot in: Nouvel Observateur, 12.–18. 11. 1979. – Max Tessier in: Ecran, Nr. 86, Dezember 1979. – Daniel Serceau in: Image et Son/La Revue du Cinéma, Nr. 345, Dezember 1979. – René Prédal in: jeune cinéma, Nr. 123, Dezember 1979/Januar 1980. – Emmanuel Carrere in: Positif, Nr. 226, Januar 1980. – J. L. C. (Jean-Louis Cros) in: La saison cinématographique, hors série XXIV, 1980.

anon. in: Der Spiegel, Nr. 43, 22.10. 1979. Bodo Fründt in: Stern, Nr. 44, 25.10. 1979. – Hans C. Blumenberg in: Die Zeit, 26.10. 1979; nachgedruckt in: H.C.B.: Kinozeit. Aufsätze und Kritiken zum modernen Film 1976–1980. Frankfurt/M.: Fischer 1980. Cinema 3664. – H(ans) G(ünther) Pflaum in: Süddeutsche Zeitung, 27.10. 1979. – Thomas Hesterberg in: Kölner Stadt-Anzeiger, 27./28.10. 1979. – Carla Rhode in: Der Tagesspiegel, 28.10. 1979. – Hans-Dieter Seidel in: Stuttgarter Zeitung, 29.10. 1979. – Hans-Klaus Jungheinrich in: Frankfurter Rundschau, 30.10. 1979. – Helmut Jaesrich in: Die Welt (Berlin), 30.10. 1979. – Brigitte Jeremias in: Frankfurter Allgemeine Zeitung, 31.10. 1979. – Hermann Reichold in: Filmbeobachter, Nr. 21, November 1979; nachgedruckt in: Lothar R. Just (Hrsg.): Das Filmjahr '79. München: filmland presse 1980. – Peter W. Jansen in: Kirche und Film, Nr. 11, November 1979 (Kino-Notizen 53). – Eckhart Schmidt in: Deutsche Zeitung/Christ und Welt, 2.11. 1979. – Wolfram Knorr in: Die Weltwoche (Zürich), 7.11. 1979. – Hubert Haslberger in: Film-Dienst, Nr. 23, 13, 11, 1979 (FD-Nr. 22218). – liv in: Neue Zürcher Zeitung, 13.11. 1979. – Tibor de Viragh in: Zoom, Nr. 22, 21.11. 1979.

PIRATES
Material: anon.: Polanski's PIRATES Rolling in Tunisia. in: Variety, Vol. 317, Nr. 8, 19.12. 1984.
Kritiken: A. B. (Aline Bertoni) in: Image et Son/La Revue du Cinéma, Nr. 416, Mai 1986 (mit Porträts von Danièle Parra und Pierre Laurenti über Gérard Brach und Cris Campion). – Daniéle Heymann in: Le Monde, 8.5.1986. (Cannes). – F. R. A. (Fabrice Revault d'Allonnes) in: Cinéma (Paris), Nr. 354, 14.–20.5.1986.
sei (Hans-Dieter Seidel) in: Frankfurter Allgemeine Zeitung, 10.5.1986 (Cannes). – Wolfram Schütte in: Frankfurter Rundschau, 10.5.1986 (Cannes). – H(ans) G(ünther) Pflaum in: Süddeutsche Zeitung, 10.5.1986 (Cannes). – Doris Blum in: Die Welt, 10.5.1986 (Cannes). – Hartmut Schulze in: Der Spiegel, Nr. 20, 12.5.1986 (Cannes). – Florian Hopf in: Stuttgarter Zeitung, 12.5.1986 (Cannes). – Thierry Chervel in: Die Tageszeitung (Berlin), 12.5.1986 (Cannes). – Peter W. Jansen in: Der Tagesspiegel, 18.5.1986 (Cannes).

Zu den Opern- und Schauspielinszenierungen

LULU
Kritiken: Hans-Klaus Jungheinrich in: Frankfurter Rundschau, 6.7. 1974. – Gerhard Brunner in: Kölner Stadt-Anzeiger, 17.7. 1974. – Gerhard Brunner in: Stuttgarter Zeitung, 19.7. 1974. – Klaus Geitel in: Die Welt, 20.7. 1974.

RIGOLETTO
Material: Birgit Lahann: Ein Napoleon führt Regie, in: Die Welt, 16.10.1976 (Probenbericht). – Charlotte Kerr: Roman Polanski in allen Gassen. in: Süddeutsche Zeitung, 25.10.1976 (Probenbericht).
Interview: Charlotte Kerr: Das Werk zeigen, so getreu wie möglich. in: Süddeutsche Zeitung, 28.10.1976.
Kritiken: Siegfried Schober in: Der Spiegel, Nr. 44, 25.10.1976. – Rainer Wagner in: Der Tagesspiegel, 2.11.1976. – K. H. Ruppel in: Süddeutsche Zeitung, 2.11.1976. – Reinhard Beuth in: Die Welt, 2.11.1976. – Heinz Josef Herbort in: Die Zeit, 5.11.1976. – Rainer Wagner in: Deutsches Allgemeines Sonntagsblatt, 7.11.1976.

AMADEUS (Paris)
Kritiken: Wilfried Wiegand in: Frankfurter Allgemeine Zeitung, 18.2.1982.

Fernsehportraits

Roman Polanski – Versuch eines Fernsehporträts. – Regie, Interview: Albert Krogmann, Klaus Lakschéwitz. – OL: 30 min. – TV: 17.5.1966 (HR III, Reihe ›Perspektiven‹). Gespräch mit Polanski anläßlich seines Aufenthalts in München; besonders über REPULSION.

Clive James im Gespräch mit Roman Polanski. – Regie, Buch der deutschen Synchronfassung: Peter Höhne. – Synchronsprecher: Paul Edwin Roth, Balduin Baas. – OL: 50 min. – TV: 3.11.1985 (NDR, RB, SFB III).

Für Bildvorlagen und Hilfeleistungen danken die Herausgeber den in den Filmografien aufgeführten Produktions- und Verleihfirmen sowie den Fernsehanstalten. – Die Mitarbeiter des Bandes sahen eine Retrospektive der Filme von Roman Polanski im März 1985 in der Stiftung Deutsche Kinemathek in Berlin.